Botanische Wanderungen
Franken

Herausgeber:
Prof. Dr. Joachim Pötsch
Doz. Dr. habil. Erich Weinert

Urania Verlag

Werner Nezadal / Walter Welß

Botanische Wanderungen in deutschen Ländern 6

Franken

Seite 2/3: Das Walberla – ein beliebtes Ausflugsziel am Tor zur »Fränkischen Schweiz«

Die Deutsche Bibliothek – CIP-Einheitsaufnahme
Botanische Wanderungen in deutschen Ländern/
[Hrsg.: Joachim Pötsch; Erich Weinert]. –
Leipzig; Jena; Berlin: Urania-Verl.
Nebent.: Die schönsten Exkursionen,
botanische Wanderungen
NE: Pötsch, Joachim [Hrsg.]: Die schönsten Exkursionen,
botanische Wanderungen,
6. Franken / W. Nezadal / W. Welß. – 1. Aufl. – 1996
ISBN 3-332-00562-6
NE: Nezadal, Werner

ISBN 3-332-00562-6

1. Auflage 1996

Urania-Verlag Leipzig · Jena · Berlin 1996
Reihengestaltung: NET·ART Werbeagentur
Karten und Zeichnungen: Kartographie Jochen Fischer
Layout: Dietmar Senf, Leipzig
Reproduktion: SRG · Satz Repro Grafik GmbH, Leipzig
Druck und Binden: Messedruck Leipzig GmbH
Printed in Germany

Inhaltsverzeichnis

Vorwort

Franken, soweit es im Freistaat Bayern liegt, setzt sich aus den Regierungsbezirken Ober-, Mittel- und Unterfranken zusammen und nimmt eine Fläche von zusammen 23 182 km² ein. Im Fichtelgebirge werden mit dem Schneeberg 1051m und dem Ochsenkopf 1024 m Höhe erreicht; nächsthöhere Berge sind der Kreuzberg (930 m) und der Heidelstein (928 m) in der Rhön. Der tiefste Punkt liegt am Main an der Grenze zu Hessen in einer Höhe von ca. 100 m.

Obwohl Franken nur ein Drittel der Fläche Bayerns einnimmt, ist es dennoch größer als die Mehrzahl aller Bundesländer. Daher wollen wir, abweichend von den anderen Bänden der »Botanischen Wanderungen«, kein ganzes Bundesland behandeln, sondern nur eine Region, besitzt sie doch eine große Vielfalt, die von den bewaldeten Höhen des Spessart bis zu den rauhen Gipfeln des Fichtelgebirges, von den kargen Kuppen der Rhön über die Weinhänge Mainfrankens bis zu den Felsriffen der Frankenalb reicht.

Es ist kaum möglich, ein so reiches Gebiet mit wenigen Wanderungen zu erschließen. Wir haben uns bemüht, alle Naturräume zu berühren und ihre typische Flora und Vegetation vorzustellen. Vielbesuchte Gebiete sind dabei stärker vertreten als abgelegenere. Letztlich spielten bei der Auswahl auch persönliche Vorlieben eine Rolle. Die meisten Wanderungen bauen allerdings auf traditionellen Exkursionszielen mit Studenten der Erlanger Geobotanik auf, die wir mit unserem akademischen Lehrmeister Adalbert Hohenester in langen Jahren kennenlernen durften. Hohenester steht wiederum in der Nachfolge von Konrad Gauckler, dem Altmeister der fränkischen Vegetations- und Tiergeographie, der den Erstautor auf seiner allerersten botanischen Exkursion im Jahre 1966 zu den Sulzheimer Gipshügeln und Grettstädter Wiesen führte.

Mancher wird Ziele vermissen, die ihm wichtig erscheinen; andere werden befürchten, daß Wuchsorte seltener Pflanzen bekannt gemacht und dadurch gefährdet werden. Dem möchten wir entgegnen, daß die Wanderungen dazu anregen sollen, die vorgestellten Vegetationstypen und Pflanzenarten auch andernorts zu finden, und natürlich wollen

wir auch keinen »Raritätentourismus« fördern. Das Landschaftstypische ist uns stets wichtiger als das Seltene. Andererseits kann nur geschützt werden, was bekannt ist. Nur dadurch, daß in einer breiten Öffentlichkeit die Bedeutung von Pflanzen, Tieren und Lebensräumen fest verankert wird, läßt sich letztlich ein wirksamer Schutz erreichen. Wenn wir auch seltene oder bedrohte Pflanzen erwähnen, so geben wir doch keine genauen Hinweise auf deren Wuchsorte. Die bei den Wanderungen genannten Arten stellen nie die Gesamtheit der hier zu erwartenden dar. Dies ist im vorgegebenen Umfang des Buches auch gar nicht möglich. Die Dynamik im Naturgeschehen bringt zusätzlich Änderungen, die immer wieder Neues hervorbringen können. Gerade das aber macht den Reiz wiederholter Wanderungen auf der gleichen Route aus. Fast stets wird man bisher Unbeobachtetes entdecken. Unter ähnlichen geologischen Bedingungen finden sich viele verwandte Züge im Pflanzenkleid. Um Wiederholungen möglichst zu vermeiden, haben wir die Schwerpunkte der Besprechung von Pflanzen und ihrer Gesellschaften jeweils anders gesetzt. Dennoch hoffen wir, für jede Wanderung hinreichende Informationen zu liefern.
Die vorgeschlagenen Wege wurden in den beiden letzten Jahren noch einmal abgegangen. Wo immer es möglich war, wurden ausgeschilderte Wanderwege gewählt, um eine unnötige Belastung der Natur zu vermeiden. Vom Weg aus ist fast immer ebensoviel zu sehen, als wenn man querfeldein geht. Besonders in Naturschutzgebieten, von denen es in Franken derzeit 219 mit einer Gesamtfläche von nur ca. 170 km^2 gibt, ist ein bestehendes Wegegebot strikt einzuhalten.
Wir danken den Herausgebern, Herrn Prof. Dr. J. Pötsch und Herrn Dr. habil. E. Weinert für das Vertrauen, das sie in uns gesetzt haben und für die Möglichkeit, die botanischen Schönheiten Frankens einem größeren Kreis von Interessierten zugänglich zu machen, und Frau A. Bromma für die Geduld, mit der sie unseren Manuskripten entgegensah.

Möge das Buch vielen Naturfreunden helfen, die Schönheit und den Reichtum der Pflanzendecke Frankens zu entdekken und ihr Wissen darüber zu vertiefen!

Werner Nezadal Walter Welß

Einführung

Nordbayern ist durch seinen Wechsel von Bergländern und Beckenlagen von einer Vielzahl unterschiedlicher Landschaften geprägt. Dennoch lassen sich zwei Haupttypen herausstellen: die Grundgebirgslandschaften im Norden und Osten und die Deckgebirgslandschaften des schwäbisch-fränkischen Stufenlandes.

Übersichtskarte mit Lage der Touren

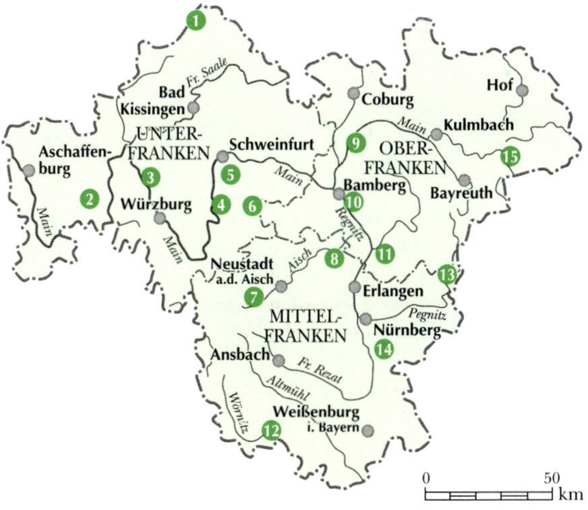

Geologie

Ein Blick auf die geologische Karte zeigt eine erstaunliche Vielfalt unterschiedlichster Gesteinstypen. Den größten Teil des Gebietes bedecken mesozoische Schichten, die der Trias (Buntsandstein, Muschelkalk und Keuper), dem Jura und der Kreide zuzurechnen sind. Durch die Heraushebung des Untergrundes entlang des Rheintalgrabens wurden diese

Blockschema Frankens
(Verändert nach Gerndt, 1976)

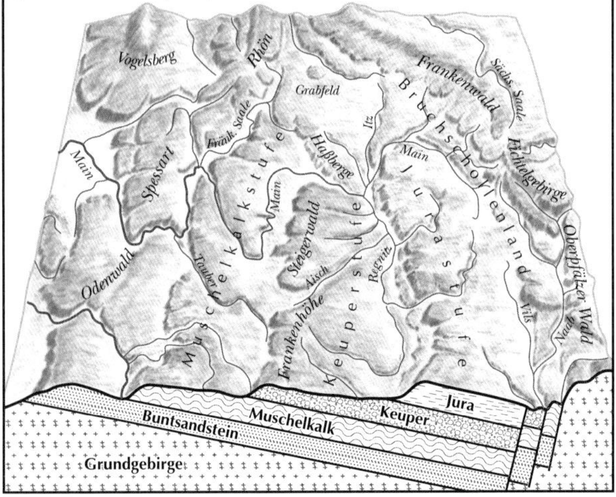

Schichtpakete schräg gestellt. Seit dem Tertiär unterliegt das Gebiet einer ständigen Abtragung, die die heutigen Landschaftsformen herausmodellierte. Jede Formation setzt mit einer mehr oder weniger steilen Stufe ein. Harte Sand- oder Kalksteine bilden jeweils die Decke, weichere Tone den Sockel der einzelnen Stufen. So entwickelten sich die typischen Formen des fränkischen Schichtstufenlandes. Im Nordosten wurde jenseits der sogenannten »Fränkischen Linie« das Gebiet durch gewaltige tektonische Bewegungen bis zu 2000 m emporgehoben. Im Zusammenhang damit entstand das Obermainisch-oberpfälzische Bruchschollenland, das hier im Osten noch einmal das gesamte Mesozoikum an die Oberfläche kommen läßt. Östlich davon tritt das Grundgebirge mit paläozoischen Sedimenten, kristallinen Schiefern und Ergußgesteinen zutage.
Betrachten wir die geologischen Bauelemente etwas genauer. Der Buntsandstein als unterste Triasstufe wird überwiegend von sandigen Sedimenten gebildet. Spessart und Rhön – hier sind die Hochlagen von Basalt überlagert – stellen die Hauptverbreitungsgebiete. Die nächst jüngeren Ablagerungen bilden den Muschelkalk. Es handelt sich um kalkige marine Sedimente. Der Untere Muschelkalk wird auch Wellenkalk genannt, da seine Schichtenfolge vielfach wellige Formen aufweist. Er bildet oft eine deutliche Stufe im

Gelände. Im mittleren Muschelkalk zeigen Gipsvorkommen Flachwasserbedingungen zur Ablagerungszeit an. Gegen Ende der Muschelkalkzeit wurde das Meer mehrfach landfest. Im Keuper setzt sich diese Entwicklung fort. Entsprechend finden sich im Unteren Keuper Tone, Tonschiefer und Mergel mit Gips- und Steinsalzablagerungen (Gipskeuper). Nach Südosten, zum damaligen Festland des Vindelizischen Gebirges hin, wurden die Sedimente vor allem im Oberen Keuper zunehmend sandiger (Sandsteinkeuper). Die Juraformation läßt sich nach den vorherrschenden Farben ihrer Gesteine in den Schwarzen Jura (Lias), Braunen Jura (Dogger) und Weißen Jura (Malm) gliedern. Der Lias setzt sich vor allem aus grauen Schiefertonen und Mergeln zusammen. Er umschließt bandförmig die Frankenalb; seine nährstoffreichen Böden werden gerne für die Anlage von Kirschgärten und Wiesen genutzt. Mit dem dunklen Opalinuston setzt der Dogger ein. Die typische Fazies des Dogger bildet aber der Eisensandstein. Im Malm treten

Geologische Übersicht von Franken

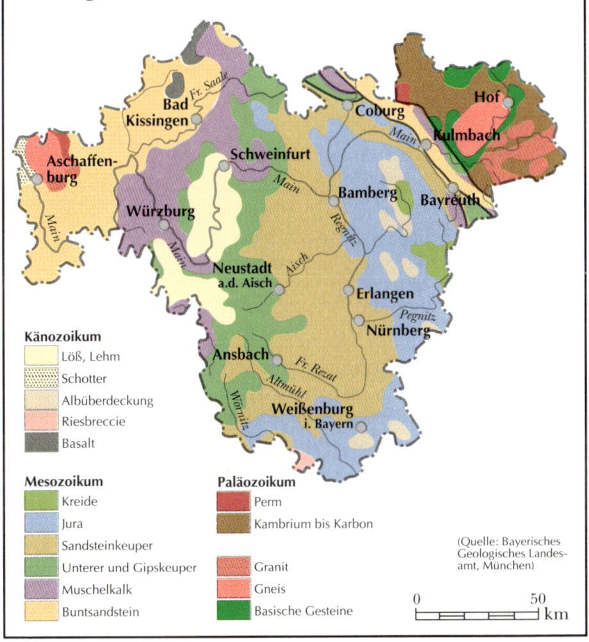

dann mächtige Kalkablagerungen auf. Diese können geschichtet sein oder als massige dolomitisierte Schwammriffe in Erscheinung treten. Sandig-tonige Kreideablagerungen treten auf der Albhochfläche und bis an den Rand des Grundgebirges auf. Im Tertiär entstanden vor allem die Basalte der Rhön. Sonstige Vulkanitvorkommen sind meist nur kleinflächig entwickelt. Als jüngste Ablagerungen treten alluviale Talfüllungen auf.

Klima

Franken liegt im Übergangsbereich von ozeanischen und kontinentalen Klimaeinflüssen. Die Beckenlagen erweisen sich dabei als stärker kontinental. Es werden geringere Niederschlagssummen und größere Temperaturextreme erreicht. Die Gebirge hingegen treten als ozeanische Inseln hervor. Die Höhe der Niederschläge wird stark vom Relief beeinflußt, wobei Luv- und Lee-Effekte eine wichtige Rolle spielen. Im Schweinfurter Becken beträgt die mittlere Jahresniederschlagssumme weniger als 550 mm, in den Gip-

Mittlere Jahrestemperatur

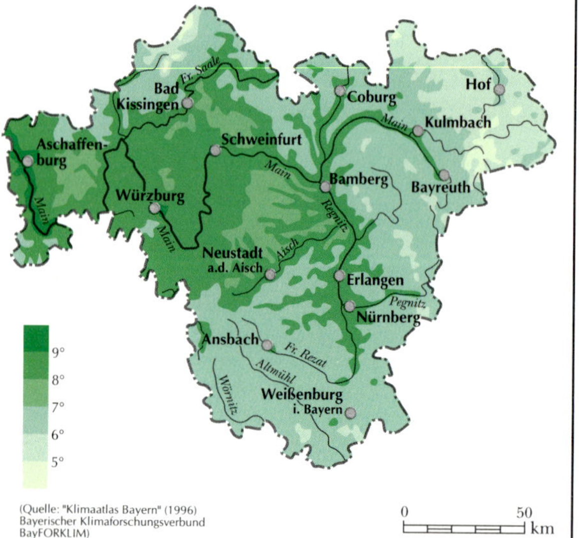

(Quelle: "Klimaatlas Bayern" (1996)
Bayerischer Klimaforschungsverbund
BayFORKLIM)

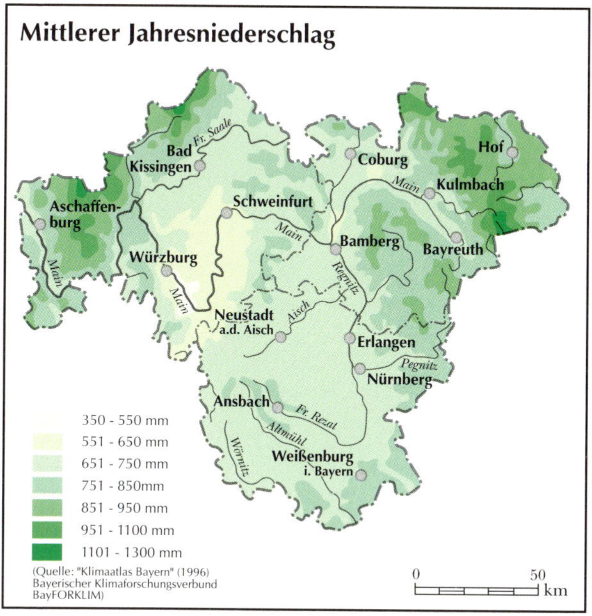

fellagen des Fichtelgebirges bis zu 1400 mm. Weitere Trockengebiete sind die Windsheimer Bucht und das Mittelfränkische Becken im Regenschatten des Steigerwaldes. Die Jahresmitteltemperaturen schwanken zwischen 9°C im unteren Maintal und 5°C im Fichtelgebirge. Die Dauer der Vegetationsperiode reicht von mehr als 160 Tagen im Steigerwaldvorland bis unter 120 Tage im Fichtelgebirge.

Naturräume

Die wichtigsten naturräumlichen Einheiten Frankens sind von Westen nach Osten der Spessart und die Rhön, die Mainfränkischen Platten mit Windsheimer Bucht und Grabfeld, das Fränkische Keuper-Liasland, die Fränkische Alb mit ihrem Vorland, das Obermainische Bruchschollenland und das Thüringisch-Fränkische Mittelgebirge mit Frankenwald, Münchberger Hochfläche und Fichtelgebirge.
Der Spessart wird auf drei Seiten vom Main (Mainviereck) begrenzt. Mit dem Geyersberg (585 m) erreicht die Buntsandsteinstufe ihre größte Erhebung. Wegen der armen Bö-

den und des rauhen Klimas – bis 1000 mm Niederschläge pro Jahr – herrschen im Gebiet Wälder vor.
Nach Nordosten geht der Spessart ins südliche Rhönvorland über. Den Sockel der Rhön bilden überwiegend Buntsandstein und Muschelkalk. In der Hohen Rhön lagern Basalt- und Phonolithdecken darüber. Die auch hier sehr hohen Niederschläge erlauben die Bildung von Hochmooren in der herben Landschaft. Ein Charakteristikum der Rhön sind die beweideten Hochflächen. Der gesamte Naturraum ist politisch dreigeteilt. Neben Bayern haben auch Hessen und Thüringen Anteil an der Rhön.
Östlich von Spessart und Rhön erstrecken sich die Gäuplatten, in die das Maintal tief eingeschnitten ist. Großen Anteil daran hat die Muschelkalkstufe des Fränkischen Schichtstufenlandes, die nach Osten zu in den Gipskeuper übergeht. Mächtige Lößauflagen tragen zur Fruchtbarkeit der Böden bei. Diese Gebiete sind weitgehend gerodet und intensiv landwirtschaftlich genutzt. An den Flanken der Täler wird vielfach Wein angebaut.
Das Keuperbergland setzt sich aus der Frankenhöhe, dem Steigerwald und den Haßbergen zusammen. Gegenüber dem Vorland bilden sie eine deutlich ausgeprägte Geländestufe, die stellenweise aber stark aufgelöst sein kann. Die Stufenränder und Höhen tragen Wälder, in denen heute Fichte und Kiefer dominieren; der Steigerwald besitzt noch hohe Anteile an Laubwäldern.
Das Mittelfränkische Becken wird von der Regnitz durchflossen und zeichnet sich durch mächtige Sandablagerungen aus. Neben den Würzburger und Schweinfurter Trockengebieten haben wir hier einen weiteren trockenwarmen Raum vor uns. In seinem Zentrum dehnt sich der Nürnberger Reichswald aus.
Die Frankenalb formt mit dem Juraanstieg die deutlichste und oberste Stufe des Schichtstufenlandes. Drei charakteristische und sehr unterschiedliche Landschaftsformen prägen diesen Naturraum. Neben dem meist bewaldeten Albtrauf sind dies die Hochfläche und die darin eingeschnittenen Täler. Dolomitisierte Schwammriffe, die steilaufragende Felsen bilden, tragen zum besonderen Reiz der Landschaft bei.
Nach Nordosten schließt sich das Obermainische Bruchschollenland an, in dem uns, bedingt durch tektonische Vorgänge, die mesozoischen Ablagerungen Frankens als Schollen noch einmal begegnen. Kleinräumig wiederholen sich dabei auch die jeweiligen Landschaftstypen. Entwässert wird es durch den Main.

Fichtelgebirge und Frankenwald, nordöstlich der Fränkischen Linie gelegen, repräsentieren Frankens Grundgebirgslandschaften. In Form eines Hufeisens umgreift das Fichtelgebirge die Wunsiedler Hochfläche und das Sechsämterland. Seine Granitberge mit durch Wollsackverwitterung entstandenen Felslabyrinthen werden von Fichtenwäldern beherrscht.
Der nordwestlich anschließende Frankenwald erhebt sich als bewaldeter Bergzug über das Vorland, seine Hochfläche trägt überwiegend Äcker und Wiesen. Dazu in schönem Kontrast stehen die tief eingeschnittenen Täler, zwischen deren bewaldeten Hängen sich im Tal oft noch Wiesenstreifen hinziehen.

Vegetationsentwicklung

Während der Eiszeit war unser Gebiet nicht von Eis bedeckt. Die riesigen Gletscher reichten von Norden her bis an den Rand der Mittelgebirge, von den Alpen aus bis in die Nähe der Donau. Die üppige Pflanzenwelt der Tertiärzeit war verschwunden. Nur Kräuter und Sträucher konnten die Eiszeit hier überleben. Weite vegetationsarme Gebiete ließen der Winderosion freien Lauf. Die fruchtbaren Lößablagerungen, die wir heute auf der Alb und im Maindreieck (Gäulandschaften) finden, gehen auf diese Zeit zurück. Aber auch die oft viele Meter hohen Binnendünen, die am Ostrand des Mittelfränkischen Beckens aufgehäuft wurden, sind Bildungen der Eiszeit. Die Artenfülle der Pflanzen, die wir heute finden, kam erst nach der letzten Eiszeit durch Einwanderung aus den Refugialräumen im südwestlichen und südöstlichen Mittelmeergebiet zustande.
Vor rund 6000 – 7000 Jahren trat der Mensch der Jungsteinzeit auch in Franken auf. Besonders in den Lößlandschaften boten sich günstige Gelegenheiten für einen frühen Ackerbau. Durch Rodungen und Viehhaltung wurde der Wald aufgelichtet. So konnten sich stellenweise Steppenpflanzen, die der Wald schon weitgehend verdrängt hatte, wieder ausbreiten. Manche Arten und Vegetationstypen konnten so in Verbindung mit menschlichem Wirtschaften bis in unsere heutige Zeit überdauern. Der Übergang von einer Jäger- und Sammlerkultur zu Wanderfeldbau und Weidewirtschaft veränderte nachhaltig das Landschaftsbild. Das Vieh brauchte Futter, und daher wurden Eichen und auch Buchen gefördert. Die Buche konnte unter dem Laubdach anderer im Schatten keimen und sich gut entwickeln. Die

heute in vielen Gebieten Mitteleuropas als so natürlich angesehenen Buchenwälder verdanken vielfach also zumindest indirekt ihre Vorherrschaft dem Menschen.

Pflanzengeographie

Für das heutige Vorkommen von Pflanzen spielen historische Faktoren eine wichtige Rolle. Dazu zählt die Einwanderungsgeschichte der einzelnen Arten und der menschliche Einfluß, der vor allem durch land- und forstwirtschaftliche Aktivitäten sehr stark die Existenzbedingungen unserer Flora bestimmt. Entscheidend sind letztlich aber trotz allem die Standortbedingungen, die den Ansprüchen der Pflanzen genügen müssen.
So findet man manche Arten nur auf Kalkgestein, andere auf silikatischem Untergrund. Oft kommt es dabei zu Überlagerungen. Die meisten submediterranen Arten sind in Franken auf Kalkböden beschränkt. Nicht alle sind jedoch wirklich »kalkliebend«, d.h. daß sie Ca-Ionen im Boden benötigen. Viel wichtiger ist, daß Kalkböden dank ihrer besseren Durchlüftung trockener und wärmer sind.
Bei einigen Arten lassen sich die Einwanderungswege aus ihren Rückzugsgebieten im Südosten bzw. Südwesten Europas in der Nacheiszeit in unser Gebiet in ihrem heutigen Verbreitungsbild noch nachzeichnen. Wärmeliebende Arten konnten etwa durch die Burgundische Pforte aus dem Südwesten zu uns kommen, aus dem Südosten das Donautal aufwärts über die trockenwarmen Hänge der Alb oder über das Mitteldeutsche Trockengebiet durch das Grabfeld. An einigen Beispielen seien die Verhältnisse kurz veranschaulicht.
Die Astlose Graslilie (*Anthericum liliago*) ist von Südwesten her eingewandert und erreicht in Franken ihre Ostgrenze. Hingegen ist die Ästige Graslilie (*A. ramosum*) von Süden her sowohl aus östlicher als auch aus westlicher Richtung zu uns gekommen und besitzt entlang der Linie Coburg – Kulmbach eine lokale Ostgrenze. Die Stinkende Nieswurz (*Helleborus foetidus*) hat ihre Ostgrenze westlich der Keuperstufe, und auch die Süße und die Mandel-Wolfsmilch (*Euphorbia dulcis, E. amygdaloides*) besiedeln nur die westliche Hälfte unseres Gebietes. Der Faserschirm (*Trinia glauca*) und das Apenninen-Sonnenröschen (*Helianthemum apenninum*) erreichen die Gegend nördlich von Würzburg von Westen her. Auch die Spinnen- und die Bienen-Ragwurz (*Ophrys sphecodes, O. apifera*) gehören zu einem südwestlichen Florenelement.

Einem südöstlichen Florenelement zuzurechnen sind Arten, die in südosteuropäischen Steppengebieten ihren Verbreitungsschwerpunkt haben. Hierzu zählen etwa das Haar-Pfriemengras (*Stipa capillata*), das Wimper-Perlgras (*Melica ciliata*), das Badener Rispengras (*Poa badensis*), das Große Windröschen (*Anemone sylvestris*), das Frühlings-Adonisröschen (*Adonis vernalis*), die Sand-Strohblume (*Helichrysum arenarium*), die Goldhaar-Aster (*Aster linosyris*) und der Blaue Lattich (*Lactuca perennis*). Zumindest von einem Teil dieser Arten ist anzunehmen, daß sie Relikte eines einst größeren und dichter besiedelten Areals darstellen. Mit den genannten Arten ist nur ein kleiner Ausschnitt aus der Gruppe erwähnt, die die »Steppenheide« so interessant erscheinen läßt und die Konrad Gauckler (1898 – 1983) so anschaulich schilderte.
Arten, die vor allem im Westen Europas vorkommen, zählen zu einem atlantischen Florenelement. Hierzu kann man etwa das Schöne Hartheu (*Hypericum pulchrum*) rechnen, das dem Südosten unseres Gebietes fehlt. Das Quendel-Kreuzblümchen (*Polygala serpyllifolia*), das Harz-Labkraut (*Galium harcynicum*) und der Rote Fingerhut haben in Franken ihren Schwerpunkt im Spessart, in der Rhön, im Frankenwald und im Fichtelgebirge. Es handelt sich dabei um montane Gebiete mit hohen, relativ gleichmäßig verteilten Niederschlägen und hoher Luftfeuchtigkeit. Unter solchen Bedingungen können neben subatlantischen Arten auch sogenannte montane Arten gut gedeihen. Eine solche Art ist etwa der Hasenlattich (*Prenanthes purpurea*), der in charakteristischer Weise den Beckenlandschaften fehlt. Eine subatlantische Art ist auch der Strandling (*Littorella uniflora*), der fast nur im Fränkischen Weihergebiet nordwestlich von Erlangen vorkommt. Hier ist es neben den edaphischen Voraussetzungen die ausgleichende Wirkung der großen Wasserflächen der Teiche, die lokal eine atlantischere Klimatönung bewirkt.
Schließlich sei noch das nordische Florenelement erwähnt. Der Siebenstern (*Trientalis europaea*), die Rauschbeere (*Vaccinium uliginosum*), die Gemeine Moosbeere (*Oxycoccus palustris*) oder der Wald-Wachtelweizen (*Melampyrum sylvaticum*) haben bei uns ihren Schwerpunkt im Fichtelgebirge und strahlen von hier nach Südwesten aus. Andere Arten mit nordischem Schwerpunkt wären z.B. der Rostrote Wimperfarn (*Woodsia ilvensis*) der in der Rhön und im Frankenwald vorkommt, und die Felsen-Schaumkresse (*Cardaminopsis petraea*) aus der Wiesent- und Pegnitzalb.

Potentielle natürliche Vegetation

Wie fast überall in Europa treffen wir auch in Franken kaum irgendwo mehr die natürliche Vegetation an. Allenthalben zeigt sich die Beeinflussung durch den Menschen in der realen Vegetation, die wir in Form mehr oder weniger naturnaher Ersatzgesellschaften (Forste, Wiesen, Äcker usw.) antreffen. Im Gegensatz dazu ist die sogenannte »potentielle natürliche Vegetation« diejenige Vegetation, die sich allein aufgrund der Standortseigenschaften ohne Eingreifen des Menschen einstellen würde. Für die Beurteilung eines Naturraumes und für landschaftsplanerische Maßnahmen ist die Kenntnis dieser Vegetation von großer Bedeutung. Sie wird großräumig von Wäldern gebildet. Nur in Mooren und auf Felsen können die Wuchsbedingungen für Bäume ungünstig sein.

Auf nährstoffarmen sauren Böden herrscht in höheren Lagen der Hainsimsen-Buchenwald (Luzulo-Fagetum) vor, in tieferen Lagen sind Eichen (*Quercus petraea, Quercus robur*) und einige Eichenbegleiter beigemischt. Bei geringen Niederschlägen, wie z. B. im Mittelfränkischen Becken, können die Bedingungen für die Buche so ungünstig werden, daß sie ganz ausfällt. Dann kann bereits die Kiefer (*Pinus sylvestris*) am Bestandesaufbau beteiligt sein. Wir haben also vom Spessart und der Rhön über den Steigerwald zum Mittelfränkischen Becken parallel zum Wandel von mehr subatlantischen zu mehr subkontinentalen Klimabedingungen einen Übergang vom Hainsimsen-Buchenwald (Luzulo-Fagetum) über den Hainsimsen-Eichenwald (Luzulo-Quercetum petraeae) zum Eichen-Kiefernwald (Vaccinio-Quercetum roboris).

Nährstoffreichere Silikatgesteine werden vom Waldmeister-Buchenwald (Asperulo-Fagetum) besiedelt, der durch Einblütiges Perlgras (*Melica uniflora*) und Waldmeister (*Galium odoratum*) gekennzeichnet ist. Lokal, z.B. in der Rhön, kann die Zwiebel-Zahnwurz (*Dentaria bulbifera*) beigesellt sein. Im Osten ist die Tanne stärker beteiligt.

Böden aus Kalkgestein tragen auf frischen Standorten den Kalk-Buchenwald (Hordelymo-Fagetum), auf trockenen, sonnenexponierten den Orchideen-Buchenwald (Carici-Fagetum). Tonreiche Böden mit unausgeglichenem Wasser- und Lufthaushalt benachteiligen die Buche. Eichen (*Quercus robur, Q. petraea*), Winterlinde (*Tilia cordata*), Feldahorn (*Acer campestre*), Elsbeere (*Sorbus torminalis*) und Hainbuche (*Carpinus betulus*) gewinnen die Vorherrschaft. Dieser subkontinentale Eichen-Hainbuchenwald (Galio-

Carpinetum) ist vor allem auf Tonböden des Lias, im Gipskeuper und in den Muschelkalkgebieten vertreten.
Die Pflanzenwelt der wärmsten und trockensten Gebiete, z.B. die Muschelkalkhänge des mittleren Maintales und des Saaletales, zeigt Anklänge an die submediterranen Flaumeichenwälder (Quercion pubescenti-petraeae). Solche Bestände von Sonderstandorten sind floristisch besonders reizvoll, wie etwa der Dolomitsand-Föhrenwald (Anemono-Pinetum) der Frankenalb oder die Vegetation von Serpentinit-Standorten.
In den Flußauen würden von Natur aus Weidengebüsche (Salicion albae) und der Erlen-Eschen-Auwald (Pruno-Fraxinetum) wachsen, in den kalkarmen Mittelgebirgen der Hainmieren-Schwarzerlenwald (Stellario-Alnetum). Bruchwälder und Moore spielen flächenmäßig in Franken nur eine untergeordnete Rolle.

TOUR 1

Rand der offenen Fernen – die Rhön

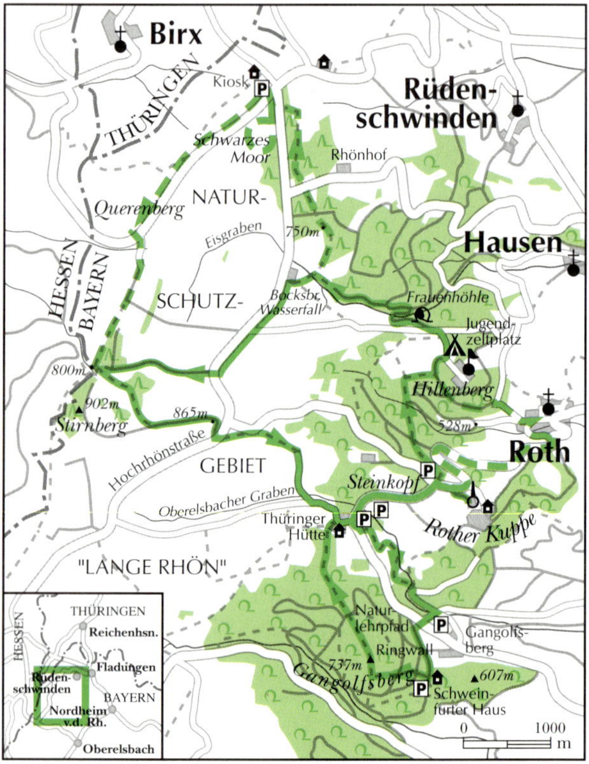

»Die Vegetation der Rhön ist in ihrem vielfältigen Wechsel von Hochwäldern, Felsfluren, Mooren, buntblütigen Wiesen, Hecken, ausgedehnten Magerrasen und Heideflächen auch für diejenigen, denen nur wenige Pflanzenarten bekannt sind, besonders eindrucksvoll.« So beginnt die Einführung bei R. Knapp in seinem Buch über »Die Pflanzenwelt der Rhön«. Die Vielfalt wird durch den kleinräumigen Wechsel der geologischen und klimatischen Bedingungen

hervorgerufen. Unter den Gesteinen finden sich saure Böden liefernde Buntsandsteine und basisch verwitternde Muschelkalke und Basalte. Das Klima wird von den Gegensätzen auf den rauhen Hochflächen und den im Regenschatten liegenden wärmebegünstigten tieferen Lagen am Ostabfall und im Vorland geprägt. Die Hochrhön und ihr Vorland gehören jeweils zu den niederschlagsreichsten und kältesten und trocken-wärmsten Gebieten ganz Nordbayerns. Es ist daher nicht verwunderlich, daß in der Rhön sowohl Pflanzen aus wärmeren wie auch aus kühleren Regionen ihre Heimat gefunden haben. Zu den subarktisch-subalpinen Pflanzen, die in der Rhön weit vorgeschobene Vorposten bilden, gehören einige Hochstauden wie der Platanen-Hahnenfuß (*Ranunculus platanifolius*), Alpen-Milchlattich (*Cicerbita alpina*), Breitblättrige Glockenblume (*Campanula latifolia*) und Meisterwurz (*Peucedanum ostruthium*) sowie der Alpen-Flachbärlapp (*Lycopodium alpinum*). Die Gruppe der nordischen (boreal-montanen) Arten wird vor allem durch die typischen Hochmoorpflanzen repräsentiert, wie wir sie im Schwarzen Moor kennenlernen können. Von den mitteleuropäischen Gebirgspflanzen sind als wichtigste Berg-Flockenblume (*Centaurea montana*), Wald-Witwenblume (*Knautia dipsacifolia*), Wiesen-Leinblatt (*Thesium pyrenaicum*), Echte Mehlbeere (*Sorbus aria* s. str.) und Silberdistel (*Carlina acaulis* ssp. *simplex*) zu nennen. Letztere gilt als das Wahrzeichen der Rhön und wird vielfach auch einfach Rhöndistel genannt.
Ihren ganz besonderen, ja einmaligen Charakter bezieht die Rhön aber vor allem aus ihrer Oberflächengestalt, verbunden mit einer durch jahrhundertelange Nutzung geprägten Kultur. Herrschen in der hessischen und thüringischen Rhön kuppige Geländeformen vor, so ist der fränkische Teil vor allem durch die langgestreckte Hochrhön gekennzeichnet. Die lange andauernde Grünlandbewirtschaftung hat den Wald auf die Steilabfälle zurückgedrängt. Die Wiesen und Weiden in den Hochlagen über 700 m Meereshöhe haben der Rhön ihr unverwechselbares Gepräge gegeben, das als »Land der offenen Fernen« auch weiterhin erhalten bleiben soll. Hierzu wird auch das von der UNESCO 1991 anerkannte »Biosphärenreservat Rhön« beitragen, dessen Ziel der Erhalt der Kulturlandschaft und ihrer Naturschätze unter wirtschaftlich tragbaren Bedingungen für die Bewohner ist. Das sehr interessante Informationszentrum befindet sich in Oberelsbach. Eine große Stütze der Wirtschaft in der Rhön ist der Tourismus. Die Besucher kommen, weil die Rhön so ist, wie sie ist. Der an schönen Wochenenden gewaltige

Besucherstrom birgt aber auch große Gefahren für das gesamte Ökosystem. Daher wurde das Naturschutzgebiet »Lange Rhön« ausgewiesen, in dem keine Kraftfahrzeuge abgestellt werden dürfen. Darüber hinaus besteht sogar Halteverbot, um für die empfindlichen Birkhühner möglichst störungsfreie Zonen zu schaffen.
Die Wanderung ist so angelegt, daß sie zwar in einem Stück zurückzulegen ist, jedoch sind die 27 Kilometer nur nach sehr frühem Aufstehen und bei nicht allzu langem Verweilen an den botanisch interessanten Stellen zu bewältigen. Es bietet sich daher an, die Gesamtstrecke in kürzere Rundwanderungen aufzuteilen, wobei mehrere Varianten möglich sind, die am Schluß bei den Durchführungshinweisen aufgeführt sind. Die beste Kombination zwischen interessanten Lokalitäten und Streckenlänge dürfte in der Route A verwirklicht sein, auf die sich der Text hauptsächlich bezieht. Zu berücksichtigen ist, daß im Naturschutzgebiet ausschließlich die als Wanderrouten ausgeschilderten Wege benutzt werden dürfen.
Wir beginnen unsere Tour mit dem Gangolfsberg, einer der vielen dem Hochrhönplateau vorgelagerten Basaltkuppen. Der Wanderparkplatz liegt etwa drei Kilometer oberhalb

Windgefegte Buche auf der Hochrhön

von Urspringen an der Straße zur Thüringer Hütte kurz vor der Zufahrt zum Schweinfurter Haus an der rechten Straßenseite. An seinem oberen Ende führt der »Rundweg 5« zum Naturlehrpfad in den Wald hinein. Bald erreichen wir eine Teerstraße, der wir nach links über die Jungviehweiden folgen. Nach kurzer Zeit kommen wir zum Forsthaus Gangolfsberg und dann zu einem Wanderparkplatz am Schweinfurter Haus des Rhönclubs. An einem mächtigen Bergahorn (*Acer pseudoplatanus*) vorbei folgen wir dem Wegweiser »Rother Kuppe« mit blauem Pfeil und gelangen nach einem weiteren Parkplatz an den Beginn des Naturlehrpfades. Er vermittelt Wissenswertes vor allem über Bäume, aber auch über Geologie, Landschaftsgeschichte und kulturhistorische Begebenheiten. Wir erfahren, daß die heutigen Basaltvorkommen hauptsächlich auf den Vulkanismus am Ende des Tertiärs zurückgehen. Das Basaltgestein ergibt bei der Verwitterung in der Regel tiefgründige, basen-, nährstoff- und humusreiche Böden. Als typische Waldgesellschaft finden wir hier den Zahnwurz-Buchenwald (Dentario bulbiferae-Fagetum), der sich durch eine große Artenzahl und einige montan verbreitete Pflanzen auszeichnet. In der Baumschicht sind der vorherrschenden Rotbuche (*Fagus sylvatica*) vor allem Bergahorn (*Acer pseudoplatanus*) und Bergulme (*Ulmus glabra*) beigemischt. Beide weisen auf die relative Höhenlage der Bestände hin. Esche (*Fraxinus excelsior*), Traubeneiche (*Quercus petraea*) und Spitzahorn (*Acer platanoides*) sind weitere wichtige Baumarten, die hier zum Teil in mächtigen Exemplaren vorkommen. In der Krautschicht sind vor allem die sogenannten Mullbodenkriecher typisch, die die beste Humusform, den Mull, anzeigen. An erster Stelle zu nennen ist die Zwiebel-Zahnwurz (*Dentaria bulbifera*), ein blaßrosa bis lila blühender Kreuzblütler. Groß ist die Zahl der Frühlingsblüher, die von April an den Waldboden schmücken. Hohler Lerchensporn (*Corydalis cava*), Gelbes und Busch-Windröschen (*Anemone ranunculoides, A. nemorosa*), Goldschopf-Hahnenfuß (*Ranunculus auricomus*), Frühlings-Platterbse (*Lathyrus vernus*) und Wald-Veilchen (*Viola reichenbachiana*) wetteifern in bunten Farben um die ersten Blütenbesucher. Etwas später folgen Goldnessel (*Lamiastrum montanum*), Waldmeister (*Galium odoratum*), Aronstab (*Arum maculatum*), Ährige Teufelskralle (*Phyteuma spicatum*) und Wolliger Hahnenfuß (*Ranunculus lanuginosus*). Im Frühsommer blüht dann auch der Türkenbund (*Lilium martagon*), die einzige in Deutschland wild vorkommende Lilie. Eine Besonderheit unter den sonst bis auf

die Wasserhahnenfüße gelb gefärbten Vertretern dieser Gattung im außeralpinen Bereich ist der Platanen-Hahnenfuß (*Ranunculus platanifolius*), der seine zahlreichen weißen Blüten auf bis über einen Meter hohem Stengel trägt.
Im Gegensatz zu den bisher besprochenen auffällig blühenden Arten hat das Wald-Bingelkraut (*Mercurialis perennis*) unscheinbare, grünliche Blüten. Obwohl es keinen Milchsaft besitzt, gehört es zu den Wolfsmilchgewächsen (Euphorbiaceae). Meist bildet es große Herden, in denen sich andere Pflanzen kaum durchsetzen können. Von den Grasartigen treffen wir Wald-Flattergras (*Milium effusum*), Einblütiges Perlgras (*Melica uniflora*), Waldgerste (*Hordelymus europaeus*) und Wald-Segge (*Carex sylvatica*) an.
Der Pfad quert einen Fahrweg schräg nach links, und bald gelangen wir an eine Weggabelung. Wir verlassen hier den Rundwanderweg 5, den wir später wieder erreichen werden, und folgen dem Naturlehrpfad nach rechts oben. Der Boden wird nun immer steiniger und ist bald von großen Basaltblöcken übersät, die weiter vorne ein richtiges Blockmeer bilden. Links daneben erhebt sich eine eindrucksvolle Wand aus dicht aneinander liegenden Basaltsäulen. Am Fuß der Felswand gibt ein Schild Auskunft über die Entstehung der Säulen und des Blockmeeres. Der Weg steigt steil bergan und biegt langsam in Südwestexposition um, welche die wärmste und trockenste Lage darstellt. Die Bäume sind hier viel niedriger als weiter unten auf den tiefgründigen, feuchteren Böden. Auf solchen Blockschuttstandorten wird die Buche (*Fagus sylvatica*) fast vollständig von der Sommerlinde (*Tilia platyphyllos*) und den anderen Edellaubhölzern Ahorn, Esche und Ulme ersetzt. Wir befinden uns nun in einem Spitzahorn-Sommerlindenwald (Aceri-Tilietum), den man auch als Ahorn-Linden-Hangschuttwald bezeichnen kann. Diese thermophilen Sommerlinden-Mischwälder (Tilienion platyphyllos) sind auf steile Schutthänge mit instabiler Oberfläche – d. h. der Schutt ist noch in Bewegung – in warm-trockenen Lagen beschränkt. Sie werden forstlich kaum genutzt, da sie als Schutzwald für den instabilen Standort dringend notwendig sind. Der durch seine weißen Blattunterseiten auffälligste Baum ist die Mehlbeere (*Sorbus aria*). Von den drei hier vorkommenden Ahornen ist der Spitzahorn (*Acer platanoides*) weitaus charakteristischer und häufiger als der Bergahorn (*A. pseudoplatanus*), der ebenso wie die Bergulme (*Ulmus glabra*) für die boden- und luftfeuchten Hangwälder typisch ist. Neben der Esche (*Fraxinus excelsior*) ist vor allem die sehr trockenheitsresistente Traubeneiche (*Quercus petraea*)

und in geringerem Maße der kleinblättrige Feldahorn (*Acer campestre*) und die Vogelkirsche (*Prunus avium*) am Bestandsaufbau beteiligt. Auch im Unterwuchs herrschen wärmeliebende Kräuter, Stauden und Gräser vor, mit der Berg-Flockenblume (*Centaurea montana*) und der Pfirsichblättrigen Glockenblume (*Campanula persicifolia*) zwei Arten, die als Zierpflanzen Eingang in die Gärten gefunden haben. Weitere Wärmezeiger sind Ebensträußige Wucherblume (*Tanacetum corymbosum*), Schwalbenwurz (*Vincetoxicum hirundinaria*), Wald-Klee (*Trifolium alpestre*), Nikkendes Leimkraut (*Silene nutans*), Dost (*Origanum vulgare*), Rauhhaariges Veilchen (*Viola hirta*) und die beiden Orchideen Langblättriges Waldvögelein (*Cephalanthera longifolia*) und Stattliches Knabenkraut (*Orchis mascula*). Die windexponierte Hanglage führt dazu, daß das Fallaub durch den Wind weggeblasen wird, so daß es zu einer vergleichsweise geringen Humusanreicherung kommt. Ein typischer Zeiger für diesen als Aushagerung bezeichneten Prozeß ist das Hain-Rispengras (*Poa nemoralis*). Die Mullbodenzeiger sind hier weitgehend verschwunden und werden durch Arten der weniger nährstoffreichen Böden ersetzt, die zum Teil als Säure- und Magerkeitszeiger angesehen werden und ihren Schwerpunkt vor allem in den Eichenmischwäldern (Quercion robori-petraeae, Carpinion) haben. Einige davon sind hier zu sehen, z. B. Schmalblättrige Hainsimse (*Luzula luzuloides*), Echter Ehrenpreis (*Veronica officinalis*), Berg-Platterbse (*Lathyrus linifolius*), Echte Sternmiere (*Stellaria holostea*), Maiglöckchen (*Convallaria majalis*), Wald-Labkraut (*Galium sylvaticum*) sowie Wald- und Gemeines Habichtskraut (*Hieracium sylvaticum, H. lachenalii*). Der niedrigwüchsige, lichte Wald bietet auch ausgesprochenen Pioniergehölzen wie Zitterpappel (*Populus tremula*), Salweide (*Salix caprea*) und Eberesche (*Sorbus aucuparia*) günstige Lebensbedingungen.
Am Ende einiger Treppenstufen wendet sich der Naturlehrpfad nach rechts, und man kann den Ahorn-Linden-Hangschuttwald von oben einsehen. Im Schutzwald wird auch das Totholz nicht entfernt, so daß einige abgestorbene Bäume für holzbewohnende Insekten sowie für Spechte und andere Höhlenbrüter stehen bleiben. Der Weg biegt nun langsam in Richtung Norden um. Der Boden wird hier wieder tiefgründiger, was durch einige Tiefwurzler wie Gelbes Windröschen (*Anemone ranunculoides*), Frühlings-Platterbse (*Lathyrus vernus*) oder Hohler Lerchensporn (*Corydalis cava*) angezeigt wird. Unser Weg wendet sich nun in Serpentinen durch große Basaltblöcke nach oben. Kurz vor

Erreichen eines Bergrückens wird die Vegetation besonders üppig. Dies steht im Gegensatz zum Normalfall, wo am Oberhang infolge von Abschwemmung und Auswaschung flachgründige, eher nährstoffarme Böden vorherrschen. Der offensichtliche Nährstoffreichtum an diesem Oberhang ist auf die frühgeschichtliche Besiedlung des Gangolfsberges zurückzuführen, als die Bewohner ihre Abfälle einfach den Hang hinunterwarfen. So ist auch zu erklären, daß hier sogar eine ganze Reihe ausgesprochener Stickstoffzeiger wächst, unter ihnen vor allem die Große Brennessel (*Urtica dioica*), aber auch Giersch (*Aegopodium podagraria*), Knoblauchs-Rauke (*Alliaria petiolata*), Hain-Klette (*Arctium nemorosum*), Ruprechts-Storchschnabel (*Geranium robertianum*), Gundermann (*Glechoma hederacea*) und Schöllkraut (*Chelidonium majus*). Oben auf dem Rücken senkt sich der Weg leicht bergab, bis wir schräg vor uns eine alte Wallanlage erblicken. Am Wegrand und auf dem gesamten Plateau des Gangolfsberges steht eine wenig spektakuläre Pflanze, die aber in ganz Nordbayern nur in der Rhön vorkommt. Es ist der Glanz-Kerbel (*Anthriscus nitidus*), der sich erst auf den zweiten Blick von seinem sehr häufigen Vetter, dem Wiesen-Kerbel (*Anthriscus sylvestris*), unterscheidet. Die auf der Unterseite stark glänzenden Blätter wirken dreiteilig statt gefiedert und die länglichen Früchte sind deutlich kürzer als ihre Stielchen. An einer Wegkreuzung gehen wir geradeaus weiter und befinden uns jetzt wieder auf dem »Rundweg 5«. Durch einen großen Bestand von jüngeren Eschen (*Fraxinus excelsior*) mit viel Echtem Lungenkraut (*Pulmonaria obscura*) führt der Weg leicht bergauf am Osthang des Ilmenberges zur Thüringer Hütte. An einigen den Weg überquerenden Rinnsalen finden wir das Gegenblättrige Milzkraut (*Chrysosplenium alternifolium*) und die blau blühende Bachbunge (*Veronica beccabunga*). Kurz vor dem etwas steileren Stück hinab zur Thüringer Hütte stehen linker Hand einige prächtige Altbuchen (*Fagus sylvatica*) und eine mächtige Stieleiche (*Quercus robur*).

Von der Thüringer Hütte aus folgen wir dem Wegweiser »Roth, Eisgraben, Schwarzes Moor«. Zunächst müssen wir den Schotterweg links neben der Teerstraße benutzen. Der Weg überquert einen Wildbach, den Oberelsbacher Graben, und verläßt dann den Wald. Links am Hang oberhalb

Die typische Wiese im Bergland ist die Goldhaferwiese mit Wald-Storchschnabel (*Geranium sylvaticum*), Weichem Pippau (*Crepis mollis*) und Kümmel (*Carum carvi*).

des Wanderparkplatzes »Steinkopf« liegt eine Wiese, die vor der ersten Mahd im Juni einen wunderschönen Anblick bietet. Es ist eine Mähwiese, die zu den Goldhaferwiesen des Berglandes (Polygono-Trisetion) gezählt wird und hier als Waldstorchschnabel-Goldhaferwiese (Geranio-Trisetetum) vorliegt. Durch übermäßige Düngung mit Gülle wird der Artenreichtum aber stark reduziert. Dies wäre auf den ersten Blick am Überhandnehmen des Löwenzahns (*Taraxacum officinale*) zu erkennen.
Eine der häufigsten Arten ist der Wald-Storchschnabel (*Geranium sylvaticum*) mit seinen dunkelrosafarbenen Blüten. Zusammen mit den anderen Waldpflanzen Ährige Teufelskralle (*Phyteuma spicatum*), Buschwindröschen (*Anemone nemorosa*), Goldschopf- und Hain-Hahnenfuß (*Ranunculus auricomus, R. nemorosus*) und Berg-Platterbse (*Lathyrus linifolius*) wagt er sich nur in luftfeuchten Hochlagen etwa ab 600 m Meereshöhe hinaus in die volle Sonne. An etwas feuchteren Stellen können wir die großen Blütenkugeln der Trollblume (*Trollius europaeus*) und die nickenden Blüten der Bach-Nelkenwurz (*Geum rivale*), die in vielen Gegenden auch Blutströpfchen genannt wird, sehen. Der Höhenlage entsprechend – wir sind bei etwa 700 m über dem Meere – fehlen wärmeliebende Arten. Sie werden von Pflanzen mit montanem Schwerpunkt ersetzt. Bestandsbildend ist neben dem Goldhafer (*Trisetum flavescens*) und einigen anderen Gräsern vor allem der Wiesen-Knöterich (*Polygonum bistorta*). Zur Blütezeit im Juni prägen seine an Flaschenbürsten erinnernden hellrosafarbenen Blütenstände das Bild der Goldhaferwiesen ganz entscheidend. Zwei typische Arten sind auch der Weiche Pippau (*Crepis mollis*) und die Schwarze Teufelskralle (*Phyteuma nigrum*). Ersterer ersetzt den in tieferen Lagen häufigen Wiesen-Pippau (*C. biennis*) und ist an seinem schwarzdrüsigen, nicht abstehenden Außenhüllkelch zu unterscheiden. Neben der Schwarzen Teufelskralle, die fast wie eine schwarzviolett blühende Doppelgängerin der rahmfarbenen Ährigen Teufelskralle (*Ph. spicatum*) aussieht, ist auch die dunkelblaue Kugelige Teufelskralle (*Ph. orbiculare)* anzutreffen. Zur charakteristischen Artenkombination der Goldhaferwiesen gehört außerdem eine Reihe von Magerkeitszeigern, die wir zum Teil auch in den Borstgrasrasen (Nardetalia) der Hochfläche wiedersehen werden (s. u.). Zu ihnen gehören vor allem einige Gräser wie Berg-Rispengras (*Poa chaixii*), Zittergras (*Briza media*), Ruchgras (*Anthoxanthum odoratum*) und Rotstraußgras (*Agrostis capillaris*), aber auch Feld-Hainsimse (*Luzula campestris*) und

einige bunt blühende Arten, etwa das Kanten-Hartheu (*Hypericum maculatum*), die Rundblättrige Glockenblume (*Campanula rotundifolia*) oder die Wiesen-Margerite (*Leucanthemum ircutianum = Chrysanthemum leucanthemum*). Bescheidene, grünliche Blütchen besitzt der häufige Berg-Frauenmantel (*Alchemilla monticola*). Da außerdem die meisten der »normalen« Wiesenarten, sofern sie nicht wärmeliebend sind, ebenfalls hier vorkommen, kann eine gut ausgebildete Waldstorchschnabel-Goldhaferwiese 50 und mehr Arten enthalten.
Vom Wanderparkplatz am Steinkopf müssen wir ein kurzes Stück auf der Teerstraße bis zur Einmündung in die Straße von der Hochrhön nach Roth gehen, der wir einige Meter folgen. Direkt vor dem nächsten Wanderparkplatz biegen wir nach links in den Wald ab, dem Schild »Loipe« und »Rundweg 1« folgend. Wer Lust und Zeit hat, kann zuvor einen wegen der hervorragenden Aussicht sehr lohnenden Abstecher auf den Aussichtsturm auf der Rother Kuppe machen. Allerdings ist dies nur zu empfehlen, wenn man nicht vor hat, die große Tour zu machen. Unser Rundweg 1 biegt bald nach links um und führt schräg bergab durch einen Zahnwurz-Buchenwald (Dentario-Fagetum). Hier ist insbesondere viel Türkenbund (*Lilium martagon*) zu finden. Am Ende des Waldstücks gelangen wir über einige Treppenstufen auf einen Fahrweg, dem wir einige Meter nach rechts folgen. Dann führt ein Pfad links über Treppen wieder in den Wald hinein. Nach etwa 30 m trennen sich die Wanderwege »Blaues Dreieck« und »Rundweg 1«. Wir nehmen letzteren, der geradeaus führt und bald einen Fahrweg kreuzt, an dem ein Wegweiser nach »Hillenberg«, unserem nächsten Ziel, steht.
Nach der Überquerung eines Baches steigt der Weg leicht bergauf wiederum durch einen Zahnwurz-Buchenwald mit viel Wolligem Hahnenfuß (*Ranunculus lanuginosus*). Bald gelangen wir an eine Große Mähwiese am Hang, die wir, uns rechts haltend, am Waldrand umrunden. Am oberen Ende der Wiese erreichen wir den Wanderparkplatz Hillenberg mit Orientierungstafel und nahe gelegener Einkehrmöglichkeit. Unsere Wanderung führt uns vom Ort weg am Jugendzeltplatz vorbei bis zur nächsten Querstraße, der wir etwa 30 m nach links folgen. Als Markierung haben wir wieder das blaue Dreieck. Kurz bevor sich der Weg ins Tal absenkt, führt ein kurzer Stichweg zur Frauenhöhle, um die sich Sagen und Geschichten ranken. Im Weitergehen hören wir bald das Rauschen eines größeren Baches. Wir steigen nun in das tief eingeschnittene Tal des

Der Wasserfall am Eisgraben markiert den Übergang vom Oberlauf zum Mittellauf.

Eisgrabens hinab. Am Anfang erhebt sich links ein kleines Basaltblockmeer, das mit den beiden *Sorbus*-Arten Mehl- und Vogelbeere (*Sorbus aria, S. aucuparia*) und der Salweide (*Salix caprea*) die typischen Pioniergehölze der offenen Blockschutthänge trägt. Wenige Meter später stehen wir dann vor dem Eisgraben, der sein derzeitiges Bett einem Wolkenbruch im Jahre 1834 verdankt. Die braune Farbe des Wassers zeigt an, daß es aus einem Moorgebiet, nämlich aus dem Großen Moor, kommt. Infolge der Höhenlage des Eisgrabens bei über 650 m und der engen, tief eingeschnittenen schattigen Grabensituation ist die Vegetation in ihrer Entwicklung noch weit zurück. Man sieht sich hier regelrecht um etwa drei Wochen in der Zeit zurückversetzt, und wer den Frühling versäumt hat, kann hier all die Blumen noch blühend finden, die andernorts längst fruchten.
Auffallend ist der kleinräumige Wechsel verschiedener Waldgesellschaften, die in einem Naturwaldreservat zusammengefaßt sind. Die entweder sehr nassen oder sehr steilen, z. T. bewegten, blockschuttreichen Hänge werden von der Buche weitgehend gemieden. Sie ist höchstens randlich beigemischt, wo der Schutt zur Ruhe gekommen

ist, und rahmt die verschiedenen Bestände der im folgenden zu besprechenden Edellaubwälder gewissermaßen ein. An diesen weniger extremen Standorten ist ein typischer Buchenbegleiter kühl-feuchter Gebiete zu finden, der Wald-Schwingel (*Festuca altissima*), ein hohes Gras, das durch seine glänzenden, überhängenden Blätter auffällt. Nach der Überquerung des wild rauschenden Baches auf einer Holzbrücke wenden wir uns nach links und steigen langsam im engen Tal der Hochrhön entgegen.
An manchen Stellen hat der Bach, der meist in einem engen Graben eingezwängt ist, sich eine kesselartig erweiterte Talsohle geschaffen. Hier finden wir auwaldähnliche Bestände, die von der Schwarzerle (*Alnus glutinosa*) und der Esche (*Fraxinus excelsior*) beherrscht werden. Zur Zeit der Schneeschmelze wird die Talsohle regelmäßig überschwemmt, was nur von wenigen Gehölzen vertragen wird, u. a. von der Traubenkirsche (*Prunus padus*), die an ihren traubenförmigen Blütenständen sofort zu erkennen ist. Wichtigste Art dieses vor allem im submontanen bis montanen Bereich verbreiteten Hainsternmieren-Schwarzerlen-Auwaldes (Stellario-Alnetum) ist die Hain-Sternmiere (*Stellaria nemorum*). Ihr beigesellt sind Hain-Gilbweiderich (*Lysimachia nemorum*), Mittleres und Großes Hexenkraut (*Circaea intermedia, C. lutetiana*), Rauhhaariger Kälberkropf (*Chaerophyllum hirsutum*), Sumpf-Pippau (*Crepis paludosa*), Sumpfdotterblume (*Caltha palustris*) und weitere Feuchtigkeitszeiger schattiger Standorte.
Eine ähnliche Artenkombination findet sich an den sickernassen Hängen oder an Quellaustritten oberhalb der Talsohle. Diese Bestände werden als Winkelseggen-Eschen-Erlenwälder (Carici remotae-Fraxinetum) bezeichnet. Der wohl wichtigste Unterschied bezüglich des Standorts zu den benachbarten Waldgesellschaften dürfte im großen Sauerstoffreichtum des Wassers bzw. der Böden liegen. Unter den Bäumen spielt die Esche die Hauptrolle. Die Winkel-Segge (*Carex remota*) ist eine zarte, grasartige Pflanze mit zickzackförmigem Stengel. Leicht zu erkennen ist auch der Berg-Ehrenpreis (*Veronica montana*), der fast brillenförmige Fruchtkapseln besitzt. Weitere wichtige Arten sind das Echte Springkraut (*Impatiens noli-tangere*), das Wald- und das Wiesen-Schaumkraut (*Cardamine flexuosa, C. pratensis*) und die eigenartige Schuppenwurz (*Lathraea squamaria*), der jegliches Blattgrün fehlt.
An den weniger durchsickerten steilen Hängen, aber z. T. auch im Talgrund, soweit er nicht vom Hochwasser betroffen ist, stockt der Ahorn-Eschen-Hangschuttwald (Fraxino-

Aceretum pseudoplatani). Auch bei diesem Waldtyp findet heute kaum noch eine Nutzung statt, da er als Schutzwald eine sehr wichtige Rolle spielt. In der üppigen Hochstaudenflur des Unterwuchses fällt vor allem das Ausdauernde Silberblatt (*Lunaria rediviva*) auf, das im Gegensatz zu seinem bekannteren Vetter, dem Einjährigen Silberblatt (*L. annua*) aus den Trockensträußen, blassere Blüten und schmalere, mehr zugespitzte Schoten hat, die dann auch schmalere »Silberblätter« liefern. Die Weiße Pestwurz (*Petasites albus*) ist durch große, rundliche Grundblätter ausgezeichnet, die erst nach der Blüte erscheinen. Sehr seltene Arten sind die Breitblättrige Glockenblume (*Campanula latifolia*) und der bereits am Gangolfsberg gesehene Glanz-Kerbel (*Anthriscus nitidus*). Die Hochstaudenflur wird vervollständigt durch Fuchssches Greiskraut (*Senecio ovatus*), Gelben Eisenhut (*Aconitum vulparia*), Christophskraut (*Actaea spicata*), Quirlblättrige Weißwurz (*Polygonatum verticillatum*) und Große Brennessel (*Urtica dioica*). Mit dem Frauenfarn (*Athyrium filix-femina*), dem Wurmfarn (*Dryopteris filix-mas*), dem Eichenfarn (*Gymnocarpium dryopteris*) und dem Buchenfarn (*Phegopteris connectilis*) sind auch einige Farne beteiligt. Grasartige Pflanzen können sich hier nur schwer durchsetzen. Am ehesten sind die Rauhe Trespe (*Bromus asper*) und die Wald-Segge (*Carex sylvatica*) zu finden. In der Baumschicht sind fast ausschließlich die sogenannten Edellaubhölzer anzutreffen: Bergahorn (*Acer pseudoplatanus*), Esche (*Fraxinus excelsior)* und Bergulme (*Ulmus glabra*) herrschen vor, Spitzahorn (*Acer platanoides*) und Sommerlinde (*Tilia platyphyllos*) sind beigemischt. Die Buche ist in den unmittelbar benachbarten Zahnwurz-Buchenwäldern (Dentario-Fagetum) zu Hause und kann gelegentlich in die Bestände des Ahorn-Eschenwaldes eindringen.
An der Eisgraben-Hütte vorbei streben wir nun der Hochfläche zu, dem eigentlichen Ziel jeder Rhönwanderung. Bei etwa 730 m Höhe wird die Steigung geringer, und der Wald löst sich auf. Hier beginnt das 2657 Hektar große Naturschutzgebiet »Lange Rhön«. Die Bäume und Sträucher haben hier sowohl mit der rauhen Witterung als auch mit dem Verbiß durch das Weidevieh zu kämpfen gehabt, was zur Bildung von gedrungenen, dichtästigen Exemplaren, sogenannten Kampfformen, geführt hat. Insbesondere die vielstämmigen Hutbuchen stellen eindrucksvolle Baumgestalten dar, aber auch der Zweigriffelige Weißdorn (*Crataegus laevigata*) und der Traubenholunder (*Sambucus racemosa*) bilden ähnliche Formen aus. Der Eisgraben fließt

jetzt durch leicht geneigtes Wiesengelände. Die Wiese am Beginn des Naturschutzgebiets wird vom Berg-Rispengras (*Poa chaixii*), einem kräftigen Gras mit schwertlilienartig abgeflachten, rauhhaarigen Blattscheiden und einer kapuzenförmigen Blattspitze dominiert. An einem Wegweiser trennen sich die mit rotem und blauem Dreieck markierten Wege. Das blaue Dreieck führt rechts ab zum Schwarzen Moor, das Rote über die Hochfläche zum Stirnberg.
Der Besuch des Schwarzen Moores mit seiner Hochmoorvegetation erfordert etwa 8 km zusätzlichen Weg und sollte wohl besser im Rahmen der Route C erfolgen. Die Lebensbedingungen im Hochmoor und seine Pflanzengesellschaften und Arten werden bei der Wanderung 15 im Fichtelgebirge eingehend besprochen. Zu den Pflanzen, die im Fichtelgebirge fehlen, gehören die Schlamm-Segge (*Carex limosa*) und der Strauß-Gilbweiderich (*Lysimachia thyrsiflora*). Da ausführliche Informationen in Form eines Naturlehrpfades zur Verfügung stehen, soll hier auf das Schwarze Moor nicht weiter eingegangen werden. Es ist eines der ganz wenigen noch im Wachstum begriffenen und nie abgetorften Hochmoore Mitteleuropas. Der Eingang befindet sich an der Abzweigung der Straße nach Ehrenberg-Seiferts von der Hochrhönstraße (Kiosk), kurz bevor diese von der Hochfläche herabführt. Der Anschluß an unsere Rundwanderung erfolgt auf dem zunächst neben der Straße verlaufenden Wanderweg mit dem Zeichen »Blaues Kreuz, Stirnberg-Heidelstein«.
Vom Wegweiser am Eisgraben führt unser Hauptrundwanderweg mit dem roten Dreieck geradeaus den Bach entlang zu einem Wasserfall mit drei Tischen mit Bänken. Dort verlassen wir den Eisgraben und streben durch relativ nasse Wiesen mit viel Rasenschmiele (*Deschampsia cespitosa*), einem Horstgras mit sehr rauhen Blättern, die im Gegenlicht hell und dunkel gestreift erscheinen, der Hochrhönstraße zu. Ihr müssen wir nun auf einem parallel geführten Pfad etwa 1,5 km lang nach Süden folgen, da die alten Fahrwege im Interesse der sehr störungsempfindlichen Birkhühner alle gesperrt sind. Da die Birkhühner der Rhön die letzte außeralpine Population ganz Mitteleuropas repräsentieren, ist diese Rücksichtnahme sicher angebracht. Auch von den zugelassenen Wegen besteht eine gute Chance, einzelne Vögel zu sehen, zumindest im Flug. Es empfiehlt sich, das Stück entlang der Hochrhönstraße einigermaßen schnell hinter sich zu bringen, da doch meist ein ziemlich reger Verkehr herrscht. Wenn wir die Abzweigung von der Straße Richtung Stirnberg endlich geschafft

Die Pracht-Nelke (*Dianthus superbus*), eine der selteneren Arten im Borstgrasrasen

haben und uns über den Melpertser Rasenberg nach Westen bewegen, können wir nach Borstgrasrasen (Nardetalia) Ausschau halten. Sie sind am niedrigen Wuchs und relativen Blütenreichtum zu erkennen. Die Borstgrasrasen der Rhön gehören zum Kreuzblümchen-Borstgrasrasen (Polygalo-Nardetum). Namengebend ist das blau blühende Gemeine Kreuzblümchen (*Polygala vulgaris*). Das Borstgras (*Nardus stricta*) hat seinen Namen von seinen dünnen, starren Blättern, die ein etwas mattes Grün zeigen. Als weitere häufige Gräser sind der Rot-Schwingel (*Festuca rubra* ssp. *nigrescens*), das Rotstraußgras (*Agrostis capillaris*) und die Drahtschmiele (*Avenella flexuosa*) zu nennen. Spektakulärste Art der Borstgrasrasen ist die leuchtend gelbe Arnika (*Arnica montana*). Als hochwirksame Arzneipflanze war und ist sie allerhand Nachstellungen ausgesetzt, da sie sich bisher mehr schlecht als recht kultivieren läßt. Von filigraner Zartheit sind die tief zerteilten Blütenblätter der Pracht-Nelke (*Dianthus superbus*), die nur an wenigen Stellen zu finden ist. Auch das Hunds-Veilchen (*Viola canina*) hat hier seinen Verbreitungsschwerpunkt. Daneben wächst hier auch das dreifarbige Wilde Stiefmütterchen (*Viola tricolor*). Wesentlich unauffälliger sind das Wiesen-Leinblatt (*Thesium pyrenaicum*) und die Pillen-Segge (*Carex pilulifera*). Als weitere wichtige Arten der Borstgrasrasen begegnen uns noch das Kanten-Hartheu (*Hypericum maculatum*) mit seinen stumpfen Kelchblättern und dem vierkantigen Stengel, das weißfilzige Katzenpfötchen (*Antennaria dioica*), bei dem es männliche und weibliche Pflanzen gibt, die noch dazu verschiedene Blütenfarben besitzen, nämlich rosa und weiß, und die Blutwurz (*Potentilla erecta*), die an ihren nur vier Blütenblättern von allen anderen Fingerkräutern (*Potentilla*) leicht zu unterscheiden ist, sowie das Heide-Labkraut (*Galium pumilum*), die Feld-Hainsimse (*Luzula campestris*), Echter Ehrenpreis (*Veronica officinalis*), Kleines Habichtskraut (*Hieracium pilosella*) und Dreizahn (*Danthonia decumbens*), ein blaugrünes Gras mit abgeflachten Halmen und einem in Haare aufgelösten Blatthäutchen. Bezeichnend sind auch die zwergstrauchigen Heidekrautgewächse Besenheide (*Calluna vulgaris*) und Heidelbeere (*Vaccinium myrtillus*), die fast immer beteiligt sind, wegen der Beweidung aber nicht zur Vorherrschaft kommen, sondern klein und unscheinbar bleiben.

Wir nähern uns jetzt der hessischen Grenze, die wir aber nicht überschreiten, sondern am Wegweiser nach dem Austritt aus dem Wald wenden wir uns im spitzen Winkel wieder zurück und folgen dem Zeichen »Grüner Pfeil« zum Schweinfurter Haus. An diesem Wegweiser stößt auch die Route über das Schwarze Moor wieder auf den Hauptrundweg. Der Boden ist hier überwiegend feucht bis naß, so daß sich ein Birkenmoor, das »Kleine Moor« entwickeln konnte. Neben der Moor- bzw. Karpaten-Birke (*Betula pubescens* ssp. *carpatica*), kenntlich an ihren filzig behaarten jungen Zweigen und Blättern, können gelegentlich auch Latschen (*Pinus mugo*) gefunden werden. Sie sind aber hier nicht heimisch – wenn vielleicht auch standortgemäß – und gehen ebenfalls auf Aufforstungen zurück. Bald hört der Baumbewuchs wieder auf, und wir wandern durch ein Stück Rhön, das dem Bild vom »Land der offenen Fernen« mit seinen bunten Wiesen- und Rasenflächen besonders nahe kommt. Im Süden liegen der zweit- und der vierthöchste Berg der Rhön, beide mit Fernsehmasten bzw. -sendern bestückt: links im Hintergrund der Kreuzberg (928 m), weiter rechts ganz nahe der Heidelstein (926 m); im Südosten ist der Gangolfsberg zu sehen. Über das Hohe Polster geht es allmählich bergab bis zu einer Bank unter einer Birke. Wir überqueren wieder die Hochrhönstraße und streben über einen aus Natursteinen gepflasterten Fahrweg der Thüringer Hütte zu. Kurz davor gelangen wir an den

Oberelsbacher Graben, an dessen Ufern viele Salweiden (*Salix caprea*) stehen. An einigen malerischen, großen Buchen und der Thüringer Hütte vorbei gehen wir über den Wanderparkplatz etwa 20 m auf der Straße in Richtung Urspringen. Hier zweigt ein mit »Rundwanderweg 5« gekennzeichneter Pfad über einige Treppen nach links ab. Er führt am mit Vogelkirschen bestückten Waldrand und über bunte Blumenwiesen stetig bergab. Weiter unten trifft er auf einen Fahrweg, dem wir nach links folgen und dann halbrechts am Bach entlang. Durch Buchenwälder mit viel Hasel (*Corylus avellana*) am Rand führt der Fahrweg über einen größeren Bach, den Oberelsbacher Graben, den wir nach etwa einem halben Kilometer erneut überqueren. Direkt danach biegen wir auf einem schmalen Pfad (Rundwanderweg 5) nach rechts ab, folgen ihm einige Zeit parallel zum Bach, bis wir, uns mehr links haltend, den Picknickplatz am Wanderparkplatz in der Nähe des Schweinfurter Hauses erreichen und damit den Ausgangspunkt unserer Wanderung.

Länge der Wanderung: A) Schweinfurter Haus – Gangolfsberg – Thüringer Hütte – Hillenberg – Eisgraben –Stirnberg – Thüringer Hütte – Schweinfurter Haus: etwa 21 km
B) Schweinfurter Haus – Gangolfsberg – Thüringer Hütte – Rother Kuppe – Roth – Hillenberg – Thüringer Hütte – Schweinfurter Haus: etwa 15 km
C) Thüringer Hütte – (Rother Kuppe) – Hillenberg – Eisgraben – Schwarzes Moor – Stirnberg – Thüringer Hütte: etwa 20 km
D) Hillenberg – Eisgraben – Schwarzes Moor – Stirnberg – Hillenberg: etwa 18 km
E) Schweinfurter Haus – Gangolfsberg – Thüringer Hütte – Hillenberg – Eisgraben – Schwarzes Moor – Stirnberg – Thüringer Hütte – Schweinfurter Haus (Gesamtroute): etwa 27 km
Einkehrmöglichkeiten: Thüringer Hütte, Rother Kuppe, Hillenberg, Eingang Schwarzes Moor, Schweinfurter Haus, Oberelsbach
Verkehrsverbindungen: A7 Würzburg – Fulda, Ausfahrt B 279 Gersfeld – Bad Neustadt/S., Ausfahrt Oberelsbach oder A7 Würzburg -Fulda, Ausfahrt Bad Brückenau/Wildflecken, Bischofsheim, Oberelsbach

TOUR 2

2

Zu den ältesten Eichen im Spessart am Rohrberg

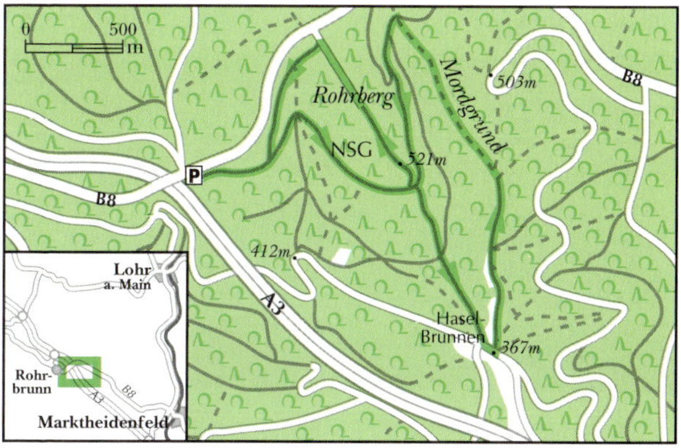

Der Spessart ist ein atlantisch geprägtes Mittelgebirge. Im relativ kühlen Sommer fällt viel Regen, der milde Winter ist nebelreich. Die sandig-lehmigen Buntsandsteinböden zeigen saure Reaktion, und ihr geringer Nährstoffgehalt ist für landwirtschaftliche Nutzung wenig geeignet. Daher verwundert es nicht, daß den Buntsandstein-Spessart ausgedehnte Wälder einnehmen. Ihr Artenbestand ist als arm einzustufen. Auf unserer Wanderung wollen wir dennoch den ältesten Eichenbestand des Hochspessart besuchen und nicht die weit artenreicheren Wiesentäler wie etwa das Hafenlohrtal. Es gibt keine Jahreszeit, in der diese Exkursion nicht begeistert. Im Frühling, beim Austrieb des frischen Laubes, im Sommer, wenn der Schatten des Laubdaches die Hitze fernhält, im Herbst, wenn sich das Laub bunt färbt, und selbst bei Regen und Nebel oder im Schnee haben diese Wälder mit ihren Baumriesen einen ganz eigenen Reiz.

Unmittelbar nördlich der Autobahnbrücke befindet sich an der B8 von Aschaffenburg nach Marktheidenfeld ein Parkplatz. An seinem Südende beginnt zwischen zwei Kastanien (*Aesculus hippocastanum*) der Waldlehrpfad »Rohrberg« mit der Markierung »rotes Kreuz«. Nach kurzer Zeit

Im Naturschutzgebiet »Rohrberg« bleiben umgestürzte Bäume als Totholz liegen.

haben wir schon viele der hier vorkommenden Pflanzenarten gesehen. Gleich zu Beginn des Weges begleitet uns der Adlerfarn (*Pteridium aquilinum*). Auf dem Weg wachsen einige trittfeste Pflanzen wie Breitwegerich (*Plantago major*), Weidelgras (*Lolium perenne*), Einjähriges Rispengras (*Poa annua*) und Kriechender Hahnenfuß (*Ranunculus repens*). Am Wegrand zeigen Große Brennessel (*Urtica dioica*), Knoblauchsrauke (*Alliaria petiolata*), Schwarzer Holunder (*Sambucus nigra*), Himbeere (*Rubus idaeus*) und Wald-Ziest (*Stachys sylvatica*) die hier günstigeren Nährstoffverhältnisse an. Auf Lehm finden wir die Blaugrüne Segge (*Carex flacca*), den Ackerschachtelhalm (*Equisetum arvense*), den Huflattich (*Tussilago farfara*) und die Zypressen-Wolfsmilch (*Euphorbia cyparissias*). Birke (*Betula pendula*) und Salweide (*Salix caprea*) wachsen zu beiden Seiten des Weges.

Als typische Waldarten können wir Waldmeister (*Galium odoratum*), Schmalblättrige Hainsimse (*Luzula luzuloides*), Wald-Sauerklee (*Oxalis acetosella*), Wald-Veilchen (*Viola reichenbachiana*), Drahtschmiele (*Avenella flexuosa*) und Roten Fingerhut (*Digitalis purpurea*) ausmachen. Die häufigsten Farne sind Dorniger Wurmfarn und Breitblättriger Dornfarn (*Dryopteris carthusiana, D. dilatata*), Gemeiner Wurmfarn (*D. filix-mas*) und Frauenfarn (*Athyrium filix-femina*). Auch wenn die Mehrzahl der großen Bäume von der Buche (*Fagus sylvatica*) und der Traubeneiche (*Quercus robur*) gestellt werden, fehlen seltenere Arten doch nicht ganz. Entlang des Waldlehrpfades sind sie oft auch noch mit Schildern versehen, die den Namen, Merkmale und besondere Eigenschaften nennen. Besonders hingewiesen sei auf die Bergulme (*Ulmus glabra*), die über 30 m hoch und bis zu 400 Jahre alt werden kann.

Bei einer Weggabelung halten wir uns rechts. In einer scharfen Rechtskurve ist Buntsandsteingeröll freigespült. Zu unserer Linken beginnt nun bald das Naturschutzgebiet »Rohrberg«. Es handelt sich um das älteste Naturschutzgebiet Bayerns, das im Jahr 1928 geschaffen wurde. Man wollte hier auf einer Fläche von 10 ha die letzten Reste einer ursprünglichen Eichenlichtwaldbestockung im Spessart erhalten. Ein weiteres Schutzgebiet, »Metzgergraben und Krone«, befindet sich im oberen Hafenlohrtal an einem ostexponierten Hang und wird vorwiegend von Buchen beherrscht. Dort steht auch die eindrucksvollste älteste Eiche des Spessart. Das Naturschutzgebiet erstreckt sich über den schwach geneigten Südwesthang des Rohrberges in einer Höhe zwischen 500 und 530 m und liegt unmittelbar südlich des Geiersbergs, des mit 586 m höchsten Ber-

Hinter einer Wurzel hat sich Humus angereichert, der Waldmeister (*Galium odoratum*), Hain-Veilchen (*Viola riviniana*) und Wald-Sauerklee (*Oxalis acetosella*) gedeihen läßt.

Wie bei allen echten Farnen sind auch beim Wurmfarn (*Dryopteris filix-mas*) die jungen Wedel eingerollt.

ges im Spessart. Jahresmitteltemperaturen zwischen 7°C und 8°C und Niederschläge von rund 1000 mm im Jahr begünstigen die Buche in dieser submontanen Lage. Auf den sauren, schwach lehmigen Sandböden, die sich aus dem verwitternden Buntsandstein bilden, stockt ein Hainsimsen-Buchenwald (Luzulo-Fagetum) mit nur dürftiger Bodenvegetation. Mit der Schmalblättrigen und der Haar-Hainsimse (*Luzula luzuloides, L. pilosa*), Drahtschmiele (*Avenella flexuosa*), Wald-Sauerklee (*Oxalis acetosella*), Buschwindröschen (*Anemone nemorosa*), Heidelbeere (*Vaccinium myrtillus*), Adlerfarn (*Pteridium aquilinum*) und dem häufigen Frauenhaarmoos (*Polytrichum formosum*) haben wir den Artenbestand des Gebietes schon zu einem Großteil erfaßt.

Das heutige Waldbild läßt sich nur verstehen, wenn wir uns die Forstgeschichte des Bestandes vor Augen führen, dessen älteste Eichen 500 bis 800 Jahre alt sein sollen. Die heute ca. 350 Jahre alten Eichenbestände wurden zur Zeit des 30jährigen Krieges begründet. Einige Eichenvollmasten nach vorausgegangener Brandrodung ließen Eichenreinbestände hochkommen. Bis zum Beginn des 19. Jahrhunderts wurden sie ausschließlich nach jagdlichen Gesichtspunkten bewirtschaftet, d.h. die masttragenden Traubeneichen wurden begünstigt, die Buche wurde zurückgedrängt. Seit diese gezielte Förderung der Eiche unterbleibt, setzt sich immer mehr die Buche durch. Die ältesten und stärksten, im lockeren Freistand aufgewachsenen Eichen erreichen Höhen bis zu 30 m; wenn sie im dichteren Stand hochwachsen mußten, können sie bei einem Durchmesser bis 110 cm 30 m bis 34 m hoch werden. Bei niedrigeren Kronenhöhen dominiert deutlich die Buche. Den wenigen niedrigen Eichen wird es wohl so ergehen, wie den bereits abgestorbenen, aber noch aufrecht stehenden Exemplaren im Schatten vitaler Buchen.

Von unserem Weg aus können wir die großen Eichen und Buchen gut betrachten. Manche der Baumriesen sind gebrochen oder umgestürzt und werden nun langsam von Pilzen abgebaut. Der hohe Totholzanteil ist für höhlenbewohnende Vögel sehr wichtig. Der Spessart hieß im Mittelalter noch »Spechtshart«, wobei der Wortteil »Hart« die Bedeutung von Wald besaß. Aber auch für Käfer und viele weitere Tiergruppen sind abgestorbene Bäume ein unverzichtbarer Lebensraum. Insgesamt entsteht so der Eindruck von einem Urwald. Rechts unseres Weges stockt am Hang ein Furniereichenbestand.

Wollen wir auf unserer Wanderung den Eindruck der Spessartwälder vertiefen, gehen wir bei einer Gruppe dicht beisammen stehender Buchen auf einem leicht gewundenen Ziehweg rechts bergab (Markierung: rotes Kreuz). Sonst können wir auch dem Waldlehrpfad, der eine scharfe Linksbiegung macht, folgen. Zur Linken stockt ein dunkler Fichtenforst, rechts wachsen Traubeneiche (*Quercus petraea*), Buche (*Fagus sylvatica*) und Adlerfarn (*Pteridium aquilinum*). Bald überqueren wir einen Fahrweg und passieren eine große tote Eiche, die dicht von Buchen umstanden ist.

Nahe der Talsohle stehen kräftige Hainbuchen (*Carpinus betulus*) und Winterlinden (*Tilia cordata*). Auch lichtliebende Basenverarmungszeiger wie Wiesen-Wachtelweizen (*Melampyrum pratense*), Berg-Platterbse (*Lathyrus linifolius*) oder auch Schönes Hartheu (*Hypericum pulchrum*) sind erst hier unten anzutreffen. Bald stoßen wir auf den Haselbrunnen, eine im Jahr 1861 in Sandstein gefaßte Quelle, die zwei Teiche speist, die wir umrunden. Im Wasser fällt eine überwiegend untergetauchte Pflanze mit rosettig angeordneten Blättern auf. Es ist ein Wasserstern (Gattung *Callitriche*), zu dessen genauer Bestimmung die winzigen Früchte herangezogen werden müssen. Flutende,

Der Waldmeister (*Galium odoratum*) benötigt bessere Böden und ist im Spessart daher nicht häufig.

dunkelgrüne Büschel bildet das Gemeine Brunnenmoos (*Fontinalis antipyretica*). Auf dem Wasser schließlich schwimmen die rundlichen Sprosse der Kleinen Wasserlinse (*Lemna minor*).

An der Kreuzung wählen wir den genau nach Norden führenden Weg. Im Talgrund wachsen unter Hasel (*Corylus avellana*), Winterlinde (*Tilia cordata*) und Hainbuche (*Carpinus betulus*) reichlich Kleinblütiges Springkraut (*Impatiens parviflora*), Scharbockskraut (*Ficaria verna*), Winkel-Segge (*Carex remota*) und Große Brennessel (*Urtica dioica*). Unübersehbar sind die Wildschweinsuhlen im nassen Boden. Der Weg, an dessen Rand wir die silbrigen Blätter des Gänse-Fingerkrautes (*Potentilla anserina*) bemerken, führt uns zunächst entlang einer Wiese und dann an einer Roßkastanienreihe (*Aesculus hippocastanum*) vorbei. Große Herden der Zittergras-Segge (*Carex brizoides*) vermitteln den Eindruck von erstarrten Meereswellen.

Im Wald halten wir uns bei Weggabelungen stets links. So gelangen wir in den Mordgrund. Links begleitet uns ein Fichtenforst, rechts ein unterwuchsarmer Buchenwald. Vereinzelt treffen wir den Eichenfarn (*Gymnocarpium dryopteris*) und die horstigwüchsige Pillen-Segge (*Carex pilulifera*). Am Wegrand gedeiht das Gemeine Leinkraut (*Linaria vulgaris*). Schließlich verläuft unser Weg in einem steilen, grasigen Geländeeinschnitt mit Blockschutt, bis wir auf einen Querweg stoßen, dem wir nach links leicht bergab folgen. Am Wendeplatz einer Forststraße zweigt rechts ein unauffälliger Weg ab, dem wir folgen können. Sollten querliegende Stämme das Vorankommen allzusehr behindern, kann man auch auf der Forststraße weitergehen und bei nächster Gelegenheit den schon erwähnten Weg rechts bergauf nehmen. In beiden Fällen gelangen wir wieder an die Buchengruppe an der Südwestecke des Naturschutzgebietes. Die weitausladenden, tiefsitzenden Äste der Buchen zeigen, daß sie im Freistand groß wurden. Wir gehen auf dem leicht ansteigenden Weg nun rechts weiter und bleiben an der Nordostseite des Naturschutzgebietes. Von hier gewinnt man noch einmal interessante Einblicke in den urwaldartig wirkenden Eichen- und Buchenbestand. Nach einem Rastplatz mit einer Tischplatte aus Buntsandstein wird der Weg breiter. Auf der linken Seite sehen wir eine 1925 begründete Eichennachzuchtfläche. Fichten (*Picea abies*) und Lärchen (*Larix decidua*) gehören ebensowenig zur ursprünglichen Baumartengarnitur des Spessarts wie die aus Nordamerika stammende Weymouths-Kiefer (*Pinus strobus*). Kurz vor Erreichen der Bundesstraße biegt der Waldlehrpfad nach links ab und führt uns wieder an unseren Ausgangspunkt zurück.

Länge der Wanderung: etwa 8 km, nur der Waldlehrpfad: knapp 4 km
Einkehrmöglichkeiten: Rasthof Spessart in Rohrbrunn, Weibersbrunn, Marktheidenfeld
Verkehrsverbindungen: Autobahn A3 Aschaffenburg – Würzburg Ausfahrt Rohrbrunn, auf der B8 Richtung Marktheidenfeld

TOUR 3

Gambacher Wellenkalkhänge – der Mainfränkische Trockenrasen

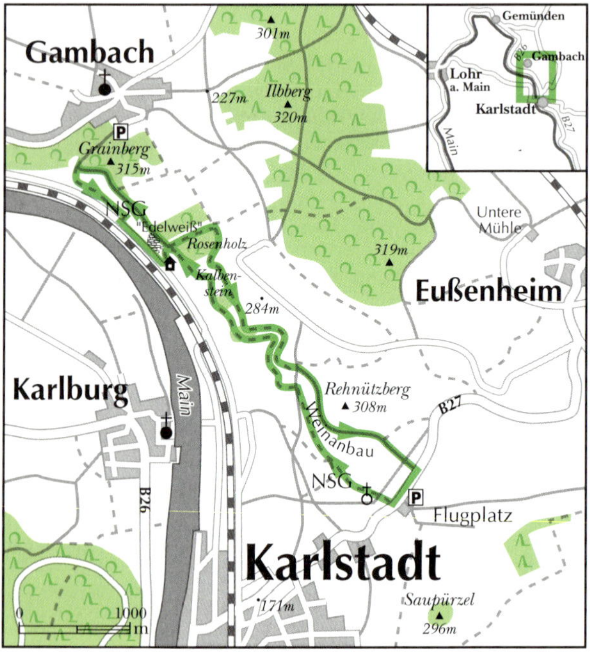

Das Ziel dieser Exkursion sind die trockensten und heißesten Hänge Frankens am rechten Ufer des Mains nördlich von Würzburg. Offiziell heißt das Gebiet »NSG Grainberg und Kalbenstein«, ist aber bei den Botanikern aus nah und fern besser unter dem Namen »Gambacher Wellenkalkhänge« bekannt. Im Windschatten des Spessarts bei nur rund 200 m Höhe über dem Meer gelegen, werden lokal kaum 500 mm Jahresniederschläge erreicht. Das sehr wasserdurchlässige Kalkgestein tut ein übriges, um hier botanischen Kostbarkeiten der Steppen- und Felsvegetation günstige Lebensbedingungen zu bieten.
Wir beginnen die Wanderung am Flugplatz an der B27

nordwestlich von Karlstadt, der etwa 2 km vom Zentrum der ehemaligen Kreisstadt entfernt oben auf der Höhe liegt. Es empfiehlt sich, genügend zum Trinken mitzunehmen, da die Einkehrmöglichkeiten relativ beschränkt sind und der Weg meist in der vollen Sonne verläuft.

Die ersten botanischen Besonderheiten wachsen gleich auf dem Acker vor dem provisorischen Parkplatz: Sommer-Adonisröschen (*Adonis aestivalis*), Acker-Trespe (*Bromus arvensis*) und Saat-Leindotter (*Camelina sativa*). Auch den Feld-Mannstreu (*Eryngium campestre*), eine Pflanze von distelartigem Aussehen, die aber zu den Doldenblütlern gehört, werden wir noch öfters sehen. Um die richtige Stelle für den Beginn unserer Wanderung zu finden, müssen wir auf der Bundesstraße etwa 30 m bergab gehen, bis von rechts ein Fahrweg einmündet, in den wir einbiegen. An der Straßenböschung direkt am Verkehrsschild stehen wieder einige »bessere« Arten, nämlich der Färberwaid (*Isatis tinctoria*), die Orientalische Zackenschote (*Bunias orientalis*) und die Sichelmöhre (*Falcaria vulgaris*). Es sind, ebenso wie die Lanzett-Kratzdistel (*Cirsium vulgare*) und die Großblütige Königskerze (*Verbascum densiflorum*) alles ziemlich kräftige Stauden, die man an so einem trockenen Standort kaum erwarten würde.

Die vor uns liegende, leicht gewellte Fläche zu beiden Seiten des Weges stellt schon den ersten Höhepunkt des Tages dar. Wir finden hier eine sehr artenreiche Pflanzengesellschaft, die Faserschirm-Erdseggen-Gesellschaft (Trinio-Caricetum humilis) genannt wird und einige für Mitteleuropa sehr seltene Pflanzen enthält. Die auffälligste, wenn auch nicht charakteristischste Art ist ein Gras, nämlich das Echte Federgras (*Stipa joannis*), das wir in Franken nur noch auf den Gipshügeln bei Külsheim und Sulzheim antreffen können. Es besitzt sehr lange, etwa 25 cm lange, gefiederte Grannen, die sich anmutig in dem hier fast immer wehenden Wind wiegen. Sehr ähnlich ist das hier ebenfalls vorkommende Große Federgras (*Stipa pulcherrima*), bei dem die Blattspitzen jedoch kahl statt pinselartig behaart sind. Auch ein dritter Vertreter der Gattung *Stipa*, das Haar-Pfriemengras (*S. capillata*), hat auffällige Grannen von immerhin etwa 15 cm Länge. Sie sind nicht gefiedert, dafür aber häufig ineinander verdreht. Die Arten der Gattung *Stipa* haben ihre Hauptverbreitung in den kontinentalen Gebieten Asiens und liegen in Süddeutschland nahe an der Westgrenze ihrer Gesamtareale. Gleiches gilt für die Steppen-Wolfsmilch (*Euphorbia seguieriana*) mit ihren relativ breiten, blaugrünen Blättern und das graubehaarte

Die steilaufragenden, sonnigen Wellenkalkhänge des Kalbensteins bieten Lebensraum für wärmeliebende Pflanzen.

Sand-Fingerkraut (*Potentilla arenaria*). Es darf nicht mit dem ebenfalls gelbblühenden, ziemlich häufigen Frühlings-Fingerkraut (*P. neumanniana = P. tabernaemontani = P. verna*) verwechselt werden, das von normal grüner Farbe ist. Eine Besonderheit innerhalb der Familie der Doldenblütler stellt der Faserschirm (*Trinia glauca*) dar. Er hat nämlich eingeschlechtliche Blüten, die noch dazu auf verschiedenen Pflanzen sitzen, also zweihäusig verteilt sind. Im Gegensatz zur »normalen« Blüte, der Zwitterblüte, haben eingeschlechtliche Blüten entweder nur Fruchtknoten oder nur Staubblätter. Die männlichen, mehr hellgrünen Pflanzen sind durch ihre deutlich zu erkennenden Staubbeutel auffälliger als die weiblichen, die von dunklerer, grünlich-violetter Farbe sind. Die andere namengebende Charakterart des Trinio-Caricetum ist die Erdsegge (*Carex humilis*). Sie hat feste, borstlich gerollte, gebogene Blätter, die die sehr kurzen Blütenstengel überragen. Mit ihrer olivgrünen Färbung bildet sie einen matten Hintergrund für die bunten Farbtupfer der meisten übrigen Arten dieser Gesellschaft. Kräftig rosa gestreifte Blüten hat die Sand-Esparsette (*Onobrychis arenaria*), ein Schmetterlingsblütler. Das Graue und das Gemeine Sonnenröschen (*Helianthemum canum,*

H. ovatum) blühen gelb, das Apenninen-Sonnenröschen (*H. apenninum*) hat als einziger mitteleuropäischer Vertreter dieser für den Mittelmeerraum sehr typischen Familie der Zistrosengewächse (Cistaceae) weiße Blüten.

Fast nur auf Muschelkalk zu finden ist dagegen der Schmalblättrige Lein (*Linum tenuifolium*), der wie die beiden seltenen Sonnenröschen als Charakterart des Verbandes Xerobromion gilt. Seine nadelfeinen Blätter und dünnen Stengel machen ihn vor und nach der Blütezeit inmitten der vielen anderen Pflanzen fast unsichtbar, obwohl er immerhin fast einen halben Meter hoch werden kann. Hat er aber erst einmal seine lila-blaßblauen, zarten Blüten aus der gedrehten Knospe entfaltet, ist er nicht mehr zu übersehen und verleiht der Gesellschaft ein besonderes Gepräge. Wesentlich niedriger bleiben die Polster von Berg-Gamander (*Teucrium montanum*) mit unterseits fast weißen Blättern, Hufeisenklee (*Hippocrepis comosa*) und Frühblühendem Thymian (*Thymus praecox*). Kräftige Farbakzente setzen der Kugelköpfige Lauch (*Allium sphaerocephalon*), das Berg-Steinkraut (*Alyssum montanum*), das wie das Sand-Fingerkraut Sternhaare besitzt, und die Großblütige Brunelle (*Prunella grandiflora*). Meist auf die besonders steinigen Stellen beschränkt bleibt der Natternkopf (*Echium vulgare*). Zur Blütezeit all dieser Arten im Mai bis Juni sind die Küchenschellen (*Pulsatilla vulgaris*) längst verblüht und stehen mit ihren struwwelpeterartigen Fruchtschöpfen wie

Das Graue Sonnenröschen (*Helianthemum canum*) hat auf den trocken-heißen Wellenkalken bei Gambach einen seiner Vorposten in Mitteleuropa.

Als erste Frühlingsboten erheben sich die Glocken der Echten Küchenschelle (*Pulsatilla vulgaris*) über das vorjährige Gras.

kleine Männchen im niedrigen Gras. Von den vielen weiteren Arten soll noch die Aufrechte Trespe (*Bromus erectus*) erwähnt werden, da nach ihr alle submediterranen Trespen-Trocken- und -Halbtrockenrasen (Brometalia erecti) benannt werden. Sie ist an ihren steif aufrechten, langen, begrannten Ährchen und der lockeren Behaarung der Blattränder zu erkennen. Wie eingangs erwähnt, sind die Kalktrockenrasen (Xerobromion) außer durch ihre Artenkombination durch die Lückigkeit der Bestände charakterisiert. Auf den freien Stellen zwischen den höheren Pflanzen ist somit viel Platz für sehr lichtliebende, aber konkurrenzschwache Arten. Hier sind vor allem die Moose und Flechten zu erwähnen. Eine durch ihre weiße Unterseite sehr auffällige und für trocken-heiße Stellen typische Strauchflechte ist *Cladonia foliacea* (*C. alcicornis*). Zu den Krustenflechten gehören einige sehr bunte Arten, die zusammen die sogenannte Bunte Erdflechten-Gesellschaft (Toninio-Psoretum = Fulgensietum) bilden.
Alle bisher besprochenen Pflanzen können wir im näheren Umkreis der Marter aus Sandstein sehen. Im Weitergehen passieren wir einen kleinen ehemaligen Steinbruch. An seinen Wänden kann die Struktur des Wellenkalkes untersucht werden. Der Boden des Steinbruchs ist fast frei von Feinerde. Unter solchen Bedingungen ist die Wasserbeschaffung für die Pflanzen besonders problematisch. Als spezielle Anpassung haben einige Pflanzen bestimmte Gewebe zur Wasserspeicherung entwickelt, wie wir es von den Kak-

teen kennen. In Europa sind solche sukkulenten Pflanzen vor allem in der Gattung *Sedum* zu finden, bei der die Wasserspeicherung in den Blättern erfolgt. In unserem Steinbruch haben wir gleich vier Arten vor uns: den Scharfen (*Sedum acre*) und den Milden Mauerpfeffer (*S. sexangulare*), Weiße (*S. album*) und Felsen-Fetthenne (*Sedum reflexum*). Die ersten beiden sind sich sehr ähnlich und lassen sich vor allem durch ihren Geschmack unterscheiden. Wie der Felsen-Mauerpfeffer, der zugespitzte Blätter und einen vor dem Aufblühen zurückgebogenen Blütenstand hat, besitzen sie gelbe, sternförmige Blüten. Besonders bezeichnend sind sie für die Abraumhalden der kleinen Steinbrüche, die sich hauptsächlich auf der linken Seite des Weges befinden, aber auch für Lesesteinhaufen. Hier ist die Gamander-Wimperperlgras-Flur (Teucrio-Melicetum ciliatae) zu Hause, eine der wenigen außeralpinen Steinschutt-Gesellschaften, die für die Schuttfluren des Hochgebirges so typisch sind. Kurz nach dem ersten Steinbruch mit seinem fast kreisförmigen Umriß gelangen wir auf eine Art Hochfläche, die mit ihren wogenden Federgräsern in der Tat den Eindruck einer Steppe erweckt. Auch die am Rande stehenden Kiefern, die die breiten Kronen der im Freistand aufgewachsenen Bäume zeigen, passen zu diesem Bild, da die Waldkiefer (*Pinus sylvestris*) in den südrussischen Steppengebieten der Charakterbaum des Steppenwaldes ist. Vorn links in Richtung zum Steilhang sehen wir eine ganze Reihe der angesprochenen Abraumhalden der bäuerlichen Steinbrüche, die die Wimperperlgrasflur tragen. Im Juni, wenn das Wimperperlgras (*Melica ciliata*) zu fruchten beginnt und durch seine zottig behaarten Deckspelzen sehr auffällig wird, bieten diese kleinen Hügel vor allem im Gegenlicht einen bezaubernden Anblick. Neben dem Wimperperlgras sind der trübrot blühende Trauben-Gamander (*Teucrium botrys*) mit seinen tief zerteilten, drüsig-klebrigen Blättern und die leuchtend gelbe Färber-Hundskamille (*Anthemis tinctoria*) charakteristisch für diese Gesellschaft. Wichtig sind auch die vier schon besprochenen Mauerpfefferarten, zu denen noch die Purpur-Fetthenne (*Sedum telephium*) treten kann. Sie hat wesentlich breitere Blätter und einen aus vielen dunkelroten Blüten zusammengesetzten Blütenstand, der häufig in Trockensträußen Verwendung findet. Die NSG-Fläche verengt sich nun stark durch einen riesengroßen Steinbruch, der von der Talsohle des Mains bis zur Hangkante reicht und nicht mehr viel von der Hangfläche übrig gelassen hat. In seinem unteren Bereich wird er als Müllkippe genutzt,

die neben Krähen, Elstern und Lachmöwen gelegentlich auch die seltenen Rot- und Schwarzmilane anlockt. Der Weg verschwindet nun im Schlehengebüsch, das viele wärmeliebende Sträucher wie Liguster (*Ligustrum vulgare*), Blutroten Hartriegel (*Cornus sanguinea*), Wolligen Schneeball (*Viburnum lantana*) und verschiedene Rosen enthält. In sonnigen Bereichen der Wegrandböschung steht wieder der gelb blühende Färberwaid (*Isatis tinctoria*).
Der Weg gabelt sich nun in einen Fahrweg und einen Fußpfad. Wir nehmen letzteren und gehen links vor zu den zwei Bänken, wo man einen schönen Blick über Sand- und Kiesgruben auf das Maintal hat mit dem Dorf Karlburg am anderen Ufer. Ganz am Horizont kann man im Westen bis Nordwesten die flachen Höhen des Spessarts sehen. Im Weitergehen kommen wir zu einem kleinen Kiefernwäldchen, das hier am natürlichen Standort wachsen dürfte – die meisten Kiefern sind ja gepflanzt –, denn es tauchen einige neue Arten auf, die gerne als Kiefernbegleiter angesehen werden. Der Boden ist hauptsächlich vom Blaugras (*Sesleria varia*) bedeckt, einer oft schon im März blühenden Art mit blaugrünen, derben Blättern. Von der gleichen Farbe ist auch die Blaugrüne Segge (*Carex flacca*) mit ihren überhängenden weiblichen Ährchen. Mit der Braunroten Sitter (*Epipactis atrorubens*) und der Fliegen-Ragwurz (*Ophrys insectifera*) sind auch zwei Orchideen beteiligt, die schon als ausgesprochene Kiefernwaldarten anzusehen sind. Ähnliches gilt für das Rindsauge (*Buphthalmum salicifolium*) und die seltene Astlose Graslilie (*Anthericum liliago*), die große, weiße Blüten besitzt. Der Fahrweg vereinigt sich jetzt wieder mit dem Fußweg und weicht nun weit vom Maintal weg, da sich vor uns ein Seitental tief eingekerbt hat. Der Hang nach Erreichen des Scheitelpunkts der Kurve ist voll nach Süden exponiert und daher besonders trocken. Die zahlreichen Schlehenbüsche erreichen bald nur noch Kniehöhe. Zwischen ihnen wächst eine kleine Rose, die weißblühende Bibernell-Rose (*Rosa pimpinellifolia*). Sie ist durch ihren niedrigen Wuchs, den dicht mit ungleich großen, z. T. drüsigen Stacheln versehenen Stengel und die schwarzen, fast kugeligen Hagebutten mit keiner der sonst schwer auseinander zu haltenden Heckenrosen zu verwechseln. Wo der Weg die Steilkante zum Maintal wieder erreicht hat, steht eine weitere Bank, von der man eine gute Aussicht nach Süden auf das Maintal hat.
Beim Weitergehen durchqueren wir wieder lichte Kiefernbestände, denen schlanke Pyramiden von Wacholdern

(*Juniperus communis*) beigesellt sind. Seine mit einem hellen Wachsstreifen auf der Oberseite versehenen spitzen Nadeln werden vom Weidevieh gemieden, weshalb seine Anwesenheit Beweidung verrät. Nach einem Picknicktisch mit zwei Bänken teilt sich der Weg erneut. Wir wählen den unteren entlang der Hangkante und gelangen in ein weiteres Kiefernwäldchen, in dem viel Gemeine Zwergmistel (*Cotoneaster integerrimus*) wächst. Die Gattung *Cotoneaster* gehört durchaus zu unserer heimischen Flora, auch wenn inzwischen außereuropäische, als Zierpflanzen verwendete Arten weit bekannter sind. Wenn der Wald wieder lichter wird, öffnet sich der Blick nach links vorn zum Main und fällt auf ein großes Edelweiß aus Metall, das anstelle eines Kreuzes die Hangkante beherrscht. Der Steilhang dahinter wird von Weingärten eingenommen.

Unser Weg führt weiter über einen Hang mit besonders viel Blaugras (*Sesleria varia*) und Rindsauge (*Buphthalmum salicifolium*). An einem Taleinschnitt durchwandern wir ein kleines Eichenwäldchen. Weiter oben am Hang folgen wieder Waldkiefern (*Pinus sylvestris*) und dann eine Gruppe von Schwarzkiefern (*Pinus nigra*).

Nach Überwindung einiger Höhenmeter stehen wir auf einer Art Plateau unweit des blechernen Edelweißes. Es markiert die Einstiegsstelle des sogenannten »Edelweißpfades«, offiziell »Lenzsteig«, eines mit Drahtseilen versehenen Klettersteiges, der zu seiner Bewältigung einige Kraft, Geschick und alpine Erfahrung erfordert. Unser Weg führt uns weiter an der Kante entlang über eine magere Wiese. Der Bewuchs ist hier wesentlich dichter als bei der steppenartigen Vegetation am Anfang. Wir haben es hier mit einer Gesellschaft des Verbandes Mesobromion zu tun. Die Böden sind von mittlerer Gründigkeit und haben eine bessere Wasserrückhaltefähigkeit, die eine günstigere Verfügbarkeit der Nährstoffe zur Folge hat. Bezüglich Üppigkeit und Biomasse kann so ein Trespen-Halbtrockenrasen aber noch lange nicht mit einer Fettwiese mithalten. Dementsprechend wird er auch nur einmal im Jahr gemäht bzw. extensiv beweidet und nicht gedüngt. In Artenreichtum und Buntheit können Mesobromion-Gesellschaften aber durchaus mit denen des Xerobromion konkurrieren, und wir können hier die meisten der Arten wiederfinden, die wir bei den anderen Wanderungen (9, 10, 11) in Kalkgebieten sehen können.

Wir verlassen die bunte Blumenwiese und gelangen auf unserem Weg entlang der Hangkante wieder in den Wald. Entsprechend der tiefer reichenden Verwitterung des Bodens sind hier ausreichende Bedingungen für das Wachstum der Rotbuche (*Fagus sylvatica*) gegeben, so daß sich ein Orchideen-Buchenwald (Carici-Fagetum), die am stärksten wärmeliebende Ausbildung der Buchenwälder, entwickeln konnte. Mit der Mehlbeere (*Sorbus aria*), der Elsbeere (*S. torminalis*) und der Vogelkirsche (*Prunus avium*) sind wärmeliebende Baumarten beigemischt. In der Strauchschicht breiten sich dichte Bestände der Roten Heckenkirsche (*Lonicera xylosteum*) aus. Auch ein paar Waldkiefern und Birken (*Betula pendula*) sind beteiligt, einige allerdings abgestorben, wohl deshalb, weil sie als lichtliebende Arten der Konkurrenz der schattenwerfenden Buche erlegen sind.

Nach einigen malerisch verdrehten Buchen geht es eine längere Strecke über Felder zum nächsten Wald auf dem Grainberg, der mit 315m Höhe die höchste Erhebung im Verlaufe der Wanderung darstellt. Der Boden wird hier stellenweise wieder flachgründiger und ist dann nur mehr für die genügsamen Kiefern geeignet.

Am Nordende des Grainberges wendet sich der Weg nun nach Westen und auf einem schmalen Rücken auf gewundenem Pfad mit den Zeichen »Wanderhut« und »Wanderstiefel« an mehreren Bänken vorbei hinab zu einem Fahrweg.

Unser Wanderweg schwenkt nach links in die Weinberge hinein. Gleich zu Beginn liegt ein schöner Picknickplatz bei einer Grotte in einem ehemaligen Steinbruch. Hier kann sehr bequem die allerunterste Schicht des Wellenkalks studiert werden, die gelblich mergelig verwittert. Rechts unterhalb des Weges beginnt bzw. endet der violettrötliche Buntsandstein mit seiner obersten Schicht, dem Röt. Er wird gleich vor Ort zum Bau der Weinbergsmäuerchen verwendet. Sie bieten vielen wärmeliebenden Pflanzen und Tieren ein Refugium inmitten der Kulturlandschaft Weinberg. Auffällig sind viele polsterförmig wachsende Moose und das fast nur in Weinbergsklima vorkommende Zimbelkraut (*Cymbalaria vulgaris*) mit seinen weiß und hellblau gefärbten Blüten, die wie bei einem kleinen Löwenmäulchen aussehen.

Die vor uns liegenden Reblagen an den Hängen des Kalbensteins wurden nicht flurbereinigt. Der Weg verläuft weiterhin auf der Grenze Muschelkalk – Buntsandstein. Auf der linken Seite wachsen nur wenige trockenresistente Sträucher wie Blutroter Hartriegel (*Cornus sanguinea*) oder Wolliger Schneeball (*Viburnum lantana*). Dazwischen winden sich die langen Triebe der Gemeinen Waldrebe (*Cle-*

matis vitalba) und der seltenen Aufrechten Waldrebe (*C. recta*) hoch. Zu Füßen der Gebüsche sind Arten zu finden, die zu den thermophilen Blutstorchschnabel-Säumen (Geranion sanguinei) gehören, unter ihnen Aufrechter Ziest (*Stachys recta*), Hirsch-Haarstrang (*Peucedanum cervaria*), Berg-Heilwurz (*Libanotis pyrenaica*), Wilder Majoran oder Dost (*Origanum vulgare*), Kamm-Wachtelweizen (*Melampyrum cristatum*), Berg-Aster (*Aster amellus*), Sichelblättriges Hasenohr (*Bupleurum falcatum*), Weiden- und Rauher Alant (*Inula salicina, I. hirta*) und die Seltenheiten Berg-Kronwicke (*Coronilla coronata*) und Diptam (*Dictamnus albus*). Weiter vorn sind die Hänge so steil, heiß und trokken, daß nur noch wenige größere Pflanzen mithalten können. Hier ist der Lebensraum der Zippammer, einer in felsigen Gebieten des Mittelmeerraumes weit verbreiteten Art mit schwarzen Streifen am grauen Kopf, die am Kalbenstein eines der ganz wenigen Brutvorkommen in Bayern hat.

Der Weg findet hier sein Ende, und es ist dringend abzuraten, auf dem kleinen Pfad, der am Anfang noch ganz vielversprechend aussieht, weiter zu gehen, da man anschließend eine lange Strecke in sehr steilem Gelände mit dornigen Büschen und rutschigem Geröll vor sich hat, und dies womöglich noch in glühender Hitze. Die Alternativstrecke ist dafür wenigstens bequem und in kurzer Zeit zu bewältigen. Wir müssen dazu auf der letzten Treppe durch den Weinberg nach unten zur Bundesstraße gehen und auf ihr ziemlich genau einen halben Kilometer weiter bis zur Faltes-Hütte. Sie ist mit einem Spiel- und einem Parkplatz ausgestattet und bietet die Gelegenheit, neue Kräfte für den Aufstieg zum Edelweiß zu tanken. Der gut ausgebaute Pfad führt zunächst durch dichtes Buschwerk aus Schlehen (*Prunus spinosa*) und anderen schon bekannten wärmeliebenden Arten, das langsam lichter wird. Kurz nach dem Naturschutzgebietsschild gabelt sich der Weg. Auf der linken Gabelung gelangt man zum Einstieg in den schon erwähnten Lenzsteig, bei dem man richtig klettern muß. Wir nehmen lieber den rechten Weg und stehen bald am Fuß einer mächtigen Felswand, die wir bequem, uns immer rechts haltend, umgehen können. Eine der auffälligsten und hier gar nicht seltenen Pflanzen im Geröll ist die Aufrechte Waldrebe (*Clematis recta*), die in den unterfränkischen Muschelkalkgebieten im Maindreieck und an der Fränkischen Saale ihre einzigen Vorkommen in den alten Bundesländern außer denen an der unteren Donau und Isar hat. Anders als die Gemeine Waldrebe (*C. vitalba*) ist sie keine Liane, da ihre oberirdischen Sproße alljährlich neu aus

Der Französische oder Felsen-Ahorn (*Acer monspessulanum*) ist der seltenste Baum Bayerns.

dem Wurzelstock gebildet werden. Ihr Name kommt daher, daß sie als einzige Art der Gattung *Clematis* kaum zum Ranken und Klettern befähigt ist. Als weitere weißblühende Pflanzen an diesen Standorten können wir Salomonssiegel (*Polygonatum odoratum*) und die leicht giftige Schwalbenwurz (*Vincetoxicum hirundinaria*) finden, das einzige Seidenpflanzengewächs Mitteleuropas. In der Nähe einer Doppelbank, von der wir den Flugspielen der Dohlen in der Felswand zusehen können, wächst viel Efeu (*Hedera helix*).

Von der Doppelbank aus gelangen wir über wenige Serpentinen in kurzer Zeit auf die Hochfläche beim blechernen Edelweiß. Der mit dem Wanderstiefel markierte Weg führt nun von der Hangkante weg nach Osten durch eine parkartige Landschaft, die dann in eine Art Buschwald übergeht. Der parkartige Eindruck entsteht, wenn das Unterholz streckenweise entfernt wird, wie es im Jahre 1995 geschah. Dieses »Rosenholz« genannte Waldstück enthält den vielleicht seltensten Baum Bayerns, den Französischen oder Felsenahorn (*Acer monspessulanum*), der an seinen langgestielten, dreilappigen, kleinen Blättern leicht zu erkennen ist. Nicht viel häufiger ist der Speierling (*Sorbus domestica*), ein Doppelgänger der Eberesche (*S. aucuparia*) mit weißfilziger Blattunterseite, rissiger Borke und wenigblütigen Schirmrispen, der in Deutschland auf die Weinbaugebiete von Mittelrhein, Neckar, Main und Saale beschränkt ist. Die Baumschicht wird ansonsten hauptsächlich von Stiel- und Traubeneiche (*Quercus robur, Q. petraea*), Hainbuche (*Carpinus betulus*), Vogelkirsche (*Prunus avium*) und Feldahorn (*Acer campestre*) aufgebaut. Häufige Sträucher sind Hasel (*Corylus avellana*), Ein- und Zweigriffeliger Weißdorn (*Crataegus monogyna, C. laevigata*) und Rote Heckenkirsche (*Lonicera xylosteum*). In der Krautschicht sind vor allem wärmeliebende Arten zu finden, die von dem aufgelichteten Charakter der Bestände profitieren. Wahrscheinlich wäre dieser Wald auch ohne Eingriffe des Menschen relativ licht, da der sehr flachgründige Boden kein optimales Wachstum der Bäume zuläßt und in Dürrejahren mit Ausfällen zu rechnen ist. Eine weitere Besonderheit ist der Diptam (*Dictamnus albus*), der vor allem für trocken-heiße (xerotherme) Säume charakteristisch ist (vgl. Wanderung 7). Auch der Dost oder Wilde Majoran (*Origanum vulgare*), die Moschus-Malve (*Malva moschata*) und einige weitere sind solche Saumarten. Am Ende des Rosenholzes wenden wir uns nach rechts und halten uns immer am Waldrand, bis wir fast wieder an die Steilkante zum Maintal kommen. Leider gibt es keinen Weg, der ohne großen Umweg über die Feldflur zu unserem Ausgangspunkt zurückführt. Wir müssen also ab hier entweder genau denselben Weg wie auf dem Hinweg benutzen oder den Weg links oberhalb der Hecken parallel dazu.

Um ihn zu finden, müssen wir kurz vor der Hangkante nach links oben gehen. An seinem tiefsten Punkt stoßen wir entweder durch eine Lücke in der Hecke auf den bereits vom Hinweg bekannten Weg, oder wir bleiben immer auf der nördlichen bzw. östlichen Seite der Hecke, bis ein Fahrweg nach schräg links oben abzweigt. Auf ihm gehen wir etwa 70 m weit bis kurz vor ein Feldkreuz. Hier biegen wir scharf rechts ab und wandern auf etwa höhenparallelem Weg durch die Weinberge halb um den Rehnützberg herum und dann bergab bis zur Bundesstraße. Von dort ist es nur noch wenige Hundert Meter nach rechts bis zum Flugplatz an der B 27.

Länge der Wanderung: etwa 10 km
Einkehrmöglichkeiten: Gambach, Faltes-Hütte
Verkehrsverbindungen: Bundesbahn: Würzburg – Gemünden, Bahnhof Karlstadt; PKW: B 26 Würzburg – Karlstadt, B 27 Richtung Hammelburg

TOUR 4

Unterwegs in der Volkacher Mainschleife

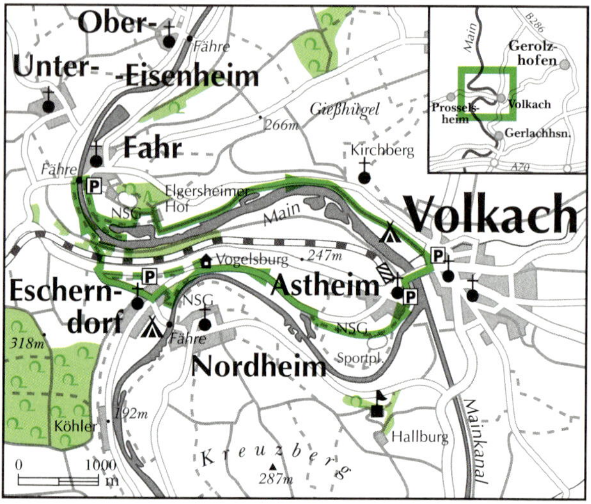

Im mittleren Maintal spielt der Weinbau seit jeher die beherrschende Rolle. Berühmte Weinorte reihen sich wie die Perlen einer Kette an die Ufer des Flusses. Gleich hinter den letzten Häusern steigen die Weinberge (»Wingert« = »Weingarten«) an den Hängen empor. Die Eigenart der Ausgangsgesteine und die Besonderheiten des Klimas machen den Frankenwein für den Kenner zu einem unverwechselbaren Produkt der Winzerkunst.

Im Gebiet des Maindreiecks um Volkach hat sich der Main in engen Schleifen in den Muschelkalk eingetieft. Die abgelagerten Terrassensande sind daher, anders als bei den meisten übrigen Flüssen Frankens, kalkhaltig und haben in Verbindung mit dem milden Weinbauklima, von dem auch andere wärmeliebende Pflanzen profitieren, zur Ausbildung einer ganz speziellen Flora geführt.

Wir beginnen die Wanderung am besten in Volkach oder auf dem jenseitigen Mainufer in Astheim. Von Volkach, der alten Weinstadt, aus müssen wir auf der kombinierten

Eisenbahn- und Straßenbrücke den Main überqueren. Am Ende der Brücke führt auf der linken Straßenseite ein Fußweg in den Ort Astheim hinein. Von der Kirche aus wenden wir uns nach Süden und folgen dem Schild »Sportplatz«. Zwischen vielen Gärten hindurch gelangen wir bald an eine Dreiergabelung. Hier wählen wir den mittleren Weg, der an einer Scheune vorbei hinaus in die an Spargelfeldern und Zwetschgenbäumen reiche Feldflur führt. Nach etwa 300 m sehen wir auf der rechten Seite parallel zu unserem Feldweg in etwa 50 m Entfernung entlang der Straße nach Escherndorf eine Reihe von größeren Pappeln und Eichen. Hier müssen wir den Weg verlassen und über Brachfelder nach rechts auf die vor den hohen Bäumen sichtbar werdenden Kiefern zugehen. Auffällige Arten auf den ehemaligen Spargelfeldern sind das spinnwebig behaarte Frühlings-Greiskraut (*Senecio vernalis*), die dunkelblau blühende Gebräuchliche Ochsenzunge (*Anchusa officinalis*), die Weiße Lichtnelke (*Silene alba*) und große Mengen der Dach-Trespe (*Bromus tectorum*). Bald gelangen wir an einen lockeren Drahtzaun, der das Naturschutzgebiet »Astheimer Dürringswasen«, wie es offiziell heißt, umschließt. Wie so oft konnte sich die Fläche nur deshalb mehr oder

Silbergrasfluren mit reichem Moos- und Flechtenbewuchs auf den Astheimer Sanden

weniger unversehrt in die heutige Zeit retten, weil es sich um ein Wasserschutzgebiet handelt. Bei Botanikern dürfte es bekannter sein unter dem Namen »Astheimer Sande«. Da sämtliche Arten auch unmittelbar am Rand der Umzäunung oder auch außerhalb vorkommen, ist es nicht nötig, diese Absperrung zu überschreiten. Die notwendige Offenhaltung des Geländes erfolgt durch die zahlreich vertretenen Kaninchen auf viel natürlichere und schonendere Weise, als dies durch Besucher geschehen könnte, wo leicht die Gefahr besteht, daß ein zu großer Besucherstrom Schaden anrichtet. Die Astheimer Sande nehmen zusammen mit wenigen anderen Stellen im Main- und Regnitztal eine Sonderstellung unter den Sandtrockenrasen Frankens ein, da wir es hier mit kalkreichem Substrat zu tun haben. In den übrigen Lockersandgebieten werden nämlich mehr oder weniger kalkfreie Quarzsande angetroffen. Solche Lockersandanhäufungen bieten für höhere Pflanzen relativ ungünstige Lebensbedingungen. Problematisch auf diesen leicht austrocknenden Böden stellt sich insbesondere der Wasserhaushalt dar. Pflanzen, die hier ausharren können, müssen also sehr genügsam und robust sein. Man trifft an solchen Standorten häufig sogenannte Pionierpflanzen an, die offene Böden rasch besiedeln und den Standort für andere Pflanzen vorbereiten können. Diese Sukzession, d. h. eine Aufeinanderfolge von verschiedenen Pflanzen und Pflanzengesellschaften an ein und derselben Stelle im Laufe der Zeit, ist auf den Astheimer Sanden sehr schön zu sehen: An den von den Kaninchen frisch aufgescharrten Böden ist keinerlei Vegetation vorhanden. Die länger als ein Jahr unbeeinflußten Stellen werden von der Silbergrasflur (Spergulo-Corynephoretum) besiedelt. In ihrer typischen Ausbildung besteht sie nur aus den drei subatlantischen Arten Silbergras (*Corynephorus canescens*), Frühlings-Spergel (*Spergula morisonii*) und Bauernsenf (*Teesdalia nudicaulis*). Das Silbergras ist ein horstwüchsiges, blaugrünes Gras mit im Austrieb rötlichen Stengeln. Es wird durch Übersandung gefördert, da es dann neue Wurzeln bildet und seine Vitalität wiedergewinnt. Die beiden anderen Arten sind einjährig (Therophyten) und keimen bereits im Herbst. Sie überwintern mit kleinen Rosetten und vertragen als subatlantische Arten keine zu harten Winter. Ihre Blütezeit ist das zeitige Frühjahr, wenn die Böden noch genügend Feuchtigkeit besitzen. So kann ihnen die Sommertrockenheit nichts anhaben, und sie profitieren sogar indirekt von ihr, da die meisten anderen Pflanzen – vor allem höherwüchsige, konkurrenzstarke Arten –

Der dichte Filz von Sternhaaren auf Blättern, Stengeln und Früchten des Sand-Steinkrautes (*Alyssum montanum* ssp. *gmelinii*) ist ein wirksamer Verdunstungsschutz.

durch die extremen Standortbedingungen ausgemerzt werden. So bleiben die Wuchsorte offen und können von den konkurrenzschwachen Arten weiterhin besiedelt werden. Zur Gruppe dieser konkurrenzschwachen Arten gehören auf den Astheimer Sanden einige weitere Pflanzen, die als ausgesprochene Seltenheiten gelten, so der Nordische Mannsschild (*Androsace septentrionalis*), ein kleines, weiß blühendes Primelgewächs mit einer grundständigen Blattrosette. Das gelbe Sand-Steinkraut (*Alyssum gmelinii*) und die Silberscharte (*Jurinea cyanoides*), ein Korbblütler mit distelartigen, lang gestielten Blütenköpfen und auf der Unterseite silbrig weiß behaarten Blättern sind ausdauernde Gewächse und kommen hauptsächlich auf den konsolidierten Böden vor. Eine große Besonderheit stellt ein weiteres Gras dar: Duvals Schwingel (*Festuca duvalii*), ein Vertreter aus der schwer zu bestimmenden Gruppe der Schaf-Schwingel (*F. ovina* s.l.). Dieses mit relativ dicken, binsenartigen, blaugrün bereiften Rollblättern ausgestattete Horstgras kommt weltweit nur hier, in der Oberrheinebene und im Rhein-Main-Gebiet vor. Solche Pflanzen mit einem kleinen Areal nennt man Endemiten. In manchen Jahren kann eine weitere Seltenheit angetroffen werden: die hellblaue Sand-Sommerwurz (*Orobanche arenaria*). Sie gehört zu einer Familie von Vollschmarotzern, den Sommerwurzgewächsen (Orobanchaceae), die über kein Blattgrün verfügen und ihre Nährstoffe aus den Wurzeln anderer

Die Sand-Sommerwurz (*Orobanche arenaria*) schmarotzt ausschließlich auf den Wurzeln des Feld-Beifußes (*Artemisia campestris*).

Pflanzen beziehen. Die recht dichte Blütenstände bildende Sand-Sommerwurz schmarotzt an den Wurzeln des Feld-Beifußes (*Artemisia campestris*) und kommt nicht jedes Jahr zum Vorschein.

Auf den offenen Stellen sind noch einige weitere einjährige Arten zu sehen, die auch als Ackerwildkräuter bekannt sind. Sie dürften hier ihnen zusagende Lebensbedingungen finden, weil aus den umliegenden Äckern mit dem Wind Kunstdünger auf die Naturschutzgebietsfläche verweht wird. Solche Arten sind das Hügel-Vergißmeinnicht (*Myosotis ramosissima*), das Acker-Stiefmütterchen (*Viola arvensis*), die Spurre (*Holosteum umbellatum*), der Echte Feldsalat (*Valerianella locusta*) und besonders die Dachtrespe (*Bromus tectorum*) sowie der Kleine Sauerampfer (*Rumex acetosella*). Bei letzterem ist nicht ganz klar, ob die sehr schmalblättrigen Formen als eigene Art, Schmalblättriger Sauerampfer (*Rumex tenuifolius*), angesprochen werden müssen, die als weitere Charakterart der Silbergrasfluren dienen könnte.

Die Weiterentwicklung der Vegetation in den Silbergrasfluren verläuft häufig über ein moos- und flechtenreiches Stadium, das als Spergulo-Corynephoretum cladonietosum bezeichnet wird. Wichtige Arten sind die Moose *Rhacomitrium canescens, Ceratodon purpureus* und *Polytrichum piliferum*, die alle Blätter mit einer haarförmig verlängerten, weißen Spitze (Glashaar) haben. Unter den Flechten sind fast nur Arten der Gattung *Cladonia* vertreten. Wo die Boden- und Humusbildung schon etwas länger ohne Störung vonstatten gehen konnte, liegen günstigere Wachstumsbedingungen vor, so daß sich eine mehr oder weniger geschlossene Vegetationsdecke ausbilden konnte. Hier wird die Silbergrasflur von einer anderen Pflanzengesellschaft abgelöst, die man als Sandgrasnelkenflur (Armerio-Festucetum) bezeichnen kann. Wichtige Arten sind Sand-Thymian (*Thymus serpyllum*), Felsen-Fetthenne (*Sedum reflexum*), Berg-Sandknöpfchen (*Jasione montana*), Ohrlöffel-Leimkraut (*Silene otites*), Platterbsen-Wicke (*Vicia lathyroides*), Ausdauernder Knäuel (*Scleranthus perennis*), Zierliches Schillergras (*Koeleria gracilis = K. macrantha*), Feld-Beifuß (*Artemisia campestris*), Sand-Strohblümchen (*Helichrysum arenarium*), Silber-Fingerkraut (*Potentilla argentea*), Sand-Grasnelke (*Armeria elongata*) sowie Duvals und Rauhhaariger Schwingel (*Festuca duvalii, F. trachyphylla*).

Einige Stellen sind durch üppigeren Bewuchs gekennzeichnet, was auf eine Eutrophierung – etwa durch Gartenabfälle – hinweist. Hier sind insbesondere Arten anzutreffen, die als leichte Ruderalisierungszeiger gelten, etwa der Glatthafer (*Arrhenatherum elatius*), die Gebräuchliche Ochsenzunge (*Anchusa officinalis*), der selten gewordene Steife Schöterich (*Erysimum hieraciifolium*) oder die Weiße Lichtnelke (*Silene alba*). Die Nährstoffanreicherung kann auch durch die Anwesenheit von Leguminosen verursacht worden sein. Früher gab es einmal eine Ansammlung von Robinien (*Robinia pseudacacia*), die von Imkern angepflanzt wurden und unter großen Mühen beseitigt werden mußten, da sie das ganze Naturschutzgebiet zu überwuchern drohten. Heute geht eine gewisse Beeinträchtigung von den Besenginster-Sträuchern (*Cytisus scoparius*) aus. Unter den hier herrschenden kontinentalen kleinklimatischen Bedingungen können sie sich aber auf die Dauer vermutlich nicht durchsetzen. Nach kalten Wintern oder sehr trockenen Sommern stirbt ein großer Teil von ihnen regelmäßig ab.

Nach dem Besuch der Astheimer Sande setzen wir unsere Wanderung mit Blick auf die Hallburg halblinks und auf die Vogelsburg halbrechts in Richtung Westen fort. Den Rand des Sandweges säumen u. a. Orientalische Zacken-

schote (*Bunias orientalis*), Feld-Mannstreu (*Eryngium campestre*) und Zypressen-Wolfsmilch (*Euphorbia cyparissias*). Weiter vorne bei einer Kiesgrube mündet der Feldweg in einen Flurbereinigungsweg, der parallel zur Teerstraße nach Escherndorf führt. Ein breiter Graben soll die Wassermassen aufnehmen, die nach Starkregen von den Hängen der Vogelsburg herabstürzen. Da gleichzeitig große Mengen der Ackerkrume von den nach der Flurbereinigung terrassenlosen Weinbergen mit herabgeschwemmt werden, kann sich an den Grabenrändern eine üppige Hochstaudenflur mit Österreichischer Sumpfkresse (*Rorippa austriaca*), Echtem Barbarakraut (*Barbarea vulgaris*), Stumpfblättrigem und Krausem Ampfer (*Rumex obtusifolius, R. crispus*), Knolligem Kälberkropf (*Chaerophyllum bulbosum*), Gemeinem Beinwell (*Symphytum officinale*), Großer Brennessel (*Urtica dioica*) und anderen Arten nährstoffreicher, nicht zu trockener Plätze ausbreiten.
Etwa 100 m nach dem Gasthaus »Zur Mainaussicht« zweigt ein zur Zeit der Weinlese gesperrter Weg nach schräg rechts oben zur Vogelsburg ab, der sich später wieder mit unserer Wanderroute vereinigt. Wir wählen ihn

Blick vom steilen Nordhang der Vogelsburg auf Fahr am Main und Untereisenheim

aber nicht, sondern den nach schräg links unten führenden, weil wir hier zu einem weiteren, ganz neuen Naturschutzgebiet gelangen. Es umfaßt einen unmittelbar am Main gelegenen Weichholz-Auwald (Salicion albae) mit mächtigen Bruchweiden (*Salix fragilis*) und der strauchförmigen Mandelweide (*S. triandra*), die zur Blütezeit im Mai leicht an ihren männlichen Kätzchen zu erkennen ist, da sie als einzige Weide drei statt der üblichen zwei Staubblätter pro Blüte besitzt. Den Unterwuchs bilden üppige Bestände von Großer Brennessel (*Urtica dioica*) und Scharbockskraut (*Ranunculus ficaria*). Dazwischen stehen die schlanken Blütenstände des Entferntblütigen Rispengrases (*Poa remota*) mit seinen abgeflachten, rauhen Blattscheiden. Weiter zum Ufer des Mains zu, wo es nicht so dunkel ist, erheben sich die bis über drei Meter hohen Stengel der Echten Engelwurz (*Angelica archangelica*) und die kaum weniger hohen der Gelben Wiesenraute (*Thalictrum flavum*) und der Kleinen Klette (*Arctium minus*) über das Brennesselmeer, häufig umschlungen von der Zaunwinde (*Calystegia sepium*) oder vom Hecken-Windenknöterich (*Fallopia dumetorum*).

Etwa 200 m vor der Kirche von Escherndorf verlassen wir den Auwald und begeben uns auf die Hauptstraße des berühmten Weinorts mit seinen romantischen Gassen. An der Kreuzung am Brunnen vor der Kirche folgen wir der Straße nach Prosselsheim. Auf der rechten Seite können wir an einem Lehrpfad die einzelnen Rebsorten mit ihren Merkmalen und Vorzügen kennenlernen. Nach kurzem Anstieg haben wir die Höhe erreicht und können einen Abstecher zur Vogelsburg (Kloster) machen, wo für das leibliche Wohl gesorgt wird. Interessant ist aber auch der Blick über das Maintal mit dem Weinort Nordheim am gegenseitigen Ufer, dem rings mit Weinbergen bedeckten Kreuzberg und zu den Höhen des Steigerwaldes im Hintergrund. Von der Vogelsburg gehen wir wieder zurück zur Einmündung der Straße von Escherndorf. Hier wenden wir uns in Fortsetzung dieser Straße nach Norden, überschreiten die Bahngleise und folgen einem kleinen Pfad nach rechts am Gebüsch entlang nach unten. Der gesamte Steilhang mit dem sich unten anschließenden Auwald ist ebenfalls Naturschutzgebiet (»Mainhang an der Vogelsburg«). Auf kleinem Raum sind hier sehr unterschiedliche Lebensräume zu finden. Der thermophile Eichenbuschwald im oberen Bereich enthält viel Traubeneiche (*Quercus petraea*), Esche (*Fraxinus excelsior*), Schlehe (*Prunus spinosa*), Vogelkirsche (*P. avium*), Blutroten Hartriegel (*Cornus sanguinea*),

Gewöhnlichen und Wolligen Schneeball (*Viburnum opulus, V. lantana*) und weitere wärmeliebende Arten. Auf der Wiese können Helm-Knabenkraut (*Dactylorhiza militaris*), Wiesen-Schlüsselblume (*Primula veris*), Knolliger Hahnenfuß (*Ranunculus bulbosus*), Wiesen-Salbei (*Salvia pratensis*), Rauhhaariges Veilchen (*Viola hirta*), Blaugrüne Segge (*Carex flacca*) und Raukenblättriges Greiskraut (*Senecio erucifolius*) und viele weitere Arten gefunden werden. Bärenschote (*Astragalus glycyphyllos*), Rauhhaariges Hartheu (*Hypericum hirsutum*) und Berg-Segge (*Carex montana*) weisen darauf hin, daß die Wiese erst vor wenigen Jahren durch Rodung des Buschwaldes entstanden sein dürfte. Beim Abwärtsgehen fällt unser Blick auf die kleine Ortschaft Fahr, die wir bald nach einer Mainüberquerung mit der Fähre erreichen werden.

In der Talaue des Mains, in die wir nun am nördlichen Teil der Volkacher Mainschleife eintreten, siedelt wieder ein Weichholz-Auwald, der neben Bruch- und Mandelweide (*Salix rubens, S. triandra*) auch die sehr charakteristische Silberpappel (*Populus alba*) enthält. Außerdem kann man hier den Eschenahorn (*Acer negundo*) finden, eine nordamerikanische Art mit eschenähnlich zerteilten Blättern, die in manchen Gebieten zu einer Problemart geworden ist, da sie einheimische Arten verdrängt. Im Unterwuchs herrschen weitgehend dieselben Hochstauden vor, die wir bereits auf der südlichen Seite der Vogelsburg gesehen haben. Noch nicht erwähnt wurden die Krause Distel (*Carduus crispus*) und der Gemeine Beifuß (*Artemisia vulgaris*), zwei weitere wichtige Arten der Weichholzaue.

Unser Weg führt uns nun nach Erreichen des Hangfußes auf einem Pfad wenige Meter nach links. Genau 40 m vor dem Naturschutzgebietsschild, das wir von seiner Rückseite sehen, zweigt ein weiterer Pfad nach rechts ab und durchquert einen Seggensumpf und einen Bach. Vorher lohnt es sich aber, auf dem Pfad am Hangfuß einige Meter zurück, d. h. nach Westen, zu gehen, um einige malerische Ausblicke auf den Main und den Auwald zu genießen. Auch in der anderen Richtung bietet der Pfad Interessantes: Etwa auf der Höhe des Naturschutzgebietsschildes wird der ganze Steilhang von unzähligen Wasseradern flächig durchrieselt. Hier wird der Wald hauptsächlich von Esche (*Fraxinus excelsior*), Winterlinde (*Tilia cordata*) und Bergahorn (*Acer pseudoplatanus*) gebildet. Der Pfad wird nun aber immer nasser und bald zu einem regelrechten Bach, so daß es angenehmer ist, wieder umzukehren und den zuvor beschriebenen Pfad durch den Seggensumpf und über die Talwiese zum Mainufer zu nehmen. Im Seggensumpf siedelt hauptsächlich die Steife Segge (*Carex elata*), eine große, horstwüchsige Segge mit gelbbraunen, stark netzfaserigen grundständigen Blattscheiden, die hohe Bulte bildet, zwischen denen die meiste Zeit des Jahres das Wasser steht. Nach dem Steifseggenried muß noch der Bach überquert werden. Falls er zu breit sein sollte, braucht man nur ein paar Minuten zu warten. Durch die Wellen der auf dem Main vorbeifahrenden Schiffe wird er nämlich für kurze Zeit mit Mainwasser »geflutet«, um dann wieder seine normale Breite einzunehmen. Am Mainufer entlang gehen wir jetzt etwa 500 m flußaufwärts und erreichen die Autofähre, die uns für fünfzig Pfennige hinüber nach Fahr bringt. In dem kleinen Fischer- und Weinbauernort können wir entweder einkehren oder uns gleich nach rechts wenden, um, immer in unmittelbarer Ufernähe, zurück nach Volkach zu gelangen. Zunächst gehen wir einige Meter auf der Straße »Am Gries«, die wir an der großen Linkskurve verlassen, um geradeaus durch die Gärten wieder an das Mainufer zu gelangen. Auf der gegenüberliegenden Seite sieht man den Steilhang mit der Wiese, wo wir von der Vogelsburg abgestiegen sind. Nach kurzer Zeit erreichen wir eine wassergefüllte, ausgebaggerte Kiesgrube, an deren Ufer einige Schwarz- und Silberpappeln stehen, und einen Kiefernforst mit viel Später Traubenkirsche (*Prunus serotina*), einer aus Nordamerika eingeführten Art. Am Ende des wenig bietenden Kiefernforstes wenden wir uns nach links und stehen vor dem Naturschutzgebiet »Sandgrasheide am Elgersheimer Hof«. Es weist eine fast identische Artenkombination wie die »Astheimer Sande« auf, wobei allerdings die Silberscharte (*Jurinea cyanoides*) fehlt. Seit die Fläche Naturschutzgebiet geworden ist, hat sie sich wieder gut erholt, nachdem sie Ende der siebziger Jahre nur noch sehr wenige der einstmals vielen »Rote-Liste-Arten« enthielt und schon fast »verloren« war. Auffällig sind hier vor allem die Massenvorkommen von Nördlichem Mannsschild (*Androsace septentrionalis*), Fünfmännigem Hornkraut (*Cerastium semidecandrum*) und Felsen-Fetthenne (*Sedum reflexum*).

Wir lassen den frisch renovierten Elgersheimer Hof links liegen und wandern wieder an das Ufer des Mains. An Spargel-, Sonnenblumen- und Roggenfeldern vorbei passieren wir eine Sandgrube mit einer Uferschwalbenkolonie. Am Rande der weiten Talaue setzen rechts die Vogelsburg und weiter vorne die Kapelle »Maria im Weingarten« Akzente. Bald gelangen wir in die Nähe der Straße

nach Volkach, können aber die ganze Zeit auf einem gut ausgebauten Weg bleiben. Hier können wir den Einfluß unterschiedlicher Düngung auf die Ausbildung verschiedener Wiesentypen studieren. Da alle übrigen Umweltfaktoren auf den direkt nebeneinander liegenden Wiesen gleich sein müßten, können die Unterschiede in der Artenkombination nur durch die verschiedene Bewirtschaftung hervorgerufen werden. Ein besonders unterschiedliches Erscheinungsbild bieten die bunten Salbei-Glatthaferwiesen (Arrhenatheretum elatioris salvietosum) und die einförmig dunkelgrünen Fuchsschwanzwiesen (Alopecurus pratensis-Arrhenatheretalia-Gesellschaft). Während erstere durch die Beteiligung von sehr vielen zum großen Teil schön blühenden Arten ein abwechslungsreiches Bild darbieten, herrschen in der artenarmen Fuchsschwanzwiese Gräser bei weitem vor. Außerdem sind einige Überdüngungszeiger wie Stumpfblättriger Ampfer (*Rumex obtusifolius*), Wiesen-Kerbel (*Anthriscus sylvestris*), Wiesen-Bärenklau (*Heracleum sphondylium*) und Löwenzahn (*Taraxacum officinale*) sehr stark vertreten, die bei den Landwirten wenig beliebt sind.
Der Main tritt nun nahe an die Weinberge heran, an deren Fuß wieder Regenauffangbecken angelegt wurden, die reiche Ruderalfluren beherbergen. Auffällig ist ein großer Bestand der Ruten-Wolfsmilch (*Euphorbia virgata*), eine seltene Art, die um Volkach herum einen gewissen Verbreitungsschwerpunkt hat. Am Mainufer ist ein schöner Weidenauwald ausgebildet, der viel Zweigriffeligen Weißdorn (*Crataegus laevigata*) beherbergt. Den Rest unseres Weges bis Volkach können wir im Schatten einer prächtigen Lindenallee zurücklegen. Auf der linken Seite ist zwischen den Bäumen immer wieder die Silhouette der Wallfahrtskapelle »Maria im Weinberg« zu sehen. Zusammen mit den bunten Salbei-Glatthaferwiesen im Vordergrund bietet sich dem Betrachter ein friedliches Bild einer malerischen Hügellandschaft. In Volkach gelangen wir am Campingplatz vorbei direkt zu unserem Ausgangspunkt an der Mainbrücke.

Länge der Wanderung: etwa 12 km
Einkehrmöglichkeiten: Astheim, Escherndorf, Vogelsburg, Fahr, Volkach
Verkehrsverbindungen: B3 Nürnberg – Würzburg, Ausfahrt Kitzingen, Volkach

TOUR 5

Sulzheimer Gipshügel und Grettstädter Wiesen

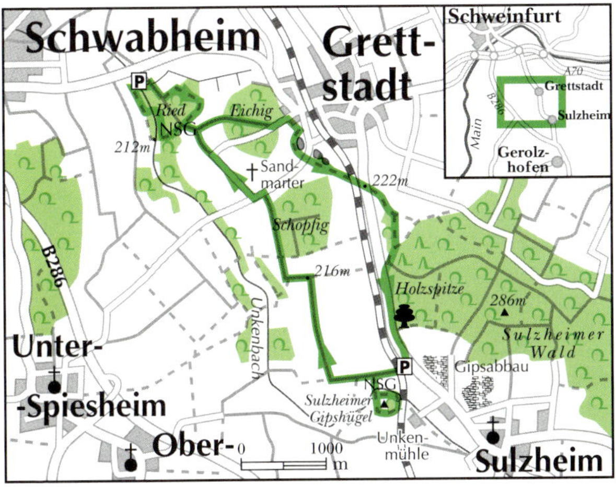

Im Süden von Schweinfurt zwischen dem Main und den Hängen des Steigerwaldes liegen mit den Sulzheimer Gipshügeln und den Grettstädter Wiesen zwei Kleinode der Pflanzenwelt Süddeutschlands. Zusammen mit den Gipshügeln in der Windsheimer Bucht (Wanderung 7) beherbergen sie die letzten Zeugen der einstmals reichen Flora und Vegetation der fränkischen Gäulandschaften. Begünstigt durch das trocken-warme Klima konnten sich hier Pflanzen behaupten, die andernorts längst von dichten Wäldern verdrängt wurden, lange bevor die moderne Landwirtschaft ihre Wirkungen zeigte. Das Überleben bis in die heutige Zeit war nur möglich, weil in Verbindung mit dem subkontinentalen Klima ganz spezielle Bodenverhältnisse das Wachstum der Wälder behinderte. Hier sind vor allem die Eigenschaften des Gipses zu nennen, der zur Verkarstung und Austrocknung neigt und sehr flachgründige, skelettreiche Verwitterungsböden liefert. Die Arten, die hier wachsen können, sind häufig sogenannte »Steppenreliktpflanzen« einer nacheiszeitlichen Wärmezeit. Am Fuße der Gipshügel, häufig über wasser-

undurchlässigen Tonschichten, trat das versickerte Karstwasser aus und führte zur Bildung von Sümpfen und Wiesenmooren, so daß unmittelbar nebeneinander Pflanzen der allertrockensten und nassesten Standorte zu finden waren. In den letzten dreißig Jahren wurden sämtliche Moore entwässert und ein Großteil der Gipsvorkommen ausgebeutet, letzteres hauptsächlich im Windsheimer Gebiet. Was davon noch übrigblieb, wurde zum Naturschutzgebiet erklärt und ist Ziel unserer Wanderung.
Wir beginnen die Wanderung am besten an den Sulzheimer Gipshügeln. Der Zugang erfolgt von der Straße Sulzheim – Grettstadt, wo die Bahngleise an die Straße heranreichen. Hier ist bei einer Marter unter drei Birken ein provisorischer Parkplatz eingerichtet. Häufig ist schon aus der Ferne der Willkommensgruß der Nachtigall zu hören. Der Weg führt über die Gleise und am Naturschutzgebiet vorbei, dessen charakteristische Hügel im vorderen Teil von einer Gruppe von nicht zur einheimischen Flora gehörenden Roßkastanien (*Aesculus hippocastanum*) bewachsen sind. Am ersten NSG-Schild verschaffen wir uns einen Überblick über das Gelände, betreten es aber hier noch nicht. Erst am zweiten Schild biegen wir nach links ab, überqueren den von einer Pappelallee gesäumten, in ein schnurgerades Bett gezwängten Unkenbach und gelangen nach einem Acker zum eigentlichen Naturschutzgebiet mit seiner berühmten Steppenvegetation. Es ist selbstverständlich, daß wir es nur auf den markierten Pfaden betreten und keine einzige Pflanze abpflücken.
Die Vegetation ist je nach der Tiefe der Bodenentwicklung als Steppenheide oder als Wiesensteppe ausgebildet. Am Nordende sind außerdem noch Reste eines Steppenheidewaldes im Übergang zu einem Auwald zu finden. Nachdem wir das sich etwa 1,5 m über den Wiesengrund erhebende Hügelplateau erklommen haben, kann man die einzelnen Vegetationseinheiten gut an ihrer unterschiedlichen Üppigkeit unterscheiden. Die größten Flächen werden von der Wiesensteppe (Adonido-Brachypodietum) eingenommen. Die flachgründigeren Böden an den Hangkanten tragen die Federgras-Tragant-Gesellschaft (Astragalo-Stipetum). Hier ist die Pflanzendecke nicht vollständig geschlossen. Die Fiederzwenken-Schwarzwurzel-Gesellschaft (Scorzonero-Brachypodietum) bedeckt dagegen vor allem die Verebnungsflächen, wo tiefgründigere Böden vorherrschen. Die Wuchsbedingungen sind im Gegensatz zu denen der noch zu besprechenden Steppenheide weniger extrem und ermöglichen ein gutes Gedeihen von Stauden

und Gräsern, was zu einer fast hundertprozentigen Vegetationsdeckung führt. Einjährige Arten fehlen hier daher fast vollständig. Dies wird aber durch eine große Zahl bunter und seltener ausdauernder Arten mehr als wettgemacht. Bereits im zeitigen Frühjahr beginnt die Blütenpracht mit den strahlend gelben Sternen des Frühlings-Adonisröschens (*Adonis vernalis*) und den violettblauen Glocken der Küchenschelle (*Pulsatilla vulgaris*). Später im Frühsommer schmückt sich auch das Echte Federgras (*Stipa joannis*), eine Kleinart aus der *Stipa pennata*-Gruppe, mit seinen ca. 25 cm langen, schneeweißen, befiederten Grannen. Dann sind auch das Kleine Mädesüß (*Filipendula vulgaris*) und der Wiesen-Salbei (*Salvia pratensis*) in voller Blüte und bringen zusammen mit dem Großen Ehrenpreis (*Veronica teucrium*) einen weiß-blauen Blühaspekt hervor. Der sehr seltene Dänische Tragant (*Astragalus danicus*) bildet verlängerte Köpfchen aus violettblauen Einzelblüten. Weitere Arten unserer Wiesensteppe mit hauptsächlich kontinentaler Verbreitung sind die Steppen-Wolfsmilch (*Euphorbia seguieriana*) mit ihren gegenüber der gleichfalls vorhandenen Zypressen-Wolfsmilch (*E. cyparissias*) breite-

Die langen, im Winde wehenden Grannen des Echten Federgrases (*Stipa joannis*) vermitteln einen Eindruck von den Steppengebieten des Ostens.

Der Dänische Tragant (*Astragalus danicus*) ist eine Charakterart der Wiesensteppen.

ren, blaugrünen und etwas fleischig-knorpeligen Blättern, das Rötliche Fingerkraut (*Potentilla heptaphylla*), das unscheinbare Mittlere Vermeinkraut (*Thesium linophyllon*) und die Kleine Wiesenraute (*Thalictrum saxatile*). Das thermophile südliche Florenelement wird durch die Karthäuser-Nelke (*Dianthus carthusianorum*), Hufeisen- und Wundklee (*Hippocrepis comosa, Anthyllis vulneraria*), Gemeines Sonnenröschen (*Helianthemum ovatum*), Echtes Labkraut (*Galium verum*), Hügelmeister (*Asperula cynanchica*), Aufrechten Ziest (*Stachys recta*) und einige andere vertreten. Wo die Vegetation hochwüchsiger entwickelt ist, kommt die Fiederzwenke (*Brachypodium sylvaticum*) zur Vorherrschaft. Mit ihr vergesellschaftet sind einige höhere Stauden, wie Sichelblättriges Hasenohr (*Bupleurum falcatum*), Skabiosen-Flockenblume (*Centaurea scabiosa*), Golddistel (*Carlina vulgaris*) und Hirsch-Haarstrang (*Peucedanum cervaria*).

Auf der linken, westlichen Seite ist die Gipsfläche stärker zerklüftet, und einzelne Gipshorste ragen wie kleine Tafelberge in die Höhe. Auf ihrer Oberfläche sind die Böden äußerst flachgründig, da es wegen der Trockenheit nur zu einer langsamen Verwitterung des Gipsfelsens kommt. Hier ist die Steppenheide in Form der Pfriemengras-Steppenschwingel-Gesellschaft (Festuco-Stipetum capillatae) zu Hause. Sie wird von den beiden namengebenden Gräsern Haar-Pfriemengras (*Stipa capillata*) und Furchen-Schwingel (*Festuca rupicola = F. sulcata*) und der erst ab Hochsommer blühenden Goldaster (*Aster linosyris*) dominiert. In den Lücken zwischen den Horstgräsern, zu denen sich häufig auch das Zierliche Schillergras (*Koeleria macrantha*) gesellt, können sich kleinwüchsige einjährige Arten ansiedeln, wie z. B. das Frühlings-Hungerblümchen (*Erophila praecox*) mit seinen wie ein Tennisschläger geformten Schötchen, der Dreifinger-Steinbrech (*Saxifraga tridactylites*), Fünfmänniges Hornkraut (*Cerastium semidecandrum*) und Steinquendel (*Acinos arvensis*). Den Kryptogamen allein vorbehalten bleiben die allerextremsten Standorte auf blankem Fels und auf den sehr flachgründigen ebenen Stellen, die im Winter mit Wasser gesättigt sind. Bei stärkerem Frost frieren sie ganz und gar durch und heben sich wegen der Ausdehnung des Eises hoch. Dies hält keine Pflanzenwurzel aus, weshalb hier die Moose und Flechten unter sich sind. Besonders typisch für diese Standorte ist die unter kontinentalen Kleinklimabedingungen auftretende Bunte Erdflechten-Gesellschaft (Fulgensietum fulgentis = Toninio-Psoretum). Ihren deutschen Namen trägt sie völlig zu Recht, denn mit der rotfrüchtigen gelben *Fulgensia fulgens*, der schwarzblauen *Toninia caeruleonigricans*, der weißlichen *Lecanora lentigera* mit ihren dunkelbraunen Fruchtkörpern, der rosafarbenen *Psora decipiens* und dem leberbraunen *Dermatocarpon hepaticum* hat sich eine ganze Palette bunter Farben auf kleinster Fläche angesammelt, deren Schönheit sich dem Betrachter erst bei genauem Hinsehen, am besten durch eine Lupe, eröffnet.

Nachdem wir die Flora der Steppenheide genügend auf uns haben einwirken lassen, wenden wir uns dem Wäldchen im Norden des Gebietes zu. Es ist an den Hängen als wärmeliebender Eichen-Buschwald ausgebildet, in den ebenen Lagen am Fuße der Gipshügel als Auwaldrest, wie wir ihn im weiteren Verlauf der Wanderung im Riedholz bei Schwebheim in weit typischerer Form (s. u.) antreffen werden. Vor allem im Frühjahr zeigt er sich in bunter Pracht mit den hellblauen Blütensternen des Zweiblättrigen Blausterns (*Scilla bifolia*), den weißen Glocken des Märzenbechers (*Leucojum vernum*), den weißen oder rosafarbenen Trauben des Hohlen Lerchensporns (*Corydalis cava*) und den gelben Blüten des Scharbockskrauts (*Ranunculus ficaria*), des Goldschopf-Hahnenfußes (*Ranunculus auricomus*) und des Gelben Windröschens (*Anemone ranunculoides*). Vom arealkundlichen Standpunkt interessanter ist der Eichen-Buschwald, der wieder einige wärmeliebende kontinental verbreitete Arten enthält, wie z. B. Purpurblauen Steinsamen (*Buglossoides purpurocaerulea*), Aufrechte Waldrebe (*Clematis recta*), Weißes Fingerkraut (*Potentilla alba*), Buntes Perlgras (*Melica picta*), Kleine Traubenhyazinthe (*Muscari botryoides*) und den sehr seltenen Eichenlattich (*Lactuca quercina*). In der Baumschicht, die vor allem von Stieleiche (*Quercus robur*) und Feldahorn (*Acer campestre*) aufgebaut wird, fallen viel Wildbirnen (*Pyrus pyraster*) und Wildäpfel (*Malus sylvestris*) auf, wobei bei letzteren nicht sicher ist, ob es sich nicht doch um verwilderte Nachkömmlinge von Kultursorten handelt. Der Eichen-Buschwald ist am besten an der Ostseite des Naturschutzgebiets ausgebildet. Wenn wir uns am Waldrand entlang in Richtung Süden bewegen, gelangen wir an eine Einbuchtung, an der das Wasser lange im Jahr stehen bleiben kann und Lebensraum für feuchtigkeitsliebende Pflanzen bietet. Eine ähnliche Stelle befindet sich einige Dutzend Meter weiter unweit der Südostecke des Gebiets. Beide

Die kräftige Sumpf-Wolfsmilch (*Euphorbia palustris*) ist eine der letzten Zeuginnen der einst weit verbreiteten Moorwiesen im Bereich des Unkenbaches.

sind nur noch ein sehr matter Abglanz der bis in die 60er Jahre teilweise noch vorhandenen Wiesenmoorreste in den sumpfigen Mulden im Gipskeupergebiet. Die Flurbereinigung hat nur ganz wenige stark verarmte Reste übrig gelassen. Als letzte der Seltenheiten konnte sich an unserer Feuchtstelle die Sumpf-Wolfsmilch (*Euphorbia palustris*) halten. Sie ist die größte einheimische Wolfsmilchart und hat mit ihren dicken Trieben schon fast den Habitus eines kleinen Strauches. Früher gab es hier noch das Niedrige, das Hohe und das Gräben-Veilchen (*Viola pumila, V. elatior, V. stagnina*), Brenndolde (*Cnidium dubium*), Kanten-Lauch (*Allium angulosum*), Knoblauchs-Gamander (*Teucrium scordium*) und andere Arten, die auf eine Brenndoldenwiese (Cnidion) hinwiesen.

5

Wir verlassen nun die Sulzheimer Gipshügel und gehen über den Unkenbach zurück zum Hauptweg, dem wir nach links in Richtung Westen folgen. Weite Felder mit fruchtbaren Böden ziehen sich weit hin. Sie sind von schwarzer Farbe, ein Zeichen, daß es sich meist um ehemalige Moorböden handelt. Vom Gesang der Feldlerche begleitet, erreichen wir einen Feldweg, der von einer langen Baumreihe gesäumt wird. Auf ihm biegen wir nach rechts ab und stoßen nach gut einem Kilometer auf einen querverlaufenden Feldweg, dem wir nach links folgen. Nach ca. 300 m wendet er sich nach rechts und führt unter der Hochspannungsleitung hindurch zum Rand eines »Schopfig« genannten Waldstücks.

Der Boden wird hier sandiger, worauf u.a. die Beteiligung der Waldkiefer (*Pinus sylvestris*) am Bestandesaufbau hinweist. Kurz nach dem Ende des Waldes gelangen wir auf die Straße von Grettstadt nach Spießheim, der wir für wenige Dutzend Meter nach links folgen, um sogleich am nächsten geteerten Feldweg nach rechts abzubiegen. Nun gehen wir geradewegs auf eine in etwa 1 km Entfernung quer verlaufende Pappelreihe zu. Nachdem wir sie erreicht haben, folgen wir dem Weg hinter ihr nach links an einem kleinen Graben entlang, der mit Rohrkolben (*Typha latifolia*), Wasser-Schwertlilie (*Iris pseudacorus*), Blutweiderich (*Lythrum salicaria*) und Kleinblütigem Weidenröschen (*Epilobium parviflorum*) bestanden ist. An einer Bank am Waldrand haben wir unser nächstes Exkursionsziel erreicht, das »Schwebheimer Riedholz«, ein weiteres Naturschutzgebiet. Es ist mit einem Lehrpfad ausgestattet, der Wissenswertes über die Holzgewächse am Rundweg vermittelt. Die Bank steht unter einer alten Feldulme (*Ulmus minor*), die vor Jahrzehnten abgesägt wurde und dann aus dem

verbliebenen Stumpf Stockausschläge gebildet hat, die sich zu vielen dicken Stämmen entwickelt haben. Auch bei anderen Bäumen, insbesondere Hainbuchen (*Carpinus betulus*) und Winterlinden (*Tilia cordata*), aber auch Eschen (*Fraxinus excelsior*), Stieleichen (*Quercus robur*) und einigen weiteren, können wir diese Zeugen ehemaliger Niederwaldbewirtschaftung sehen.
Bevor wir in den Wald eintreten, empfängt uns ein Vorhang aus Hunderten von rankenden Trieben des Hopfens (*Humulus lupulus*) und der Gemeinen Waldrebe (*Clematis vitalba*). In der Krautschicht sind vor allem Frühjahrsgeophyten anzutreffen. Das sind Arten, die unterirdische Speicherorgane wie Zwiebeln, Rhizome oder Wurzelknollen besitzen, die es ihnen ermöglichen, bereits im zeitigen Frühjahr auszutreiben. Zu ihnen gehören Aronstab (*Arum maculatum*), Zweiblättriger Blaustern (*Scilla bifolia*), Märzenbecher (*Leucojum vernum*), Bärlauch (*Allium ursinum*), Hohler Lerchensporn (*Corydalis cava*), Scharbockskraut (*Ranunculus ficaria*), Gold-Hahnenfuß (*Ranunculus auricomus*), Buschwindröschen und Gelbes Windröschen (*Anemone nemorosa, A. ranunculoides*) und viele andere. Die meisten von ihnen können wir gleich nach dem Eintritt in das Riedholz finden. Wir halten uns nun links und folgen dem Rundweg, der wegen der Schilder des Lehrpfades nicht zu verfehlen ist. Als erstes gelangen wir zu einem kräftigen Exemplar des Feldahorns (*Acer campestre*), dem ein Spitzahorn (*A. platanoides*) gegenüber steht. Wer eine feine Nase hat, kann den in der Nähe wachsenden Seidelbast (*Daphne mezereum*) aufspüren. Am nächsten Schild ist ein Blatt einer weiteren Feldulme *(Ulmus minor)* zu sehen. Etwa 20 m weiter steht ein riesengroßer Haselnußstrauch (*Corylus avellana*). Seine einzelnen Äste sind zu richtigen Stämmen von fast 20 cm Durchmesser und etwa 12 m Höhe herangewachsen. Im Weitergehen überqueren wir einen kleinen Bach und stehen vor einem der selteneren Bäume des Ulmen-Eichen-Auwaldes, der Flatterulme (*Ulmus laevis*).
Am Waldrand lädt wieder eine Bank zu kurzer Rast ein. Wir verlassen das Riedholz aber noch nicht, sondern folgen dem Lehrpfad, der zwischen den beiden Bacharmen – der größere ist übrigens wieder der Unkenbach – wieder in den Wald eintaucht. Nach zwei weiteren Schildern bei einer Hasel (*Corylus avellana*) und einer Traubenkirsche (*Prunus padus*) gelangen wir auf eine sehr interessante Lichtung. Hier wächst ein großer Bestand einer drei bis vier Meter hohen Staude, der Sumpf-Gänsedistel (*Sonchus palustris*).

Sie ist auch als Kümmerexemplar jederzeit an ihrem kantigen Stengel zu erkennen. An ihm, wie auch an dem beigemischten Schilfrohr (*Phragmites australis*), ranken sich zahlreiche Schlingpflanzen, so die Zaunwinde (*Calystegia sepium*), Hecken-Windenknöterich (*Fallopia dumetorum*), Klettenlabkraut (*Galium aparine*) oder Hopfen (*Humulus lupulus*) in die Höhe. Dazwischen stehen das Echte Springkraut oder Pflänzlein Rühr-mich-nicht-an (*Impatiens noli-tangere*), der Bittersüße Nachtschatten (*Solanum dulcamara*), der Wolfstrapp (*Lycopus europaeus*) und andere Feuchtigkeitszeiger, die ihre Heimat hauptsächlich im Schilfröhricht haben. Nach der Lichtung sehen wir zwei weitere mit Schildern versehene wichtige Bäume der Auwälder, nämlich die Bruchweide (*Salix fragilis*) und die Schwarzerle (*Alnus glutinosa*). Der Pfad wird nun für ein kurzes Stück besonders sumpfig, und kurz nach einer weiteren Erle, die dicht mit Hopfen behängt ist, kommen wir an eine Kreuzung, an der es geradeaus nicht mehr weitergeht. Rechts ist wieder eine romantische Lichtung mit viel Sumpf-Gänsedistel (*Sonchus palustris*) und Vorhängen von Hopfen und anderen Schlingern zu sehen. Wir wählen aber den Weg nach links über den Unkenbach, der nach Überwindung einer weiteren sehr sumpfigen Stelle etwas nach oben führt. Wir befinden uns jetzt auf einer anderen geologischen Stufe, dem Grenzdolomit. Er liefert ein nährstoffarmes Substrat von gelblicher Farbe und verwittert mehr oder weniger sandig, wie an einigen Maulwurfshaufen zu sehen ist. Hier haben genügsame Bäume wie die Waldkiefer (*Pinus sylvestris*) und die Moorbirke (*Betula pubescens*) Konkurrenzvorteile gegenüber den auf humusreiche Böden angewiesenen Arten des Auwaldes. Auch der Unterwuchs ist hier wesentlich artenärmer, und es fehlen fast sämtliche der eben noch so häufigen Frühjahrsgeophyten. Sie werden hauptsächlich von Gräsern wie dem Weichen Honiggras (*Holcus mollis*) und dem Hain-Rispengras (*Poa nemoralis*) ersetzt. Der Pfad wendet sich bald nach links und verläßt den Wald. Wir gehen rechts am Waldrand entlang und passieren zwei sehr charakteristische Bäume der Weichholz-Auwälder (Salicion albae): eine Schwarzpappel (*Populus nigra*) und eine Silberpappel (*P. alba*). Ihre deutschen wie auch wissenschaftlichen Namen leiten sich von der Farbe ihrer Borke bzw. Rinde ab. Etwa 100 m vor der im Norden vorbeiführenden Straße von Grettstadt nach Schwebheim folgen wir einem Pfad über einen Steg nach rechts und gehen halblinks vor zu einer mehrstämmigen, z. T. umgestürzten Silberweide (*Salix alba*) von mindestens 15 m Höhe. Wir lassen den provisorischen Parkplatz am Ende der Wiese links liegen und bewegen uns rechts herum immer am Waldrand entlang in südlicher Richtung genau auf das zweite Naturschutzgebietsschild zu. Links vom Schild führt der Rundweg in den Wald hinein und nach etwa 20 m auf einem Holzbrücklein über den Unkenbach, dem der Pfad ein kurzes Stück folgt, um dann nach links abzubiegen. Hier wachsen viele junge und auch einige ältere Eschen (*Fraxinus excelsior*), die durch ihre gelblich-rötliche Borke und die großen, schwarzen Knospen an den gegenständigen Zweigen auffallen.

In der Krautschicht dominieren auf weiten Strecken die dichten Teppiche des weißblühenden Bärlauchs (*Allium ursinum*). Später im Jahr sind diese Bereiche auffallend kahl, da die scharfen Lauchöle die meisten anderen Kräuter vertreiben. Am ehesten scheinen sich der Giersch (*Aegopodium podagraria*) und der Aronstab (*Arum maculatum*) mit dem Bärlauch arrangieren zu können.

An einem doppelstämmigen Bergahorn (*Acer pseudoplatanus*), der hier gepflanzt worden sein dürfte, zweigt ein Weg nach links ab zu einem neu angelegten Teich außerhalb des Waldes. Aus Gründen des Naturschutzes wurde auch das vorher geradlinige Bachbett renaturiert und teilweise aufgestaut, um der Austrocknung des Gebietes entgegenzuwirken. Wir folgen dem Bach entgegen seiner Laufrichtung, und bald öffnet sich der Blick auf die »Schwebheimer Riedwiese«, den letzten größeren und einigermaßen gut erhaltenen Rest der einstmals großflächig ausgebildeten »Grettstädter Wiesen«, die für ihre seltene Flora weithin berühmt waren. Die meisten Arten der Riedwiese können gesehen werden, wenn wir noch etwa 150 m am Waldrand entlang gehen und einige Bäume passiert haben, die links des Weges stehen. Die Riedwiese ist keine »normale« Wiese, die zwei- bis dreimal im Jahr zur Heugewinnung gemäht wird, sondern gehört zu den Streu- oder Pfeifengraswiesen (Molinion caeruleae). Diese wachsen auf wechselfeuchten, nährstoffarmen Böden und haben daher nur eine geringe Biomasseproduktion, die nur einen einmaligen Schnitt pro Jahr erlaubt. Die Schwebheimer Riedwiese ist eine Pfeifengraswiese auf kalkhaltigem Boden in einem Wärmegebiet und enthält entsprechend den subkontinentalen Klimabedingungen viele östlich verbreitete Arten. Pflanzensoziologisch kann sie der Knollenkratzdistel-Pfeifengraswiese (Cirsio tuberosi-Molinietum arundinaceae) zugeordnet werden. In kleinen Mulden, wo sich das Wasser länger hält, sind auch einige wenige Arten der Kalk-Flachmoore zu finden, dürftige Anklänge an diesen in den ehemaligen Grettstädter Wiesen weit verbreiteten Vegetationstyp, der ebenso wie die Wiesenmoore heute völlig verschwunden ist. Zu ihnen gehören das Schwarze Kopfried (*Schoenus nigricans*) und die Mehlprimel (*Primula farinosa*), die früher im ganzen Einzugsgebiet des Unkenbaches zu Abertausenden vorkam. Diese rosablühende Primel ist heute vor allem in den kurzrasigen Beständen in Bachnähe zu finden. Die weitaus vorherrschende Art der Streuwiesen ist das Pfeifengras (*Molinia caerulea*) bzw. im Falle der Schwebheimer Riedwiese das Rohr-Pfeifengras (*M. arundinacea* = *M. caerulea* ssp. *arundinacea*). Da den weit über einen Meter hohen Halmen fast auf der gesamten Länge die für die Süßgräser so typischen Knoten fehlen, konnte es gut zum Pfeifenreinigen verwendet werden. Das graugelbliche Stroh zersetzt sich nur langsam, weshalb sich die Erde unter dieser isolierenden Schicht erst spät im Frühjahr erwärmt und die ganze Entwicklung zeitlich nach hinten verlegt ist. Einige der Charakterarten sind auch ausgesprochene Spätblüher, so die Färberscharte (*Serratula tinctoria*) mit ihren scharf gesägten Blättern, der violettblau blühende Teufelsabbiß (*Succisa pratensis*), der Deutsche Enzian (*Gentianella germanica*) und die beiden namengebenden Arten der Gesellschaft. Sehr charakteristisch für diese subkontinentale Ausbildung der Pfeifengraswiesen ist auch die mit einem irreführenden Namen versehene Gelbe Spargelerbse (*Tetragonolobus maritimus*). Eine der spektakulärsten Arten ist die blau blühende Sibirische Schwertlilie (*Iris sibirica*) mit den schmalen, schwertförmigen Blättern. Leider wurde sie in letzter Zeit von »Naturfreunden« an allen möglichen und unmöglichen Stellen angepflanzt, so daß jetzt gelegentlich auch Gartenformen und Exemplare mit unklarer genetischer Ausstattung und Herkunft die heimische Flora verfälschen. Anziehungspunkte für den Blick des Wanderers bilden auch die rosablühenden Arten Kantenlauch (*Allium angulosum*), Heilziest (*Stachys officinalis*) und die beiden Orchideen Helmknabenkraut (*Orchis militaris*) und Große Händelwurz (*Gymnadenia conopsea*). Gelbe Farbtupfer tragen die Trollblume (*Trollius europaeus*), Weidenblättriger Alant (*Inula salicina*), Abbiß-Pippau (*Crepis praemorsa*), Niedrige Schwarzwurzel (*Scorzonera humilis*), Gemeines Sonnenröschen (*Helianthemum ovatum*) und das äußerst seltene Steppen-Greiskraut (*Senecio integrifolius*) bei. Die meisten der bisher genannten Arten der Riedwiese stehen auf der Roten Liste der gefährdeten Pflanzen Bayerns, und auch die nicht so stark bedrohten, von denen viele weiter unten noch aufgeführt werden, sind mehr oder weniger selten. Dies ist nicht weiter verwunderlich, wenn man weiß, welch starken Rückgang diese Pflanzengesellschaft und ihre Wuchsorte hinnehmen mußten. Weitere wichtige Glieder des Verbandes der Pfeifengraswiesen, die in ihrer Gesamtheit als Wechselfeuchtezeiger angesehen werden, sind das Nordische Labkraut (*Galium boreale*), die Kümmelsilge (*Selinum carvifolia*), das Sumpf-Kreuzblümchen (*Polygala amarella*) und die Filzsegge (*Carex tomentosa*). Auch in anderen feuchten Wiesen können Großer Wiesenknopf (*Sanguisorba officinalis*), Wiesen-Silau (*Silaum silaus*), Hirse-Segge (*Carex panicea*), Kleiner Baldrian (*Valeriana dioica*), Gemeiner Beinwell (*Symphytum officinale*) und Gelbe Wiesenraute (*Thalictrum flavum*) angetroffen werden. Auf die geringe Stickstoffnachlieferung der Böden weisen die ausgesprochenen Magerkeitszeiger Zittergras (*Briza media*), Blutwurz (*Potentilla erecta*), Purgier-Lein (*Linum catharticum*) und Echtes Labkraut (*Galium verum*) hin, jedoch sind fast alle übrigen Arten der Pfeifengraswiesen ebenfalls Besiedler nährstoffarmer Standorte. Die hohe Sommerwärme des Gebietes drückt sich in der Anwesenheit der Wärmezeiger Hirsch-Haarstrang (*Peucedanum cervaria*), Sichelblättriges Hasenohr (*Bupleurum falcatum*) und Heilwurz *(Libanotis pyrenaica)* sowie durch die Ästige Graslilie (*Anthericum ramosum*) aus. Eine Besonderheit in dieser wärmeliebenden Gesellschaft wegen ihres präalpinen Schwerpunkts sind die dunkelblau blühende Kugelige Teufelskralle (*Phyteuma orbiculare*) und das Berg-Reitgras (*Calamagrostis varia*).

Der Lehrpfad führt in seinem Verlauf zunächst an weiteren Schildern vorbei, auf denen hauptsächlich Sträucher behandelt werden. Wir verlassen nun die Schwebheimer Riedwiese und wenden uns halbrechts in den Wald hinein, der uns kaum neue Arten bietet. In Waldrandnähe haben wir aber vielleicht noch eine weitere Seltenheit, das Weiche Lungenkraut (*Pulmonaria mollis*), entdecken können. Nach kurzer Zeit haben wir den Wald durchquert und wenden uns an seinem Rand nach rechts, worauf wir bald an den Beginn unseres Lehrpfad-Rundweges bei der Bank unter der vielstämmigen Feldulme gelangen. Wir folgen nun wieder der Pappelreihe, biegen jetzt aber nicht nach rechts ab, sondern gehen geradeaus auf das Waldstück »Eichig« zu, das wir zügig durchwandern. Unser Weg führt uns gleich in der ersten Linkskurve noch vor dem ersten Haus von Grettstadt nach rechts auf einem Feldweg in Richtung auf den Teich zu. Uns rechts von ihm haltend, müssen wir in einem weiten Bogen die Kleingartenanlage umrunden und überqueren dann die Teerstaße. Geradeaus geht es oberhalb der beiden nächsten Teiche zu einer weiteren Teerstraße, die ebenfalls überquert wird, und dann im leichten Anstieg an einer Pferdekoppel mit Kirschbaum davor hoch zur aufgelassenen Bahnlinie Schweinfurt – Gerolzhofen. Nach Überschreiten der Gleise halten wir uns links, um gleich wieder nach rechts auf einen Feldweg mit einer langgezogenen Hecke abzubiegen. Diese Feldhecke enthält nicht weniger als acht Gehölzarten und reichen Unterwuchs. Am Ende der Hecke bleiben wir unterhalb des sich anschließenden Waldes, an dessen westlichem Rand wir dann nach oben abbiegen. Am Ende des Ackers führt der Weg durch das letzte Stück des Waldes. Wo er aufhört, wenden wir uns nach links bis zur nächsten Waldecke. Von hier aus geht es immer am Waldrand entlang in Richtung Süden, bis wir in spitzem Winkel auf die Straße nach Sulzheim treffen. Nach etwa 400 m erreichen wir das Ende des Waldstückes »Holzspitze«, wo drei mächtige, ehemals zur Schweinemast genutzte Stieleichen (*Quercus robur*) ihre Äste in den Himmel strecken. Der Wald links ist ein gut ausgebildeter, artenreicher feuchter Waldlabkraut-Eichen-Hainbuchenwald. Von hier ist es noch etwa ein knapper Kilometer bis zum Ausgangspunkt unserer Wanderung an den drei Birken bei den Sulzheimer Gipshügeln.

5

Länge der Wanderung: etwa 13 km
Einkehrmöglichkeiten: Grettstadt, Sulzheim
Verkehrsverbindungen: A 3 Nürnberg – Würzburg, Ausfahrt B 286 Gerolzhofen – Schweinfurt, Ausfahrt Alitzheim/Sulzheim

TOUR 6

Auf schattigen Wegen durch den nördlichen Steigerwald um Handthal

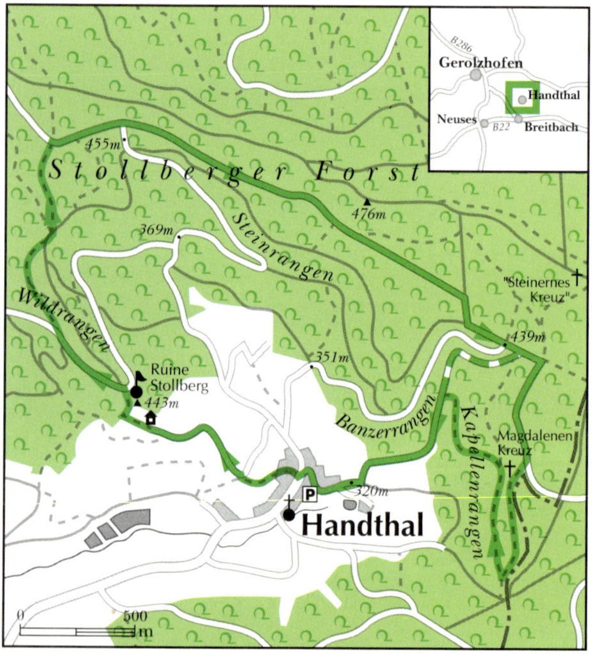

Im Gegensatz zum südlichen Steigerwald (Wanderung 7) ist der nördliche Steigerwald stark von Buchenwäldern geprägt. Nähern wir uns ihm von Westen, so steigt – davon leitet sich »Steigerwald« ab – die Schichtstufe des Sandsteinkeupers als ein bis zu 200 m über das Vorland aufragender bewaldetet Bergzug an, der erst aus der Nähe eine stärkere Gliederung zeigt. Unsere Wanderung führt uns in die Wälder um Handthal am Stollberg, in der Nähe von Ebrach, der »Perle des Steigerwaldes« mit seiner berühmten Klosterkirche.

In der Ortsmitte von Handthal gehen wir gegenüber dem »Krug zum grünen Kranz« die leicht ansteigende Straße hinauf. Manche der Häuser sind aus grünlichem Schilfsandstein errichtet. Nach dem letzten Haus begleitet uns zur Rechten eine Hecke aus Schlehe (*Prunus spinosa*), Feldahorn (*Acer campestre*), Blutrotem Hartriegel (*Cornus sanguinea*), Hunds-Rose (*Rosa canina*), Pfaffenhütchen (*Evonymus europaea*), Zweigriffligem Weißdorn (*Crataegus laevigata*), Schwarzem Holunder (*Sambucus nigra*) und Vogelkirsche (*Prunus avium*). An ihrem Ende wenden wir uns um und überblicken den Ort, der, tief ins Tal geduckt, von Weinbergen, Wiesen, Weiden und Feldern umgeben ist. Wie die Finger einer Hand reichen die Täler in die umliegenden Laubwälder. Im Norden sehen wir den steil aufragenden Stollberg, der einst die Stollburg trug und an dessen Flanken Weinberge sich bis zum Blasensandstein emporziehen.

Von einem im Rahmen der Weinbergsflurbereinigung angelegten Parkplatz gehen wir auf einem Teerweg zur Stollburg hinauf. Die andernorts so artenreichen und bunten Weinbergswildkrautgesellschaften sind hier durch die Bereinigung sehr verarmt. In der Weinbergslauch-Gesellschaft (Geranio-Allietum vinealis) ist an charakteristischen Arten

Am Stollberg ziehen sich sonnseitig Weingärten empor, schattseitig herrschen Laubwälder vor.

meist nur der Weinberg-Lauch (*Allium vineale*) verblieben. Dazu gesellen sich Vaillants Erdrauch (*Fumaria vaillantii*), Acker-Hellerkraut (*Thlaspi arvense*), Efeu-Ehrenpreis (*Veronica hederifolia*), Acker-Winde (*Convolvulus arvensis*), Weißer Gänsefuß (*Chenopodium album*), Pfeilkresse (*Cardaria draba*), Vogelmiere (*Stellaria media*), Löwenzahn (*Taraxacum officinale*), Schwarzer Nachtschatten (*Solanum nigrum*), Rauhhaariger Fuchsschwanz (*Amaranthus retroflexus*) und Rauhe Gänsedistel (*Sonchus asper*).
Nach Passieren des »Weinausschanks Stollburg« mit der schönen Terrasse können wir unterschiedliche Begrünungsversuche in den Weinbergen studieren. Am Wald angekommen, gehen wir an seinem Rand einen mit Holzbohlen befestigten Steig den Hang empor. Der Waldmantel wird hier von Zweigriffeligem Weißdorn (*Crataegus laevigata*), Liguster (*Ligustrum vulgare*), Feldahorn (*Acer campestre*), Hasel (*Corylus avellana*) und Schwarzem Holunder (*Sambucus nigra*) gebildet. Im Unterwuchs gedeihen Taumel-Kälberkropf (*Chaerophyllum temulum*), Echte Sternmiere (*Stellaria holostea*), Echte Nelkenwurz (*Geum urbanum*), Rainkohl (*Lapsana communis*) und Hunds-Quecke (*Agropyron caninum*). Im Wald stehen neben Winterlinden (*Tilia cordata*) und Feldulmen (*Ulmus minor*) vor allem prächtige Hainbuchen (*Carpinus betulus*), die zeigen, zu welch stattlichen Exemplaren sie heranwachsen können, wenn sie nicht ständig auf den Stock gesetzt werden und so geschwächt erneut vom Boden her austreiben müssen. Weiter oben, im Bereich des Blasensandsteins, tritt die Buche hinzu. Hinter einem besonders großen Exemplar biegen wir rechts ab zur Burgruine mit Mauerresten, über die die Waldrebe (*Clematis vitalba*) wuchert, und Teilen eines Turmes. Brennessel (*Urtica dioica*), Schwarzer Holunder (*Sambucus nigra*) und Giersch (*Aegopodium podagraria*) zeigen die nachhaltige Nährstoffanreicherung im Burgbereich. Von einer nahen hölzernen Schutzhütte aus hat man noch einmal einen herrlichen Ausblick am Rand des Steigerwaldes entlang bis zum Schwanberg im Süden und über Münsterschwarzach ins Steigerwaldvorland.
Wir gehen von der Stollburg wieder ein kurzes Stück zurück und folgen dem geschotterten Fahrweg. Bei einer Gabelung nehmen wir den linken Weg, der wieder etwas bergab führt und uns in den Bereich der tonigen Lehrbergschichten zurückbringt. Die Baumschicht bilden Hainbuche (*Carpinus betulus*), Traubeneiche (*Quercus petraea*), Winterlinde (*Tilia cordata*), Elsbeere (*Sorbus torminalis*), Bergulme (*Ulmus glabra*), Spitzahorn (*Acer platanoides*), Vogelkirsche

Die Frühlings-Platterbse (*Lathyrus vernus*) zeigt schon im April-Mai ihre purpurfarbenen, später blaugrünen Blüten

6

(*Prunus avium*) und Esche (*Fraxinus excelsior*). So artenreich wie die Baumschicht ist auch der Unterwuchs mit Echter Sternmiere (*Stellaria holostea*), Wald-Knäuelgras (*Dactylis polygama*) und Immergrün (*Vinca minor*). Dazu kommen Wald-Labkraut (*Galium sylvaticum*), Leberblümchen (*Hepatica nobilis*), Frühlings-Platterbse (*Lathyrus vernus*), Goldschopf-Hahnenfuß (*Ranunculus auricomus*), Ährige Teufelskralle (*Phyteuma spicatum*), Vielblütige Weißwurz (*Polygonatum multiflorum*), Benekens Waldtrespe (*Bromus benekenii*), Nesselblättrige Glockenblume (*Campanula trachelium*), Wald-Veilchen (*Viola reichenbachiana*), Maiglöckchen (*Convallaria majalis*) und Sanikel (*Sanicula europaea*). Es handelt sich hier um einen Frühlingsplatterbsen-Eichen-Hainbuchenwald (Galio-Carpinetum lathyretosum), der auf gut mit Nährstoffen versorgten, leicht kalkhaltigen Böden vorkommt.
Ein etwas verwachsener Weg kreuzt den unseren, und wir gehen auf ihm schräg den Hang aufwärts. Zwar begleitet uns immer noch das Immergrün (*Vinca minor*), neu hinzu treten aber Schmalblättrige Hainsimse (*Luzula luzuloides*), Wald-Habichtskraut (*Hieracium murorum*), Savoyer Habichtskraut (*Hieracium sabaudum*), Waldmeister (*Galium*

Im zeitigen Frühjahr blühen in den Tälern das Gelbe Windröschen (*Anemone ranunculoides*) und das Buschwindröschen (*Anemone nemorosa*) oft gemeinsam.

odoratum), Einblütiges Perlgras (*Melica uniflora*) und Gemeiner Wurmfarn (*Dryopteris filix-mas*). Der Boden ist nicht mehr tonig, sondern sandig, und die Baumschicht beherrschen Buche (*Fagus sylvatica*) und Traubeneiche (*Quercus petraea*). Vom Eichen-Hainbuchenwald (Galio-Carpinetum) sind wir beim Übergang von den Lehrbergschichten zum Blasensandstein in den Waldmeister-Buchenwald (Asperulo-Fagetum) gelangt. Bald haben wir den Fahrweg und damit die Hochfläche wieder erreicht. An einer kleinen Hütte vorbei gehen wir nach Norden weiter. Kurz darauf biegen wir, dem blauen Markierungspfeil folgend, links ab. Wald-Flatterhirse (*Milium effusum*), Ährige Teufelskralle (*Phyteuma spicatum*), Buschwindröschen (*Anemone nemorosa*) und Hasenlattich (*Prenanthes purpurea*) zeigen, daß wir uns nicht mehr in der bodensauren Ausbildung, sondern im typischen Waldmeister-Buchenwald befinden. Einige Meter verbleiben wir auf dem Fahrweg, um gleich dem markierten Weg an der Hangkante zu folgen, der auf einem alten Keltenwall verläuft. Von der Verebnung im Osten ist er durch eine grabenartige Vertiefung getrennt. Sobald wir wieder auf einen Fahrweg stoßen, wandern wir auf ihm nach rechts durch Mischbestände aus Buche und Traubeneiche mit vereinzelten kernwüchsigen Hainbuchen.

In ebenen Lagen kann sich durch Toneinlagerungen im Sandstein bisweilen Wasser stauen. Solche Stellen wurden manchmal zu Waldtümpeln vertieft, die für die Tierwelt von großer Bedeutung sind. Auf solchen staunassen Standorten ist die Eiche in der Lage, den Boden tief zu durchwurzeln. Die Buche und in weit höherem Maße die forstlich gelegentlich eingebrachte Fichte wurzeln dort nur sehr flach und sind windwurfgefährdet. Frische Stellen sind geeignete Standorte für Farne wie Breitblättriger und Dorniger Wurmfarn (*Dryopteris dilatata, D. carthusiana*), Gemeiner Wurmfarn (*Dryopteris filix-mas*) und Frauenfarn (*Athyrium filix-femina*). Auf gerader Forststraße durchschreiten wir rasch ausgedehnte, lichte, grasreiche Bestände mit spontanem Jungwuchs (überwiegend Buche). Das Spiel von Licht und Schatten macht den Gang durch den Buchenwald zu einem besonderen Erlebnis. Wer etwas mehr Zeit hat, kann auch den weiter nördlich verlaufenden Wanderweg über das Steinerne Kreuz wählen. Bei Kreuzungen folgen wir immer dem größten Weg. Zwei Sträßchen zweigen rechts ab. Falls wir uns scheuen, nicht ganz so bequeme Steige zu gehen, sollten wir hier die nach Handthal ausgeschilderte Abzweigung nehmen.

Nachdem wir etwa 500 m in südlicher Richtung gegangen sind, zweigt in einer Senke rechts ein Pfad zum Magdalenenkreuz ab (Markierung »Elsbeere« und »Eichhörnchen«). Im Wald sehen wir noch die Spuren alter Steinbrüche und passieren bald das steinerne Magdalenenkreuz. Auf Lichtungen bringt das rosablühende Schmalblättrige Weidenröschen (*Epilobium angustifolium*) Farbe in den

Leberblümchen (*Hepatica nobilis*), Schuppenwurz (*Lathraea squamaria*) und Busch-Windröschen (*Anemone nemorosa*) in einem Bachtal

Wald. Mancherorts mußte gezäunt werden, um die Naturverjüngung vor den gefräßigen Rehen zu schützen. Dort, wo der Weg steil abfällt, gehen wir durch einen alten Mittelwald mit kernwüchsigen, geradschäftigen Eichen und aus Stockausschlägen hervorgegangenen Buchen und Hainbuchen.

Dem Querweg folgen wir leicht bergauf. An einem Quellaustritt – wir sind hier an die Obergrenze der Lehrbergtone gelangt – verbreitert sich der Weg. Bärlauch (*Allium ursinum*), Hohe Schlüsselblume (*Primula elatior*), Echtes Springkraut (*Impatiens noli-tangere*), Akelei (*Aquilegia vulgaris*), Christophskraut (*Actaea spicata*) und Leberblümchen (*Hepatica nobilis*) gedeihen unter mächtigen Eschen. Im Frühjahr blühen Herden von Scharbockskraut (*Ranunculus ficaria*)

Der weitere Weg ist von jungem Bergahorn leicht zugewachsen und verliert sich etwas. Schräg bergab gehen wir durch einen Hainsimsen-Waldmeister-Buchenwald (Asperulo-Fagetum luzuletosum) mit dichten Teppichen des Einblütigen Perlgrases (*Melica uniflora*). Der Buchenwald kann hier so gut gedeihen, weil über den anstehenden Lehrbergtonen viel Hangschutt aus dem Blasensandstein lagert. Nach kurzer Zeit treffen wir auf einen breiteren, mit Kalkstein geschotterten Weg, der nach einer Haarnadelkurve wieder auf den Fahrweg stößt. Hier breiten sich noch einmal große Flächen mit Bärlauch aus. Auf schattigem Weg gehen wir zwischen Hainbuchen, Feldahorn und Schlehen an einem Eichen-Hainbuchenwald vorbei, der auf den tonigen Estherienschichten stockt. Am Wegrand fällt vielleicht die Schwarze Platterbse (*Lathyrus niger*) mit ihren schmutzigvioletten Blüten auf. Zur Linken erstreckt sich im Tal eine Fettwiese mit viel Wiesen-Margerite (*Leucanthemum ircutianum*) und Wiesen-Salbei (*Salvia pratensis*). Kurz vor dem Ort begleiten Weinberge unseren Weg. Den guten Frankenwein aus diesen Trauben können wir uns im nahen »Forellenhof« zu einer »Forelle Müllerin« schmecken lassen.

Länge der Wanderung: etwa 8 km
Einkehrmöglichkeiten: Handthal, an der Stollburg, Ebrach
Verkehrsverbindungen: Autobahn A3 Würzburg-Nürnberg Ausfahrt Geiselwind, über Ebrach, Breitbach, Oberschwarzach nach Handthal

TOUR 7

Wärmeliebende Eichenwälder und Steppenheiden der Windsheimer Bucht

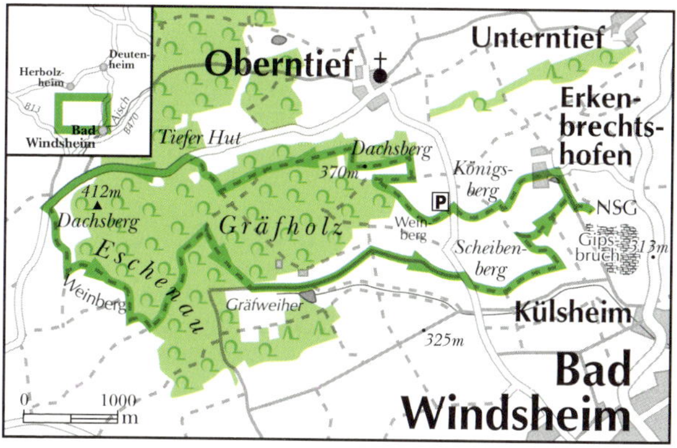

Die am Oberlauf der Aisch zwischen südlichem Steigerwald und Frankenhöhe gelegene Windsheimer Bucht beherbergt neben dem Schweinfurt/Gerolzhofener Trockengebiet mit die seltensten Pflanzen ganz Nordbayerns. Der Grund hierfür liegt in beiden Fällen in den klimatischen und geologischen Gegebenheiten der Gebiete, die zu den wärmsten und trockensten in ganz Bayern gehören. Die vom Großklima vorgegebenen Temperatur- und Niederschlagsverhältnisse allein (mittlere Jahrestemperatur ca. 9°C, Jahresniederschläge ca. 600 mm) würden jedoch nicht ausreichen, um der Vielzahl von wärmeliebenden Pflanzen ausreichende Lebensbedingungen zu bieten. Es müssen noch weitere Umstände dazukommen, die ihre Ursachen im geologischen Untergrund und in der Lage zur Sonne haben. Auf sehr wasserdurchlässigen und leicht erwärmbaren Böden, insbesondere über Gips, und in südexponierter Lage wird das Standortsklima so weit zur trockenwarmen Seite verschoben, daß selbst ausgesprochene Wärmezeiger hier vorkommen können, die ihren Verbreitungsschwerpunkt in weit südlicheren Gefilden haben. Neben solchen Vorposten aus submediterranen Regionen sind in der Windsheimer Bucht auch Vertreter des subkontinentalen Florenelements zu finden. Dies liegt u.a. daran, daß es im Gebiet nur wenige Wälder gibt, die die kontinentalen Klimafaktoren Sommertrockenheit und winterliche Abkühlung abmildern könnten. Die Waldgebiete werden auch nicht, wie in den meisten Regionen Mitteleuropas, von schattigen Buchen-, sondern von lichten Eichenwäldern geprägt. Die im Normalfall sehr konkurrenzstarke Rotbuche (*Fagus sylvatica*) wird in der Windsheimer Bucht gleich durch mehrere Standortsfaktoren an den Rand ihrer Existenz gebracht, so daß große Gebiete so gut wie buchenfrei sind. Hier sind neben den geringen Niederschlägen, die in Verbindung mit der großen Sommerhitze oft zu Trockenschäden führen, vor allem die im Gebiet vorherrschenden Tonböden von Bedeutung. In sommerlichen Trockenperioden kommt es zur Bildung von Trockenrissen, nach längeren Regenfällen zu Hangrutschungen und in ebenen Lagen zu Staunässe. Dies alles – insbesondere wechselfeuchte Böden – verträgt die Buche ebenso wenig wie grobschuttige Böden in Steillagen, wie sie im Bereich der Steinmergelbänke vorkommen können. Wenn außerdem noch Spätfrostgefahr besteht, wie es an Hangfüßen und in Muldenlagen der Fall sein kann, bleiben für die Buche kaum noch Möglichkeiten zum Aufbau größerer Bestände. Unter diesen Standortbedingungen sind andere Bäume, die sonst von der Rotbuche wegen ihrer großen Schattenwirkung verdrängt werden, überlegen. So sind in der Windsheimer Bucht verschiedene Ausbildungen von Eichen-Hainbuchenwäldern (Carpinion) die bei weitem vorherrschende Waldgesellschaft, die von den beiden Eichen, insbesondere der Traubeneiche (*Quercus petraea*), und der Hainbuche (*Carpinus betulus*) aufgebaut werden. Alle drei Arten, vor allem aber die Hainbuche, verfügen über eine große Ausschlagsfähigkeit, die sie für die Nieder- und Mittelwaldbewirtschaftung geeignet machen. Da man die große Bedeutung der Nieder- und Mittelwälder für den Naturschutz und die Erhaltung traditioneller Waldbewirtschaftungsweisen erkannt hat, wurden einige Teile als Naturschutzgebiete ausgewiesen, so das NSG »Gräfholz und Dachsberge«, in dem wir uns gerade befinden.

Wir beginnen die Wanderung am besten in Erkenbrechtshofen, einem kleinen Dörfchen gut zwei Kilometer nördlich von Bad Windsheim. Vom Bolzplatz in der Ortsmitte wenden wir uns nach Südwesten und gehen zwischen zwei von großen Apfelbäumen bestandenen Hügeln leicht bergauf. Nach kurzer Zeit erreichen wir eine Verebnung mit einem Wegweiser »Scheibenberg«. Wir folgen dem mit »Hippelleite« ausgewiesenen Weg und biegen nach etwa 30 m links ab, um den 360 m hohen Königsberg zu besteigen. Von hier hat man einen guten Überblick über einen Großteil der Windsheimer Bucht und die angrenzenden Landschaften. Genau aus dem Osten grüßt der wuchtige, turmlose Bau von Schloß Hoheneck herüber. An ihren Südhängen befindet sich einer der wenigen Weinberge des mittelfränkischen Anbaugebiets. Etwa von dort bis in Blickrichtung Süden zieht sich die Frankenhöhe am Horizont entlang. Den nördlichen und westlichen Teil des Panoramas nimmt der Steigerwald ein. Direkt im Westen ist das Hauptziel unserer Wanderung zu sehen, das Gräfholz mit den beiden Dachsbergen, und darüber der sich nach Norden anschließende Kehrenberg.

Auf den unbefestigten Feldwegen um Erkenbrechtshofen ist nach feuchten Frühjahren eine ganz große, wenn auch unscheinbare Rarität zu Hause: das Hartgras (*Sclerochloa dura*). Dieses niederliegende, sehr widerstandsfähige, graugrüne Pflänzchen mit seinen abgeflachten Blattscheiden ist ausgesprochen trittfest und an die Extrembedingungen an seinem Wuchsort optimal angepaßt. Seitdem die meisten Feldwege geteert oder betoniert wurden, sind seine Bestände dramatisch zurückgegangen. Mit ihm vergesellschaftet ist als weitere salzertragende Trittpflanze der ebenfalls sehr seltene Gemeine Krähenfuß (*Coronopus squamatus*), ein Kreuzblütler mit sehr kurz gestielten, weißen Blüten. Vom

Trockenrisse können dem an wechselfeuchte, tonige Böden angepaßten Niederliegenden Krähenfuß (*Coronopus squamatus*) wenig anhaben.

Königsberg führt der Weg weiter nach Westen am Rande einer großen Schlehenhecke (*Prunus spinosa*) entlang zur Straße von Bad Windsheim nach Oberntief. Wir folgen ihr wenige Meter nach links, um den an einem Wanderparkplatz einmündenden Weg nach rechts zu nehmen. Auch hier bewegen wir uns wieder am Rande einer großen Schlehenhecke. In etwa 250 m Entfernung vom Parkplatz ist bei einer Lücke in der Schlehenhecke direkt nach einer großen Salweide (*Salix caprea*) die hier vorliegende Acrodus-Corbula-Bank deutlich zu erkennen. Das mehr oder weniger poröse Gestein kann besonders gut an einer aus Naturschutzgründen aufgeschichteten, kleinen Trockenmauer studiert werden. Gleich daneben gibt es in einem schmalen eingezäunten Weinberg eine weitere botanische Besonderheit zu betrachten. Im April oder Mai blühen hier viele Tausende von Wildtulpen (*Tulipa sylvestris*), die in »guten« Jahren den Steilhang in ein gelbes Blütenmeer verwandeln. Sie ist zusammen mit dem Weinbergs-Träubel (*Muscari racemosum*) ein letzter Überrest der bunten Weinbergswildkrautgesellschaften, die für die Weinbaugebiete einmal so charakteristisch waren.
Der Weg oberhalb der Schlehenhecke führt an Feldern vorbei leicht bergab in Richtung auf einen Hochsitz und dann zu einem weiteren Parkplatz. Wir stehen nun vor dem östlichen oder Oberntiefer Dachsberg, der sich nördlich eines flaches Tales auf 376 m Höhe erhebt. Mehrere kleine Wege führen senkrecht den Hang hinauf, an dessen Oberkante eine große Zahl von seltenen und schönblühenden Pflanzen wächst. Um dieses Kleinod in seiner ganzen Pracht erleben zu können, empfiehlt es sich, zunächst auf dem befestigten Fahrweg im Tal etwa 300 m nach rechts (Osten) zu gehen und erst dann einen der Pfade nach oben zu nehmen. Am Waldrand angekommen, gehen wir dann nach Westen und können einen Komplex von Trockenrasen, Saumgesellschaften, Waldmantel und wärmeliebendem Eichenwald studieren. Als Saum bezeichnet man die von Stauden gebildeten, bandförmigen Strukturen, die den Mantel, einen von Sträuchern aufgebauten Waldrand, nach außen abschließen. Der hier vorliegende Diptam-Saum (Geranio-Dictamnetum) ist die bunteste und am meisten wärmeliebende und trockenheitertragende Saumgesellschaft Deutschlands. Auffälligste Art ist der Diptam (*Dictamnus albus*), ein stattliches, hellrosa blühendes Rautengewächs aus der Verwandtschaft von Zitrone und Orange. Als zweite namengebende Art dieser Saumgesellschaft begegnet uns der Blutrote Storchschnabel (*Geranium sangui-*

Farbenprächtiger thermophiler Saum mit Diptam (*Dictamnus albus*) und Schmalblättriger Vogelwicke (*Vicia tenuifolia*) am Dachsberg

7

neum). Er hat seinen Namen weniger von der Farbe seiner eher purpurfarbenen Blüten, sondern von der blutroten seines herbstlichen Laubes. Die gleiche Blütenfarbe haben auch zwei großköpfige Kleearten, der Wald-Klee (*Trifolium alpestre*) mit runden Köpfen und der mit stark verlängerten Köpfen versehene, seltene Langährige oder Purpur-Klee (*Trifolium rubens*), sowie die ebenfalls seltene Essig-Rose (*Rosa gallica*). Sie wird zwar kaum mehr als einen halben Meter hoch, bringt aber große Blüten von fast 10 cm Durchmesser hervor. Nicht so auffällig, aber wichtige Charakterarten der thermophilen Säume sind das gelblich blühende Sichelblättrige Hasenohr (*Bupleurum falcatum*), Nickendes Leimkraut (*Silene nutans*), Hirsch-Haarstrang (*Peucedanum cervaria*) und die Hügel- oder Knack-Erdbeere (*Fragaria viridis*). Unter den Schmetterlingsblütlern (Fabaceae) finden wir die Bärenschote (*Astragalus glycyphyllos*), so benannt nach ihren klauenartigen Hülsenfrüchten, die rosaweiße Schmalblättrige Vogelwicke (*Vicia tenuifolia*), die gelbe Erbsen-Wicke (*Vicia pisiformis*) mit ihren großen Nebenblättern und die Schwarze Platterbse (*Lathyrus niger*), die schon mehr eine Waldpflanze ist. Ihr Name rührt daher, daß alle Teile beim Trocknen schwarz werden. Auch die Ebensträußige Margerite (*Tanacetum corymbosum*) und die Pfirsichblättrige Glockenblume (*Campanula persicifolia*) kommen genauso oft im Saum wie in lichten, warmen Wäldern vor. Mit dem Großen Ehrenpreis (*Veronica teucrium*) und dem Rauhhaarigen Veilchen (*Viola hirta*)

haben wir zwei weitere Arten mit blauen Blüten vor uns, zu denen sich als Rarität der sehr wärmeliebende Purpurblaue Steinsame (*Buglossoides purpurocaerulea*) gesellt. Seine Blüten sind in der Knospe zunächst rot und werden erst später leuchtend blau, beim Verwelken dann wieder rot. Unter den Arten mit gelben Blüten sind der Sichelklee (*Medicago falcata*), die Wiesen-Schlüsselblume (*Primula veris*) und der Weidenblättrige Alant (*Inula salicina*) zu finden. Nicht in jedem Jahr zur Blüte kommt das stattliche Purpur-Knabenkraut (*Orchis purpurea*). Der Gebüschmantel am Dachsberg wird dem Schlehen-Liguster-Gebüsch (Ligustro-Prunetum) zugeordnet, das zu den wärmeliebenden Berberitzen-Gebüschen (Berberidion) gehört. Bestandsbildende Arten sind Liguster (*Ligustrum vulgare*), Schlehe (*Prunus spinosa*), Hunds-Rose (*Rosa canina*), Blutroter Hartriegel (*Cornus sanguinea*) und Echter Kreuzdorn (*Rhamnus cathartica*). Auch einige junge Eschen (*Fraxinus excelsior*) sind beteiligt.
Der Waldmantel steht auf einer kleinen Geländestufe, einer kalkhaltigen Steinmergelbank. Über ihr befindet sich der meist grünlich gefärbte Schilfsandstein, der die oberste Zone des Gräfholz-Dachsberge-Rückens bildet und sandig verwittert. Die aus ihm entstandenen Böden sind nährstoffarm und von saurer Reaktion, was sich sofort in der Vegetation widerspiegelt. Nach Eintritt in den Wald stehen wir in einem Hainsimsen-Eichen-Hainbuchenwald (Galio-Carpinetum luzuletosum), der ärmsten Ausbildung der Eichen-Hainbuchenwälder, denen wir auf unserer Wanderung noch in vielfältiger Form begegnen werden. Die Grundausstattung dieser Wälder im Gebiet ist mehr oder weniger

Geologisches Profil Dachsberg-Külsheimer Gipshügel

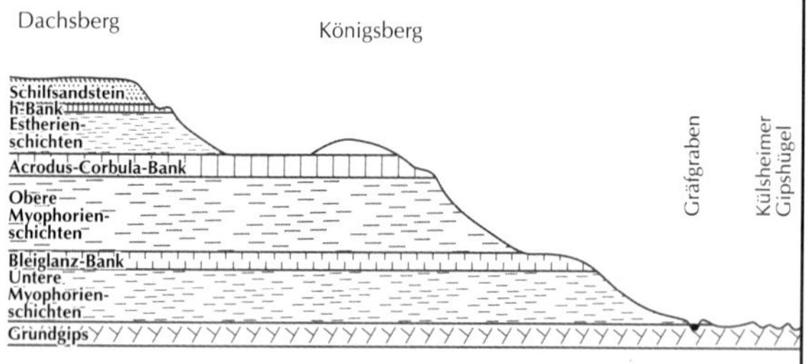

immer die gleiche. Die Baumschicht wird hauptsächlich von Traubeneiche (*Quercus petraea*), Hainbuche (*Carpinus betulus*) und Winterlinde (*Tilia cordata*) gebildet. Dazu gesellt sich als Wärmezeiger die Elsbeere (*Sorbus torminalis*) sowie die anspruchslose Eberesche (*Sorbus aucuparia*). Von den Charakterarten der Eichen-Hainbuchenwälder sind in der Krautschicht das rundstengelige Wald-Labkraut (*Galium sylvaticum*), die Echte Sternmiere (*Stellaria holostea*) mit ihren großen, weißen Blüten, das Wald-Knäuelgras (*Dactylis polygama*) und der Verschiedenblättrige Schwingel (*Festuca heterophylla*), ein Horstgras mit sehr vielen, ganz dünnen Grundblättern und normal ausgebildeten Stengelblättern, beteiligt. Die Nährstoffarmut der Böden ist an einer Reihe von Magerkeits- und Säurezeigern zu erkennen, die ihren Schwerpunkt in den artenarmen Eichenwäldern (Quercion robori-petraeae) haben. Zu ihnen gehören vor allem einige Habichtskräuter, von denen mindestens vier am Dachsberg zu finden sind, nämlich das Frühblühende (*Hieracium glaucinum*), Gemeine (*H. lachenalii*), Savoyer (*H. sabaudum*) und Wald-Habichtskraut (*H. murorum*). Die Schmalblättrige Weiße Hainsimse (*Luzula luzuloides*) besitzt wie alle Vertreter der Gattung *Luzula* behaarte Blattränder. Weitere Arten aus dieser ökologischen Gruppe sind Wiesen-Wachtelweizen (*Melampyrum pratense*), Berg-Platterbse (*Lathyrus linifolius*), Echter Ehrenpreis (*Veronica officinalis*), Rundblättrige Glockenblume (*Campanula rotundifolia*) und das weißspornige Hain-Veilchen (*Viola riviniana*). Von den allgemeinen Laubwaldarten sind nur Maiglöckchen (*Convallaria majalis*), Buschwindröschen (*Anemone nemorosa*) und Hain-Rispengras (*Poa nemoralis*) zu finden. Anspruchsvollere Laubwaldarten fehlen dagegen so gut wie vollständig.

Unsere Wanderung führt nach dem kurzen Abstecher in den Hainsimsen-Eichen-Hainbuchenwald am Diptam-Saum entlang weiter nach Westen. Die am Hang liegenden Trockenrasen enthalten als Besonderheit den Schlitzblättrigen Stielsamen (*Podospermum laciniatum*), einen nahen Verwandten der Schwarzwurzeln (*Scorzonera*), der fiederteilige Blätter hat. Außerdem werden hier in manchen Jahren Bienen-Ragwurz (*Ophrys apifera*), Gras-Platterbse (*Lathyrus nissolia*) und die gelb blühende Ranken-Platterbse (*Lathyrus aphaca*) gefunden. Hauptbestandbildner der oft sehr lückigen Trockenrasen ist der Schaf-Schwingel (*Festuca ovina*). Ihm sind einige Magerkeits- und Basenzeiger zugesellt, unter ihnen Kleiner Wiesenknopf (*Sanguisorba minor*), Karthäuser-Nelke (*Dianthus carthusianorum*), Wund-

Klee (*Anthyllis vulneraria*) und Gemeines Sonnenröschen (*Helianthemum ovatum*). Die ganz offenen steinigeren Stellen werden von der leuchtend gelben Färber-Hundskamille (*Anthemis tinctoria*) und der Verwechselten Trespe (*Bromus commutatus*), einem einjährigen Gras mit überhängenden, begrannten Ährchen, besiedelt.
Am Ende der Kuppe des Dachsberges gehen wir ein kurzes Stück geradeaus nach unten, bis wir an einen Wildzaun mit einem Weg davor gelangen, dem wir nach rechts folgen. Auf der rechten Seite zieht sich an der Nordseite des Dachsberges ein Haselwurz-Eichen-Hainbuchenwald (Galio-Carpinetum asaretosum) hangaufwärts. An Bäumen treten Feld- und Spitzahorn (*Acer campestre, A. platanoides*), Vogelkirsche (*Prunus avium*) und Sommerlinde (*Tilia platyphyllos*) hinzu. In der Krautschicht finden wir mit dem Türkenbund (*Lilium martagon*), der Vielblütigen Weißwurz (*Polygonatum multiflorum*) und der Einbeere (*Paris quadrifolia*) gleich drei Liliengewächse. Die Berg-Platterbse wird durch die Frühlings-Platterbse (*Lathyrus vernus*) ersetzt, das Hain-Veilchen durch das Wald-Veilchen (*Viola reichenbachiana*), das Buschwindröschen durch das Gelbe Windröschen (*Anemone ranunculoides*) und die Rundblättrige Glockenblume durch die Nesselblättrige (*Campanula trachelium*). Eine interessante Art der Bestäubung und der Samenverbreitung durch Ameisen hat die Haselwurz (*Asarum europaeum*). Als weitere wichtige Arten der Laubwälder auf nährstoffreichen Böden begegnen uns Wald-Bingelkraut (*Mercurialis perennis*), Ährige Teufelskralle (*Phyteuma spicatum*), Leberblümchen (*Hepatica nobilis*), Efeu (*Hedera helix*) und Wunder-Veilchen (*Viola mirabilis*). Kurz vor der Einmündung des Waldweges in einen befestigten Schotterweg, dem wir nach links folgen, geht der Haselwurz-Eichen-Hainbuchenwald in einen Waldziest-Eichen-Hainbuchenwald (Galio-Carpinetum stachyetosum) über. Die Lage am Hangfuß führt zu relativ feuchten Standortsbedingungen, die sich in der Beteiligung von Feuchte- und Frischezeigern an der Artenkombination äußern. Neben dem Waldziest (*Stachys sylvatica*) gehören hierzu Knotige Braunwurz (*Scrophularia nodosa*), Aronstab (*Arum maculatum*), Berg-Weidenröschen (*Epilobium montanum*), Pfennigkraut (*Lysimachia nummularia*) und Hohe Schlüsselblume (*Primula elatior*). Auch drei frische Böden anzeigende Hahnenfüße können hier gefunden werden: das weitverbreitete Scharbockskraut (*Ranunculus ficaria*), der sehr formenreiche Goldschopf-Hahnenfuß (*R. auricomus*), dessen etwas verkümmerte gelbe Blütenkrone aus

vielen schmalen Zipfeln besteht, und der über einen halben Meter hohe, weißblütige Platanen-Hahnenfuß (*R. platanifolius*). Schon als ausgesprochene Nährstoffzeiger werden Giersch (*Aegopodium podagraria*), Große Brennessel (*Urtica dioica*), Gundermann (*Glechoma hederacea*) und Echte Nelkenwurz (*Geum urbanum*) angesehen. Mit dem Bärenklau (*Heracleum sphondylium*), der Herbstzeitlose (*Colchicum autumnale*) und dem Wiesen-Schaumkraut (*Cardamine pratensis*) sind auch einige Wiesenpflanzen an der Artenkombination beteiligt, die ihre ursprüngliche Heimat in den Feuchtwäldern haben. Unter den Gräsern sind neben der Wald-Zwenke (*Brachypodium sylvaticum*) und dem Wald-Flattergras (*Milium effusum*) gleich drei Perlgräser zu finden, die hier vergleichend betrachtet werden können: das Einblütige (*Melica uniflora*), das Nickende (*M. nutans*) und das mehr kontinental verbreitete Bunte Perlgras (*M. picta*).

Der Hauptweg durch das Gräfholz führt uns nun weiter nach Westen. Auf der linken Seite passieren wir eine Waldwiese, die leider nur wenige bunte Arten enthält, da sie stark gedüngt wird. Auf den sonnigen Abschnitten des Wegrandes können wir mit etwas Glück das seltene, kontinental verbreitete Kleinblütige oder Thüringische Fingerkraut (*Potentilla thuringiaca*) finden. Es ähnelt dem häufigen Kriechenden Fingerkraut (*P. reptans*), hat aber dunkler gelbe Blüten und keine Ausläufer. Nach etwa 500 m gabelt sich der Weg. Wir folgen nicht dem nach schräg links oben verlaufenden Rundwanderweg »Reh«, sondern gehen geradeaus auf gleicher Höhe immer knapp oberhalb des nach rechts unten abfallenden Steilhangs. Nach ca. 300 m gelangen wir an eine vom Sturm im Fichtenforst geschaffene Lichtung. Der naturgemäße Jungwuchs von Esche (*Fraxinus excelsior*) und Winterlinde (*Tilia cordata*) hat große Mühe, sich durch das frisch entstandene Gestrüpp von Brombeeren (*Rubus fruticosus*) und Himbeeren (*R. idaeus*) zu kämpfen. Infolge der weitgehend fehlenden Saugwirkung großer Bäume konnte es zu einer Vernässung der Fläche kommen, worauf Arten wie die Sumpf-Kratzdistel (*Cirsium palustre*) und die Flatter-Binse (*Juncus effusus*) hinweisen. Etwa 200 m nach den noch übrig gebliebenen Fichten (*Picea abies*) macht der Weg eine Kurve nach links oben. An dieser Stelle suchen wir zunächst nach einem Grenzstein, der sich etwa drei Meter von einer großen Eiche entfernt befindet. Von hier kann man einen kleinen Pfad erkennen, der scharf nach rechts unten abbiegt. An weiteren Grenzsteinen vorbei gelangen wir in den Talgrund und an die südwestliche Ecke einer großen Wiese, die dicht mit Wiesen-Storchschnabel (*Geranium pratense*) bedeckt ist. Ganz rechts ist in etwa 2 km Entfernung das Dorf Oberntief zu sehen. Wir halten uns links an den Waldrand, bis wir die im Wiesengrund verlaufende Teerstraße erreichen, der wir nach links in den Wald folgen. Das vor uns liegende Waldstück ist die »Tiefer Hut«, also eine Hutung, auf der die Tiefer Bauern ihr Vieh weiden ließen. Durch die unterschiedliche Intensität der Beweidung entsteht ein parkartiger Charakter, und es kommt zu einer mosaikartigen Verteilung der einzelnen Vegetationseinheiten. Die durch den Niederwaldbetrieb überformten Wälder auf den wechselfeuchten Tonböden über Myophorien-Schichten sind pflanzensoziologisch schwer einzuordnen, dürften aber dem Silgen-Stieleichenwald (Selino-Quercetum roboris) nahestehen. Er zeichnet sich durch eine hohe Artenzahl, relative Inhomogenität und das charakteristische Nebeneinander von Pflanzen, die ihren heutigen Verbreitungsschwerpunkt in recht gegensätzlichen Vegetationseinheiten haben, aus. Zu den schon bekannten Arten der Eichen-Hainbuchenwälder kommen viele Wechselfeuchtigkeitszeiger hinzu, die ihren Schwerpunkt vor allem in den Pfeifengraswiesen (Molinion) haben, wie Kümmel-Silge (*Selinum carvifolia*), Färber-Scharte (*Serratula tinctoria*), Nordisches Labkraut (*Galium boreale*), Heilziest (*Stachys officinalis*), Wiesen-Silau (*Silaum silaus*) und Pfeifengras (*Molinia caerulea*). Besonderheiten aus dieser Gruppe sind die Herbst-Prachtnelke (*Dianthus superbus* ssp. *autumnalis*) mit ihren fein und tief zerteilten Blütenblättern, Kleines Mädesüß (*Filipendula vulgaris*), Knollen-Kratzdistel (*Cirsium tuberosum*) und Spatelblättriges Greiskraut (*Senecio helenitis*). Von den Wärmezeigern sind neben einer großen Zahl von bereits besprochenen Arten das Langblättrige Hasenohr (*Bupleurum longifolium*), der Abbiß-Pippau (*Crepis praemorsa*) und der Weiche Pippau (*C. mollis* ssp. *taraxacifolia*) zu finden. Das nur unvollständig ausgebildete Kronendach der Bäume läßt viel Licht durch, so daß Sträucher zu üppiger Entfaltung kommen, unter ihnen Haselnuß (*Corylus avellana*), Eingriffeliger und Großfrüchtiger Weißdorn (*Crataegus laevigata, C. macrocarpa*) und Wildbirne (*Pyrus pyraster*). Mit dem Blaßblütigen Klee (*Trifolium ochroleucum*) und den Gräsern Fieder-Zwenke (*Brachypodium pinnatum*) und Wiesen-Hafer (*Avenochloa pratensis*) sind auch Arten der Halbtrockenrasen zu finden. Im zeitigen Frühjahr erfreuen die hellblauen Blüten der Kleinen Traubenhyazinthe (*Muscari botryoides*) und der Duft des Seidelbastes (*Daphne mezereum*) den Wanderer.

Auch die Orchideenfreunde kommen mit Rotem Waldvögelein (*Cephalanthera rubra*), Geflecktem Knabenkraut (*Dactylorhiza maculata* bzw. *fuchsii*) und Violettem Sitter (*Epipactis purpurata*) auf ihre Kosten. Aus der großen Gattung der Seggen (*Carex*) sind Schatten-Segge (*C. umbrosa*), Berg-Segge (*C. montana*) mit den rot-weiß gestreiften unteren Blattscheiden, Filz-Segge (*C. tomentosa*) mit kurz behaarten Früchten und Hirsen-Segge (*C. panicea*) zugegen. Zur Artenvielfalt tragen noch viele weitere Pflanzen bei, etwa Färber-Ginster (*Genista tinctoria*) oder die Blutwurz (*Potentilla erecta*), so daß auf einer Fläche von 20 m x 20 m bis zu 70 und mehr Arten notiert werden können.

Wo die Teerstraße den Wald verläßt, ist der Charakter einer Hutweide mit einzeln stehenden Eichen noch deutlicher zu erkennen. Die Straße führt nun leicht bergab und gibt rechts den Blick auf den Kehrenberg frei. Kurz nach einem wassergefüllten ehemaligen Gipsbruch folgen wir dem am Naturschutzgebietsschild abzweigenden Feldweg nach links oben. Später senkt sich der Weg etwas und führt nach rechts und dann wieder bergauf nach links, bis er an den Fuß von Weingärten gelangt. Direkt vor dem ersten Weingarten

Die sehr artenreiche, parkartige Landschaft im Ausschlagswald »Eschenau« entsteht durch den Ausfall von Bäumen durch extreme Witterungsereignisse.

streben wir nach links oben dem Waldrand zu, dem wir nun ein längeres Stück folgen. Hier ist wieder ein Diptam-Saum ausgebildet, der weitgehend dieselbe Artenkombination wie am Dachsberg aufweist. Als zusätzliche Arten können hier Nordisches Labkraut (*Galium boreale*), Aufrechter Ziest (*Stachys recta*), Kamm-Wachtelweizen (*Melampyrum cristatum*), Goldaster (*Aster linosyris*) und Echter Haarstrang (*Peucedanum officinale*) angetroffen werden. An einem Hochsitz verläßt der Hauptweg die Hangkante und führt geradeaus hinunter ins Tal. Wir bleiben auf der Höhe und nehmen den nach links abzweigenden Weg am Waldrand entlang, der hier wieder die großblütige Essig-Rose (*Rosa gallica*) enthält. Bald erreichen wir eine Hecke, die sich von rechts unten den Berg hochzieht. Unmittelbar vor ihr folgen wir dem schmalen Pfad, der nach links in den »Wald« hineinführt, der einen seltsam offenen Charakter hat. Wir befinden uns hier in der »Eschenau«, einem bis heute von den Rechtlern in Ergersheim als Niederwald mit einer Umtriebszeit von 28 Jahren genutzten Gebiet. Die tonigen Böden sind hier sehr flachgründig, da in geringer Tiefe eine Steinmergelbank (Acrodus-Corbula-Bank) ansteht. In extrem niederschlagsarmen Sommern kommt es daher häufig zu Trockenschäden am Baumbewuchs in frisch geschlagenen Beständen, so daß sogenannte »Blößen« entstehen, die der Landschaft einen parkartigen Charakter verleihen. Weitere Ausfälle an den frisch auf Stock gesetzten Bäumen können durch Spätfröste, Kaltluftansammlungen am Boden oder längere Staunässe im Frühjahr verursacht werden. Die Kraut-Gras-Schicht auf den Blößen wird auf weite Strecken vom Pfeifengras (*Molinia caerulea*) beherrscht, zwischen dessen hohen Bulten sich Holzgewächse mit Ausnahme des Faulbaums (*Frangula alnus*) nur schwer durchsetzen können. Die Pfeifengrasbestände stellen jedoch auch nur ein bestimmtes, wenn auch langlebiges Stadium innerhalb der Entwicklung zum Wald dar. Ähnlich wie in der Tiefer Hut liegt auch hier ein Silgen-Stieleichenwald vor. Bedingt durch kleinräumige Wechsel im Untergrund und durch das verschiedene Alter der Bestände infolge der Niederwaldbewirtschaftung ergibt sich insgesamt ein Mosaik aus verschiedenen Sukzessionsstadien, das eine große Artenvielfalt in der Pflanzen- und Tierwelt zur Folge hat. Zu den schönsten Arten gehören die schon erwähnte Herbst-Prachtnelke (*Dianthus superbus* ssp. *autumnalis*) und das Gefleckte Knabenkraut (*Dactylorhiza maculata* bzw. *fuchsii*), das hier in sehr großen Exemplaren vorkommt. Die Seltenheiten werden durch das Preußische

Laserkraut (*Laserpitium prutenicum*), das Schmalblättrige Lungenkraut (*Pulmonaria angustifolia*) und die Natternzunge (*Ophioglossum vulgatum*), ein ursprüngliches Farngewächs, ergänzt. Zur Bildung größerer Bestände befähigt sind die Warzen-Wolfsmilch (*Euphorbia verrucosa*) und die beiden Korbblütler Weidenblättriger Alant (*Inula salicina*) und Rauhaariger Alant (*I. hirta*) mit ihren goldgelben Blütenköpfen.

Der Weg wird bald zu einem unscheinbaren Pfad, ist aber an den tiefen Traktorspuren, in denen sich das Wasser bis in den Frühsommer hält, gut zu erkennen. Rechter Hand erstreckt sich ein älterer Eichenbestand, aus dem nach etwa 300 Metern ein breiterer Weg herausführt und sich mit unserem Pfad vereinigt. Links vorn ist nun der westliche Dachsberg zu sehen. Nach kurzer Zeit verläßt der Weg die Eschenau, wendet sich nach rechts in den dichteren Wald hinein und stößt bald in einer Kurve auf einen geschotterten Fahrweg, den mit einem Reh markierten Rundweg, den wir vor einiger Zeit verlassen haben. Wir folgen ihm nach rechts Richtung »Gräfweiher« und erreichen nach einer Schranke einen geteerten Weg, auf dem wir, uns links haltend, durch Wiesen und Felder am wenig Interessantes bietenden Gräfweiher vorbei Richtung Osten wandern. Im Hintergrund sind bald die Hügel des Königsberges und des Scheibenberges mit seinen Weinbergshäuschen sowie Schloß Hoheneck zu sehen. An der Straßenböschung steht die weißblühende Pfeilkresse (*Cardaria draba*) und die duftende, dunkelrosafarbene Knollen-Platterbse (*Lathyrus tuberosus*). An einigen gepflanzten Hecken mit Stein-Weichsel (*Prunus mahaleb*) und der vielblütigen, weißen Büschel-Rose (*Rosa multiflora*) vorbei gelangen wir nach gut einem Kilometer an die Straße von Bad Windsheim nach Oberntief. Auf ihr gehen wir etwa 50 m nach rechts, um den hier einmündenden Feldweg nach links zu nehmen. Am Fuße der Weingärten des Scheibenberges kommen wir bald wieder an eine Teerstraße, der wir etwa 200 m nach links folgen, bis vor einem einzeln stehenden Birnbaum ein Feldweg nach rechts unten abzweigt. Auf ihm gehen wir bis zu einem querverlaufenden Betonweg, der nach Erkenbrechtshofen, unserem Ausgangsort, hineinführt.

Zuvor sollten wir aber einen sehr lohnenden Abstecher zum Külsheimer Gipshügel machen, aber nur bei trockenem Boden. Nach Regenfällen müssen schmutzige Schuhe in Kauf genommen werden, da der zähe Gipston in großen Klumpen an den Sohlen zu kleben pflegt. Wir befinden uns hier geologisch gesehen auf dem Unteren Gipskeuper. Die

vergleichsweise leichte Löslichkeit des Calciumsulfats hat eine starke Verkarstung des Gesteins zur Folge, wobei unterirdische Hohlräume, Deckeneinstürze und Dolinen entstehen. Durch die Verkarstung werden die Auswirkungen der in der Windsheimer Bucht herrschenden klimatische Trockenheit noch verstärkt. An den zur Sonne geneigten Hängen und Gipsrücken wird das Mikroklima noch weiter in die südlich-kontinentale Richtung verschoben. Es konnten sich hier daher, ebenso wie auf den Sulzheimer und Nordheimer Gipshügeln, einige der größten Kostbarkeiten ganz Bayerns, nämlich nacheiszeitliche Steppenrelikte aus Epochen, in denen es in Mitteleuropa noch deutlich wärmer war, in die heutige Zeit retten.
Die Besonderheiten des Külsheimer Gipshügels wurden schon relativ früh erkannt, und bereits im Jahr 1905 entstand hier ein Schutzgebiet, das von einer privaten Vereinigung angekauft und getragen wurde. Ohne diese Voraussicht wäre der Gipshügel und mit ihm seine einmalige Flora und Fauna schon längst der Gipsindustrie zum Opfer gefallen, die sich von Süden gefährlich nahe an das heutige Naturschutzgebiet herangearbeitet hat. Auf randlichen Flächen konnten sich auch einige seltene Ackerwildkräuter ansiedeln, so der Ackerkohl (*Conringia orientalis*) und Schleichers Erdrauch (*Fumaria schleicheri*), zwei kontinental verbreitete, sommerwärmeliebende Pflanzen, und weitere mehr oder weniger seltene Arten mit ähnlichen Ansprüchen wie das Sommer- und das Flammen-Adonisröschen (*Adonis aestivalis, A. flammea*). Berühmt sind die Gipshügel aber wegen ihrer Steppenflora und -fauna. Da die Vegetation auf dem in Wanderung 5 besprochenen Sulzheimer Gipshügeln z. T. besser ausgebildet ist, soll hier auf die Steppenvegetation vergleichsweise kurz eingegangen werden. Ein Sondergut des Külsheimer Gipshügels auf den sehr flachgründigen Böden in Hanglage ist die Badener Rispengras-Berglauch-Gesellschaft (Poo-Allietum). Das Badener Rispengras (*Poa badensis*) mit seinen blaugrünen, knorpeligen Blättern hat hier außer am Staffelberg (Wanderung 9) seinen einzigen Wuchsort in Bayern. Mit ihm vergesellschaftet ist der Berg-Lauch (*Allium montanum*), der als einer der wenigen Vertreter der Gattung *Allium* ein Rhizom hat, auf dem die Zwiebel aufsitzt. Er ist auch leicht an seinem kantigen Schaft zu erkennen, der die rosafarbenen Blüten trägt. Außer diesen beiden Charakterarten der Gesellschaft können hier noch das unscheinbar gelbgrün blühende Ohrlöffel-Leimkraut (*Silene otites*), das graufilzige Sand-Fingerkraut (*Potentilla arenaria*), der Hufeisen-

Klee (*Hippocrepis comosa*) und der Scharfe Mauerpfeffer (*Sedum acre*) dauerhaft Fuß fassen. Wegen der extremen Wuchsbedingungen gibt es in dieser Gesellschaft viele offene Stellen. Hier finden sehr lichtliebende einjährige Arten ihr Auskommen. Die etwas weiter entwickelten und daher nicht mehr ganz so flachgründigen Böden in voll zur Sonne exponierter Lage werden von der Pfriemengras-Furchenschwingel-Gesellschaft (Festuco-Stipetum capillatae), einer Steppenheide-Gesellschaft, besiedelt. Ihr Bild wird bestimmt von den beiden namengebenden trockenheitsangepaßten Gräsern (*Stipa capillata, Festuca sulcata*). Ausdauernde Kräuter und Stauden treten auffallend zurück bzw. kommen nur in kümmerlich entwickelten Exemplaren vor. Sie haben ihren Schwerpunkt in den Wiesensteppen auf den tiefgründigeren Böden, die vornehmlich auf dem leicht geneigten Nordabhang des Hügels zu finden sind. Ähnlich wie auf den Sulzheimer Gipshügeln trägt die Wiesensteppe eine große Zahl von Arten mit kontinentaler Herkunft, die im fränkischen Raum nahe an ihrer Westgrenze stehen. Als Steppenrelikte sind sie zum überwiegenden Teil sehr selten und meist auch hochgradig gefährdet, nicht zuletzt auch deshalb, weil sie meist sehr auffallende und schöne Blüten besitzen. Zu ihnen gehören Frühlings-Adonisröschen (*Adonis vernalis*), Gewöhnliche Küchenschelle (*Pulsatilla vulgaris*), Grauscheidiges Federgras (*Stipa joannis*), Kleines Mädesüß (*Filipendula vulgaris*), Dänischer Tragant (*Astragalus danicus*), Steppen-Wolfsmilch (*Euphorbia seguieriana*), Rötliches und Sand-Fingergras (*Potentilla heptaphylla, P. arenaria*), Mittleres Leinblatt (*Thesium linophyllon*) und Kleine Wiesenraute (*Thalictrum saxatile*). Kostbarstes Gut des Külsheimer Gipshügels ist die Steppen-Segge (*Carex supina*), die hier ihren einzigen Wuchsort in Bayern hat. Die Rote Schwarzwurzel (*Scorzonera purpurea*) kommt anderwärts in Bayern nur am Nordheimer Gipshügel und auf der Garchinger Heide nördlich von München vor.

Länge der Wanderung: etwa 15 km
Einkehrmöglichkeiten: Oberntief, Bad Windsheim, Külsheim
Verkehrsverbindungen: A7 Würzburg – Ulm, Ausfahrt B 470 Rothenburg o. d. Tauber – Neustadt/Aisch, Bad Windsheim

TOUR 8

Das Moorweihergebiet im Zentrum der fränkischen Teichlandschaft

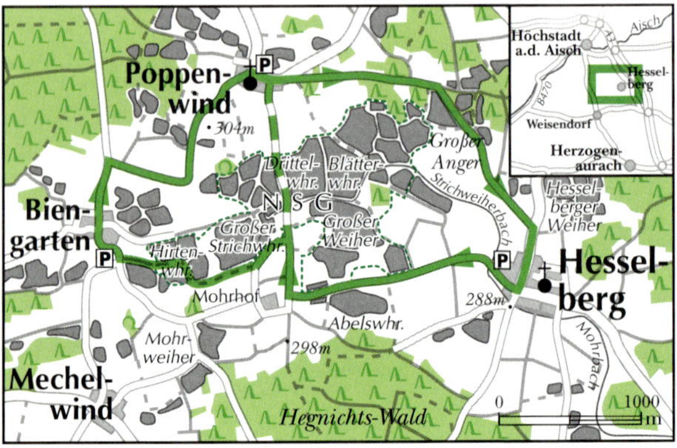

Eingebettet in grüne Wiesen, Äcker und Wälder stellt die Teichlandschaft des Mohrweihergebiets einen sehr charakteristischen, eigenen Landschaftstyp dar. Sie ist Teil des Höchstädter Teichgebiets nordwestlich von Erlangen, wo über 4000 Teiche fast ausschließlich der Karpfenzucht dienen. Im Gegensatz zu Weihern sind Teiche vom Menschen angelegte Gewässer, die einen künstlichen Abfluß haben, den sogenannten »Mönch«, der es ermöglicht, das Wasser vollständig abzulassen. Nichtsdestoweniger werden im Fränkischen die Begriffe »Teich« und »Weiher« in gleicher Weise verwendet, wobei der Ausdruck »Weiher« der gebräuchlichere ist. Er wird daher im folgenden meist verwendet, auch wenn so gut wie alle Stillgewässer des Gebiets mit Ausnahme der Kleinstgewässer in Wirklichkeit Teiche sind. Die Anlage der meisten Weiher erfolgte bereits im Mittelalter. Vor allem von den Klöstern und Bistümern gingen starke Impulse aus, da Fisch als Fastenspeise begehrt war. Voraussetzung für die Anlage sind wasserstauende Schichten im Untergrund, wie sie im gesamten fränkischen Sandsteinkeuper sehr häufig gegeben sind. Im Aischgrund, zu dem das Mohrweihergebiet gehört, sind es hauptsächlich die Schichten des Unteren Burgsandsteins, in dem sich wasserundurchlässige Lettenlagen und durchlässige Sandsteinbänke kleinräumig abwechseln. In den letzten drei Jahrzehnten fand eine mit EG-Mitteln geförderte Intensivierung der Teichwirtschaft statt, die zu einer starken Verarmung der Flora und Fauna geführt hat. Um diesen Tendenzen entgegenzuwirken, wird im 128 ha großen Naturschutzgebiet »Vogelfreistätte Weihergebiet bei Mohrhof«, unserem Exkursionsziel, auf eine Extensivierung hingearbeitet, die im wesentlichen auf den von Naturschutzverbänden gekauften oder gepachteten Teichen und Wiesen stattfindet. Kennzeichnend für diese Weiher ist eine artenreiche Vegetation, die sich am auffälligsten in einem breiten Röhrichtgürtel zeigt. Auch innerhalb der Uferlinie haben sich häufig weitere Pflanzen angesiedelt, deren Vorkommen bestimmten Gesetzmäßigkeiten folgt.

8

Die lokalklimatischen Verhältnisse im Weihergebiet sind in vielerlei Hinsicht in Richtung atlantisch verschoben. Als Ausdruck der für Franken relativ stark ozeanisch getönten Klimaverhältnisse ist im gesamten Weihergebiet eine große Zahl subatlantisch verbreiteter Arten anzutreffen, darunter ausgesprochene Seltenheiten von bayern- und sogar bundesweiter Bedeutung (*Elatine alsinastrum, Gnaphalium lu-*

Weiherlandschaft in der Mohrhofsenke

teo-album, Scutellaria minor, Pilularia globulifera, Utricularia bremii, Juncus tenageia, Potamogeton rutilus u. a.). Ähnliches gilt für die Tierwelt, insbesondere für die Vögel. Das fränkische Teichgebiet leitet seine besondere Bedeutung auch davon ab, daß es eines der wärmsten von den großen Teichgebieten Deutschlands ist.
Den besten Eindruck vom Weihergebiet erhalten wir, wenn wir die Wanderung in Hesselberg beginnen. Wir nehmen die Straße von der Ortsmitte in nordwestlicher Richtung, die nach etwa 300 m für Kraftfahrzeuge gesperrt ist. Am Sperrschild befindet sich eine Schautafel, die über das Naturschutzgebiet »Vogelfreistätte Weihergebiet bei Mohrhof« informiert. Das Naturschutzgebiet wurde nach langem Hin und Her im Jahre 1982 realisiert. Seitdem hat sich die Situation etwas entspannt, als zu sehen war, daß keineswegs »alles verboten ist« und daß eine extensive Teichwirtschaft durchaus im Sinne der Erhaltung bestimmter Biotope ist. Der Tafel ist auch der Routenverlauf des markierten Rundwegs zu entnehmen, der mit dem hier vorgeschlagenen identisch ist, da es keine andere Wandermöglichkeit gibt, die mit den Schutzzielen vereinbar ist. Da das Gebiet vor allem wegen seiner landesweiten Bedeutung als Brutgebiet für seltene wasser- und röhrichtbewohnende Vögel ausgewiesen wurde, dürfen die Weiherdämme in der Brutzeit zwischen dem 31. März und dem 30. September außer von Anliegern nicht betreten werden. Kleine, weiße Schilder mit der Aufschrift »Betretungsverbot für Besucher«, zu denen wir zweifelsfrei zählen, werden uns an jeder fraglichen Stelle daran erinnern. Außerdem sind auf der Tafel noch die einzelnen Verlandungszonen dargestellt, die uns auf der Wanderung noch öfters beschäftigen werden. Allerdings ist die theoretische Abfolge nirgends vollständig zu beobachten. Nach der Überquerung des Mohrbaches öffnet sich der Blick auf die ganze Breite der in Ost-West-Richtung verlaufenden Mohrweihersenke. Eine schmale Betonstraße erschließt das Gebiet für die Land- und Teichwirte und auch für die Besucher. Zunächst wandern wir an mageren, feuchten Wiesen vorbei, die noch keine besonderen Arten enthalten. Durch die hohe Beteiligung von Magerkeitszeigern wie Körnchen-Steinbrech (*Saxifraga granulata*), Margerite (*Leucanthemum ircutianum*), Wiesen-Glockenblume (*Campanula patula*), Kuckucks-Lichtnelke (*Lychnis flos-cuculi*), Großer Wiesenknopf (*Sanguisorba officinalis*) und anderen bieten sie jedoch einen viel bunteren Anblick als die stark gedüngten Wiesen im Wiesenkerbel-Aspekt, die hier jedoch kaum zu finden sind.

Wegen der wasserstauenden Lettenschichten sind die Böden für den Ackerbau in den meisten Jahren nur bedingt geeignet. Die wenigen Getreideäcker werden von einer seltenen Ackerwildkrautgesellschaft, der Mäuseschwänzchen-Ackerfuchsschwanz-Gesellschaft (Myosuro-Alopecuretum), besiedelt. Die namengebende Art ist das Mäuseschwänzchen (*Myosurus minimus*), ein eigenartiges Hahnenfußgewächs mit winzigen Blütenblättern und einem stark verlängerten Fruchtstand sowie schmal linealen, in einer grundständigen Rosette angeordneten Blättern. »Normale« gelbe Hahnenfußblüten hat der ebenfalls seltene Sardinische oder Rauhe Hahnenfuß (*Ranunculus sardous*). Er ist an seinen zurückgeschlagenen Kelchblättern und dem behaarten Stengel leicht zu erkennen. Beide Arten sind ausgesprochene Feuchtigkeitszeiger, wie auch das Liegende Mastkraut (*Sagina procumbens*), Wasserpfeffer (*Polygonum hydropiper*), Kleiner Wegerich (*Plantago intermedia*), Sumpf-Ruhrkraut (*Gnaphalium uliginosum*) und die Kröten-Binse (*Juncus bufonius*), die dichte grüne Teppiche unter dem Getreide bilden kann. Recht selten ist auch das Acker-Quellkraut (*Montia chondrosperma*), ein unscheinbares, im zeitigen Frühjahr blühendes Portulakgewächs. Lehmanzeigende Ackerwildkräuter sind Acker-Fuchsschwanz (*Alopecurus myosuroides*), Viersamige Wicke (*Vicia tetrasperma*), Echte Kamille (*Matricaria recutita*) und Ampfer-Knöterich (*Polygonum lapathifolium*). Windhalm (*Apera spica-venti*), Einjähriger Knäuel (*Scleranthus annuus*), Kornblume (*Centaurea cyanus*), Acker-Frauenmantel (*Aphanes arvensis*), Acker-Hundskamille (*Anthemis arvensis*) und Hederich (*Raphanus raphanistrum*) belegen, daß es sich hier um saure Böden handeln muß.

Wir nähern uns nun langsam den ersten Weihern, die sich durch die lauter werdenden, heiseren Rufe der Lachmöwen ankündigen. Sie können praktisch zu jeder Jahreszeit außer im strengen Winter über der offenen Wasserfläche angetroffen werden. Vom ersten Weiher auf unserem Weg sehen wir zunächst nur den Röhrichtgürtel (Phragmition). Hauptbestandbildner ist das Schilf (*Phragmites australis*). Durch seine kräftigen Speicherrhizome ist es sehr konkurrenzstark. Da es außerdem als Schattenbildner gegenüber anderen Pflanzen auftritt, stellt es sozusagen »die Buche unter den Feuchtpflanzen« dar und bildet häufig auch Reinbestände. Meist sind aber weitere Arten beigesellt, so die gelb blühende Sumpf-Schwertlilie (*Iris pseudacorus*), der Wolfstrapp (*Lycopus europaeus*), ein Lippenblütler mit buchtig eingeschnittenen Blatträndern, die Wasser-Minze

Verlandungsbereich an einem Teich mit Wasser-Hahnenfuß (*Ranunculus aquatilis*), Schwimmendem Laichkraut (*Potamogeton natans*), Teich-Schachtelhalm (*Equisetum fluviatile*), Teich-Binse (*Schoenoplectus lacustris*) und Schilf (*Phragmites australis*)

(*Mentha aquatica*), das Sumpf-Helmkraut (*Scutellaria galericulata*) oder das Sumpf-Labkraut (*Galium palustre*). An den hohen Halmen des Schilfs schlingt sich häufig die schneeweiße Zaunwinde (*Calystegia sepium*) zum Licht empor. Sehr selten geworden ist der fast einen Meter hohe Zungen-Hahnenfuß (*Ranunculus lingua*) mit seinen ungeteilten, schmalen Blättern und großen Blüten. Zum Aufbau eigener Bestände befähigt sind auch Breit- und Schmalblättriger Rohrkolben (*Typha latifolia, T. angustifolia*). Der Röhrichtzone ist bei optimaler Ausbildung ein Schwimmblattgürtel (Nymphaeion) vorgelagert. Hier wachsen Pflanzen, die im Schlammboden wurzeln und an der Wasseroberfläche schwimmende Blätter ausbilden. Ein Blattquerschnitt zeigt, daß sie von zahlreichen Luftkanälen durchzogen werden, die für den Auftrieb sorgen. Bekannteste Vertreter dieser Lebensform sind die Seerosen, von denen die Weiße Seerose (*Nymphaea alba*) im Mohrweihergebiet gelegentlich noch gefunden werden kann. Die weiß blühenden Wasserhahnenfüße aus der *Ranunculus aquatilis*-Gruppe haben neben Schwimmblättern noch fein zerteilte

Unterwasserblätter. Vom Wasser-Knöterich (*Polygonum amphibium*) gibt es dagegen sowohl eine Landform als auch eine mit Schwimmblättern ausgestattete Wasserform, worauf sein wissenschaftlicher Name hinweist. Relativ häufig ist auch das Schwimmende Laichkraut (*Potamogeton natans*), das mit seiner an beiden Enden zugespitzten Blattform an die vorige Art erinnert.
In der nächsten Zone der Verlandungsreihe, dem Tauchblatt- oder Laichkräutergürtel (Potamion = Potamogetonion) sind Arten angesiedelt, die zwar meist auch im Schlammboden wurzeln, aber keine Schwimmblätter, sondern nur untergetauchte Blätter besitzen. Sie ragen nur mit ihren Blüten über die Wasseroberfläche hinaus, so daß sie in der Regel unauffällig bleiben. In noch tieferem Wasser wird der Teichboden von Armleuchteralgen bedeckt, die den Gattungen *Chara* und *Nitella* angehören. Im Übergang von den Schwimmblattgesellschaften zu denen des Großröhrichts ist gelegentlich noch ein Kleinröhricht anzutreffen, das von einigen auffällig blühenden Arten beherrscht wird. Neben dem Froschlöffel (*Alisma plantago-aquatica*) mit seinen wegerichartigen Blättern und den ebenfalls weißblütigen Arten Pfeilkraut (*Sagittaria sagittifolia*) und Wasserfenchel (*Oenanthe aquatica*) sind es vor allem die rosafarbenen Blüten der Schwanenblume (*Butomus umbellatus*), die das Auge des Betrachters auf sich ziehen. Welcher Gürtel der Verlandungsreihe ausgebildet wird, hängt hauptsächlich von der Wassertiefe ab. Da durch die zum

Verlandungsreihe eines eutrophen Teiches

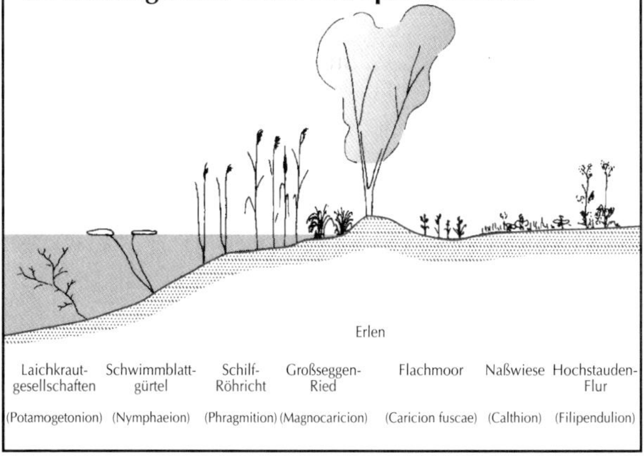

8

Die unverwechselbare Zypergras-Segge (*Carex bohemica*) besiedelt sommerlich trockenfallende, schlammige Teichränder.

Grund absinkenden abgestorbenen Pflanzenteile die Wassertiefe langsam verringert wird, bis das Gewässer schließlich »verlandet« ist, kann an ein und derselben Stelle mit abnehmender Wassertiefe nacheinander jeweils eine andere Zone angetroffen werden. Der ganze Vorgang besitzt neben der räumlichen also auch eine zeitliche Komponente, weshalb man sowohl von Verlandungszone bzw. -gürtel als auch von Verlandungsreihe spricht. Am Ende der Verlandungsreihe steht letztlich ein Wald, unter den Bedingungen im Weihergebiet meist ein Walzenseggen-Erlenbruchwald (Carici elongatae-Alnetum). Im Weitergehen gelangen wir am Ende des ersten Weihers an eine magere Feuchtwiese, die im Mai und Juni durch ihren Individuenreichtum an Orchideen auffällt. Der Aspekt wird hauptsächlich durch das Breitblättrige Knabenkraut (*Dactylorhiza majalis*) bestimmt. Die gefleckten Blätter, die in der Mitte am breitesten sind, und die kräftig purpurroten Blüten unterscheiden es vom Steifblättrigen Knabenkraut (*D. incarnata*). Gelegentlich kann auch die weißblütige Sumpf-Sitter (*Epipactis palustris*) gefunden werden. Das hier nur wenig beteiligte Kleine Knabenkraut (*Orchis morio*) werden wir später noch in großen Mengen zu sehen bekommen. Be-

zeichnend ist weiterhin ein großer Anteil an Seggen, insbesondere der von Hirse-Segge (*Carex panicea*), Braun-Segge (*C. nigra = C. fusca*) und der sehr seltenen Hartmans Segge (*C. hartmanii*).
Der Betonstraße folgend gelangen wir an weitere Weiher. Linker Hand liegt der Abelsweiher, an dem sich wegen seines geringen Uferbewuchses die Vögel leichter beobachten lassen. Unser Weg führt bald zwischen zwei kleinen Weihern hindurch, an denen kaum Schilf wächst. Hier hat sich kleinflächig ein naßwiesenartiger Bestand entwickelt, an dem wir ganz nahe an die Pflanzen herankommen. Durch die rote Kuckucks-Lichtnelke (*Lychnis flos-cuculi*), das blaue Sumpf-Vergißmeinnicht (*Myosotis palustris*) und den gelben Scharfen Hahnenfuß (*Ranunculus acris*) wird viel Farbe in das frische Grün gebracht. Den unmittelbaren Weiherrand nehmen einige Riedgrasgewächse ein, unter ihnen Schlank-Segge (*Carex gracilis*), Blasen-Segge (*C. vesicaria*), Braun-Segge (*C. nigra*), Waldsimse (*Scirpus sylvaticus*), Sumpfbinse (*Eleocharis palustris*) und die mit einer sehr weiten ökologischen Amplitude ausgestattete Behaarte Segge (*C. hirta*), die auch auf trockenen Sandböden wachsen kann. Hier besteht auch eine gute Gelegenheit, die Unterscheidungsmerkmale zwischen dem Kalmus (*Acorus calamus*) und der Sumpf-Schwertlilie (*Iris pseudacorus*) kennenzulernen, wenn beide nicht in Blüte sind. Die Blätter des Kalmus zeigen stellenweise fast immer eine deutliche Querwellung, und die Farbe ist mehr grasgrün und nicht so sehr blaugrün. Ganz aus der Nähe ist hier auch der Sumpf-Schachtelhalm (*Equisetum palustre*) zu sehen. Durch seine sehr kurzen ersten Glieder der Seitenzweige kann er vom manchmal recht ähnlichen Acker-Schachtelhalm (*E. arvense*) unterschieden werden. An den kleinen Teich auf der rechten Seite schließt sich eine weitere Naßwiese an, die als Übergangsgesellschaft von einer Kohldistelwiese (Angelico-Cirsietum oleracei) zu einer Silgenwiese (Sanguisorbo-Silaetum) angesehen werden kann. Während erstere an mehr oder weniger ganzjährig nasse, basenreiche Standorte auf Gleyböden gebunden ist, kommt letztere vor allem an wechselfeuchten, im Spätsommer stark austrocknenden Stellen vor. Beide Gesellschaften gehören zu den Feuchtwiesen. Wichtige Arten sind Sumpfdotterblume (*Caltha palustris*), Kohlkratzdistel (*Cirsium oleraceum*), Wald-Engelwurz (*Angelica sylvestris*), Wiesen-Silau (*Silaum silaus*), Großer Wiesenknopf (*Sanguisorba officinalis*), Mädesüß (*Filipendula ulmaria*), Sumpf-Schafgarbe (*Achillea ptarmica*), Herbstzeitlose (*Colchicum autumnale*), Sumpf-Vergißmeinnicht (*Myosotis palustris*

ssp. *nemorosa*) und die hier sehr häufige Kamm-Segge (*Carex disticha*), die auf Bodenverdichtung infolge langanhaltender Überstauung hinweist.
Die Betonstraße biegt nun scharf nach rechts um. Bevor wir ihr folgen, lohnt es sich, einen kurzen Abstecher nach links zu machen, um am Weiler Mohrhof vorbei die kleine Anhöhe am Höhenpunkt 298 m zu erreichen. Von hier hat man einen sehr schönen Überblick über den größten Teil der Mohrhofsenke mit ihren vielen in der Sonne glitzernden Teichen, die »von unten« wegen des üppigen Uferbewuchses oft nicht zu sehen sind. Wir folgen nun der Betonstraße nach Norden, bis links der zweite Fahrweg abzweigt, der mit dem Zeichen für den Rundwanderweg, dem Schwarzhalstaucher, markiert ist. Wer nicht so viel Zeit hat, kann hier geradeaus weitergehen und die Abkürzung direkt nach Poppenwind nehmen. Auf unserer großen Rundwanderung passieren wir zunächst einige kleine Teiche, die Viertelweiher. Sie sind vergleichsweise tief und dienen der Winterung der Karpfen, da sie nicht so leicht bis zum Boden durchfrieren können. Der nächste Teich ist der Große Strichweiher. An seinem westlichen Ende ist die Verlandung bereits weit fortgeschritten. Die im tieferen Bereich angesiedelten Bulte der Teichbinse (*Schoenoplectus lacustris*) werden von den Lachmöwen bevorzugt als Nistplätze ausgesucht. Im Strichweiher und im unweit gelegenen Blätterweiher ist eine der größten Kolonien Bayerns zu Hause. Etwa 40 m nach Beginn des Strichweihers biegt der Fahrweg halblinks zum Mohrhof ab. Wir gehen geradeaus weiter auf dem markierten Pfad entlang einer Grabenböschung mit viel Färberginster (*Genista tinctoria*) und anderen Magerkeitszeigern, die wir z. T. schon gesehen haben. Der Weiherdamm ist durch das bei Entlandungsmaßnahmen angefallene Aushubmaterial erhöht worden und wird von verschiedenen Weiden, Zitterpappeln (*Populus tremula*), Birken (*Betula pendula*), Schwarzem Holunder (*Sambucus nigra*) und anderen Pioniergehölzen besiedelt. Den Jägern bietet er gleichzeitig Sicht und Deckung bei der herbstlichen Entenjagd.
Am Ende des Großen Strichweihers folgt eine schon länger verlandete Fläche, die ein Mosaik aus Großseggenriedern und Hochstaudenfluren mit Elementen der Naßwiesen darstellt. An den nassesten Stellen ist ein Großseggenried mit Schlank-Segge (*Carex gracilis*), Sumpf-, Kamm- und Blasen-Segge (*C. acutiformis, C. disticha, C. vesicaria*), Gemeinem Gilbweiderich (*Lysimachia vulgaris*), Sumpf-Haarstrang (*Peucedanum palustre*) und Sumpf-Ziest (*Stachys*

palustris) ausgebildet. Bei fehlender Streunutzung fallen Großseggenrieder oft der Verschilfung zum Opfer, oder sie werden von Weidengebüschen und Schwarzerlen (*Alnus glutinosa*) erobert. Arten der nicht oder selten gemähten Hochstaudenfluren und der Kohl-Distelwiesen sind Echtes Mädesüß (*Filipendula ulmaria*), Sumpf- und Kohl-Kratzdistel (*Cirsium palustre, C. oleraceum*), Wald-Engelwurz (*Angelica sylvestris*), Sumpfdotterblume (*Caltha palustris*) und Sumpf-Schachtelhalm (*Equisetum palustre*). Wenige Meter weiter stehen die dicken, weitlumigen Halme eines weiteren Schachtelhalms, des Teich-Schachtelhalms (*E. fluviatile*). Als einigermaßen schattenverträgliche Art kann er auch im nassen Grauweidengebüsch (*Salix cinerea*) überdauern, wie es hier zu beobachten ist. Unser Weg führt uns im weiteren Verlauf zwischen den Hirtenweihern hindurch, bevor wir zu einem Parkplatz in der Nähe von Biengarten gelangen.

Das etwa zwei Kilometer lange Wegstück auf der Flurbereinigungsstraße von Biengarten bis Poppenwind bietet nicht viel Neues, weshalb wir es schnell hinter uns bringen sollten. Auf den Äckern wird hier öfters Meerrettich (*Armoracia rusticana*) angebaut, die einzige Feldfrucht, für die die nassen, sandig-lehmigen Äcker prädestiniert sind. Der weißblühende, ziemlich große Kreuzblütler mit den langen, lanzettlichen Blättern ist uns vielleicht schon vorher als »Ausreißer« am Wegrand begegnet.

Im Gasthof in Poppenwind, von wo man auch einen guten Blick auf den Großteil der Weihersenke hat, wird ein Vogelbeobachtungsbuch aufbewahrt, in das man alle seine besonderen Beobachtungen eintragen kann. Wir folgen nun für wenige Meter der Straße nach Buch, die wir aber bei einer einzeln stehenden Winterlinde (*Tilia cordata*) schon wieder verlassen, um geradeaus auf dem Radweg nach Osten weiterzugehen. Die Feldgehölze auf der rechten Seite bieten wenig Interessantes. Es sind Kiefernaufforstungen (*Pinus sylvestris*) mit einigen Stieleichen (*Quercus robur*) und Ebereschen (*Sorbus aucuparia*) sowie vielen Brombeeren, meist *Rubus rudis*, im Unterwuchs. Am Waldrand ist gelegentlich ein Saum aus anspruchslosen Arten wie Besen- und Färberginster (*Cytisus scoparius, Genista tinctoria*) und Wald-Erdbeere (*Fragaria vesca*) ausgebildet. Nach etwa 1,5 km biegen wir nach dem ersten Weiher auf dem »Radweg 4« nach rechts unten ab. Die außerhalb des Naturschutzgebiets liegenden Weiher werden intensiv genutzt, was man am geringen Uferbewuchs sehen kann. Infolge des hohen Fischbesatzes sind sie häufig trüb und nähr-

Wechselfeuchte Wiese mit Massenvorkommen von Kleinem Knabenkraut (*Orchis morio*) sowie Breitblättrigem Knabenkraut (*Dactylorhiza majalis*) und vielen Seggen (*Carex*)

stoffreich. Im Mai ist die Wasseroberfläche manchmal von einem der schwer zu bestimmenden Wasserhahnenfüße aus der *Ranunculus aquatilis*-Gruppe bedeckt. Bei den hier anzutreffenden Exemplaren dürfte es sich um den Schild-Wasserhahnenfuß (*R. peltatus*) mit seinen fein zerteilten Unterwasser- und den drei- bis fünfkerbigen Schwimmblättern handeln. Er gehört wie der hier ebenfalls anzutreffende Wasser-Knöterich (*Polygonum amphibium*) und das Schwimmende Laichkraut (*Potamogeton natans*) zum Schwimmblattgürtel der Verlandungsreihe. In manchen Jahren sind hier auch Vertreter des Potamogetonion anzutreffen, so das leicht zu erkennende Krause Laichkraut (*Potamogeton crispus*) oder das Kamm-Laichkraut (*P. pectinatus*). An anderen Teichen des Weihergebiets kommen noch viele weitere mehr oder weniger seltene bis sehr seltene Laichkräuter vor, z. B. *Potamogeton friesii, P. compressus, P. acutifolius, P. gramineus, P. alpinus, P. trichoides, P. berchtoldii* und *P. obtusifolius* sowie zwei höchst seltene, das Rötliche und das Schmalblättrige Laichkraut (*P. rutilus, P. angustifolius = P. zizii*).

Der Weg führt nun an einigen weiteren Teichen mit ähnlichem Bewuchs vorbei leicht bergab. Wo er das Niveau der Weihersenke erreicht, liegt auf der rechten Seite eine sehr artenreiche wechselnasse Wiese, die eine ähnliche Artenkombination aufweist, wie die zu Beginn der Wanderung besprochene vor dem Großen Weiher. Im Mai ist sie von Tausenden von Exemplaren des Kleinen Knabenkrauts (*Orchis morio*) bedeckt. Unter den floristischen Besonderheiten muß vor allem die schon erwähnte Hartmans-Segge (*Carex hartmanii*) herausgestellt werden, die hier ein Massenvorkommen hat. Sie unterscheidet sich von der habituell sehr ähnlichen, zweinarbigen Braun-Segge (*C. nigra*) durch ihre drei Narben und die sowohl männliche als auch weibliche Blüten tragende oberste Ähre. An Stellen mit besonders niedriger Vegetation kommt die Natternzunge (*Ophioglossum vulgatum*) vor, ein ziemlich ursprünglicher Farn mit unverzweigtem Sporenträger und einer sehr an Wegerichblätter erinnernden »Blattspreite«. Im Spätsommer ist die als Streuwiese genutzte Fläche völlig trocken. Bunte Stauden wie Teufelsabbiß (*Succisa pratensis*), Wiesen-Flockenblume (*Centaurea jacea*), Echtes Labkraut (*Galium verum*), Kümmel (*Carum carvi*), Wiesen-Silau (*Silaum silaus*) und Großer Wiesenknopf (*Sanguisorba officinalis*) sowie die Herbstzeitlose (*Colchicum autumnale*) bilden dann den Blühaspekt.

Kurz vor Erreichen der Querstraße von Neuhaus nach Hesselberg passieren wir auf der linken Seite einige kleinere Teiche, an deren Rändern sowohl der Breitblättrige als auch der seltenere Schmalblättrige Rohrkolben (*Typha latifolia, T. angustifolia*) siedeln. Zu der an sich schon malerischen Komposition der beiden Rohrkolben gesellen sich noch die bunten Blüten des Blutweiderich (*Lythrum salicaria*) und die grazilen, gelblichen Stengel der Waldsimse (*Scirpus sylvaticus*). Auf der Querstraße wenden wir uns nach rechts und finden uns nach wenigen hundert Metern in Hesselberg wieder, dem Ausgangspunkt unserer Wanderung.

Länge der Wanderung: etwa 9 km
Einkehrmöglichkeiten: Hesselberg, Poppenwind
Verkehrsverbindungen: mit dem PKW über die A 3 aus Richtung Nürnberg oder Würzburg, Ausfahrt Höchstadt/Ost, Richtung Höchstadt, links Richtung Erlangen, nach Buch rechts

TOUR 9

Der Staffelberg – Wälder, Wiesen und Felsen am Albanstieg

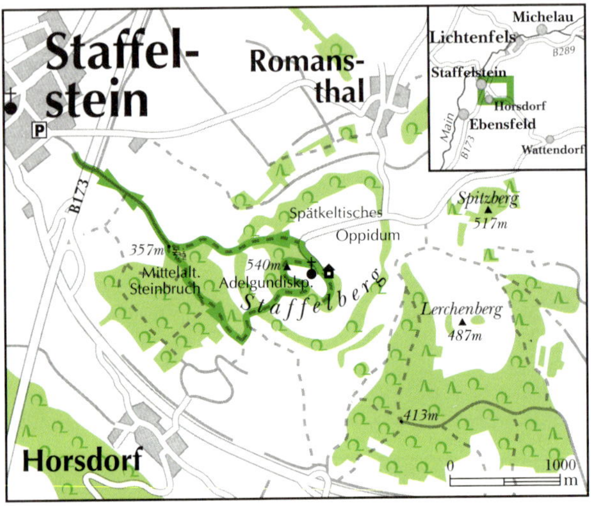

»Zum heil'gen Veit von Staffelstein
Komm' ich emporgestiegen
Und seh die Lande um den Main
Zu meinen Füßen liegen.«

Diesem Beispiel Victor von Scheffels in seinem berühmten »Frankenlied« wollen wir mit dieser Wanderung folgen. Wir beginnen sie in der Adam-Riese-Stadt Staffelstein auf einem Parkplatz gegenüber des Friedhofes. Hier stand bis vor einigen Jahren die größte und älteste Linde Deutschlands. Eine Tafel mit den Wanderwegen um den Staffelberg informiert uns über unsere Route. Wir folgen dem »Karlssteig« (Symbol: Felsenkrone des Staffelberges auf gelbem Grund) nach Osten. Der Weg ist von Obst- und Nußbäumen flankiert, im Norden von einer Flieder- und Holunderhecke begleitet. Nach einigen hundert Metern überqueren wir auf einer Fußgängerbrücke die Maintalautobahn und gehen in einem Hohlweg weiter nach Südosten leicht bergan. Im Graben

am Wegesrand wachsen Roß-Minze (*Mentha longifolia*), Kriechender Arznei-Baldrian (*Valeriana procurrens*), Brennessel (*Urtica dioica*) und Flügel-Braunwurz (*Scrophularia umbrosa*). Zu beiden Seiten des Hohlweges erstrecken sich Wiesen, Getreidefelder und Obstgärten.
Der Staffelberg wird ebenso wie die anschließende Frankenalb von Schichten des Jura aufgebaut. Besonders schön ist sein »Staffelbau« zu sehen, wenn man sich von Südwesten im Maintal genähert hat.
Beim Emporsteigen haben wir in der Zwischenzeit einen Pappel-(*Populus tremula*) und Eschen-Bestand (*Fraxinus excelsior*) erreicht und treten in den Wald ein. Bei der Weggabelung halten wir uns leicht rechts und gehen die Stufen zum Kriegerdenkmal hinauf, in dessen Umkreis hohe Sommerlinden (*Tilia platyphyllos*) stehen. Wieder nehmen wir den rechten Weg und erreichen nach wenigen Schritten einen Hohlweg, der im Eisensandstein-Hangschutt bergauf führt und die »Karlssteig«-Markierung trägt.
Hier ist ein Eichen-Hainbuchenwald (Galio-Carpinetum) mit Hainbuche (*Carpinus betulus*), Winterlinde (*Tilia cordata*), Traubeneiche (*Quercus petraea*), Stieleiche (Quercus robur), Vogelkirsche (*Prunus avium*), Elsbeere (*Sorbus torminalis*), Bergahorn (*Acer pseudoplatanus*), Spitzahorn (*Acer platanoides*) und Esche (*Fraxinus excelsior*) ausgebildet. Die Buche (*Fagus sylvatica*) ist hier auf felsige Sonderstandorte beschränkt, die im Boden einen ausgeglicheneren Luft- und Wasserhaushalt besitzen. Vereinzelte Kiefern (*Pinus sylvestris*) und Robinien (*Robinia pseudacacia*) wurden gepflanzt. Meist nur als Strauch wächst die Vogelbeere (*Sorbus aucuparia*), ebenso die Rote Heckenkirsche (*Lonicera*

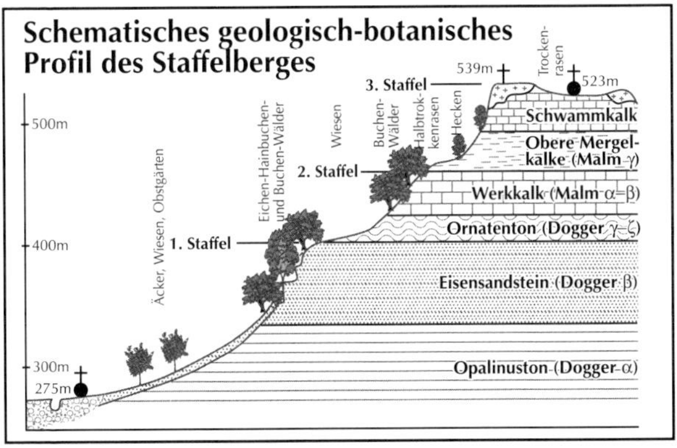

Schematisches geologisch-botanisches Profil des Staffelberges

xylosteum) und der Schwarze Holunder (*Sambucus nigra*). Die Krautschicht wird vor allem gebildet von Wald-Labkraut (*Galium sylvaticum*), Echter Sternmiere (*Stellaria holostea*), Maiglöckchen (*Convallaria majalis*), Goldnessel (*Galeobdolon luteum*), Ähriger Teufelskralle (*Phyteuma spicatum*), Waldziest (*Stachys sylvatica*), Lungenkraut (*Pulmonaria obscura*), Buschwindröschen (*Anemone nemorosa*), Goldschopf-Hahnenfuß (*Ranunculus auricomus*), Wald-Veilchen (*Viola reichenbachiana*) und Waldmeister (*Galium odoratum*). An Gräsern fallen die beiden Perlgrasarten (*Melica nutans* und *M. uniflora*), das Wald-Knäuelgras (*Dactylis polygama*) und die Wald-Flatterhirse (*Milium effusum*) auf. Einige Säurezeiger verraten, daß der Eisensandstein keinen Kalk enthält und saure Böden bildet. Vor allem an exponierten Stellen, die nicht unter den Einfluß kalkhaltigen Hangmaterials geraten sind, gedeihen daher die Schmalblättrige Hainsimse (*Luzula luzuloides*), das Schattenblümchen (*Maianthemum bifolium*), Sauerklee (*Oxalis acetosella*), Wald-Habichtskraut (*Hieracium murorum*), Wiesen-Wachtelweizen (*Melampyrum pratense*) und Adlerfarn (*Pteridium aquilinum*). Wir stoßen hier immer wieder auf alte Steinbrüche. Bis in die Zeit des Zweiten Weltkrieges wurden in der weiteren Umgebung die lokal mächtigeren Eisenerzlager abgebaut.

Dem Weg weiter folgend, treffen wir im Frühling an Stellen mit kalkhaltigem Sickerwasser auf große Herden des Bärlauchs (*Allium ursinum*), der nicht nur mit seinen weißen Blüten, sondern auch durch intensiven Knoblauchduft auf sich aufmerksam macht. Die Blütenknospen des Türkenbundes (*Lilium martagon*) werden leider oft von den Rehen abgefressen. Vereinzelt wachsen hier auch der Wolfs-Eisenhut (*Aconitum vulparia*), das Christophskraut (*Actaea spicata*) und die Wald-Segge (*Carex sylvatica*).

Je höher wir kommen, desto mehr nimmt der Buchenanteil in der Baumschicht zu. Größere Flecken Wald-Bingelkraut (*Mercurialis perennis*) breiten sich aus. Der Efeu (*Hedera helix*) wächst meist als Bodendecker, an luftfeuchten Stellen erklimmt er aber auch gern Bäume. Die roten Früchte des Trauben-Holunders (*Sambucus racemosa*) sollte man tunlichst nicht verspeisen. Sie sind im Gegensatz zu denen des Schwarzen Holunders (*S. nigra*) giftig.

Am hangparallelen Querweg angekommen, halten wir uns rechts. Bei Nässe kann es hier recht rutschig sein. Der Wald wird bald lichter, und wir können das Purpur-Knabenkraut

Blick vom Staffelberg-Gipfel ins Maintal

(*Orchis purpurea*), das Weiße Waldvögelein (*Cephalanthera damasonium*), die Ebensträußige Margerite (*Tanacetum corymbosum*), die Nestwurz (*Neottia nidus-avis*), die Erbsen-Wicke (*Vicia pisiformis*) und die Wald-Wicke (*Vicia sylvatica*) sehen. Haselwurz (*Asarum europaeum*) und Leberblümchen (*Hepatica nobilis*) sind nicht selten.

Bald passieren wir zu unserer Rechten eine Wiese. Eine Bank mit Tisch laden zu einem Picknick ein. Der Blick streift von hier über das Lautertal mit den Ortschaften Horsdorf und Loffeld zur Kuppe des Veitsberges (401 m ü. NN).

Die Wiesen sind sehr artenreich und bunt. Es handelt sich um Salbei-Glatthaferwiesen (Arrhenatheretum elatioris salvietosum). Im Gegensatz zu den Wiesen im Tal sind die Böden hier magerer, aber stärker kalkhaltig. Zu den beherrschenden Gräser gehören Wiesen-Glatthafer (*Arrhenatherum elatius*), Goldhafer (*Trisetum flavescens*), Wolliges Honiggras (*Holcus lanatus*), das Gemeine Knäuelgras (*Dactylis glomerata*), der Wiesen-Schwingel (*Festuca pratensis*) und das Wiesen-Rispengras (*Poa pratensis*). Die Aufrechte Trespe (*Bromus erectus*) zeigt den Übergang zu den Halbtrockenrasen an. Farbe ins Bild bringen Wiesen-Salbei (*Salvia pratensis*), Akelei (*Aquilegia vulgaris*), Karthäuser-Nelke (*Dianthus carthusianorum*), Wiesen-Glockenblume (*Campanula patula*), Wiesen-Schlüsselblume (*Primula veris*), Sonnenröschen (*Helianthemum ovatum*), Wiesenklee (*Trifolium pratense*), Kleiner Klappertopf (*Rhinanthus minor*) und Großer Ehrenpreis (*Veronica teucrium*). Weiße Tupfer liefern die Wiesen-Margerite (*Leucanthemum ircutianum*) und der Körnchen-Steinbrech (*Saxifraga granulata*). Am Ende des Waldstückes biegt der Karlssteig links ab und führt den Berg hoch. Beim nächsten Querweg halten wir uns kurzzeitig links und dann gleich wieder rechts. Die Werkkalk-Staffel ist für landwirtschaftliche Nutzung zu steil. Daher zieht sich kranzförmig ein Waldstreifen um den Staffelberg. Wir haben hier gute Voraussetzungen für das Gedeihen der Buche. Die entsprechenden Waldgesellschaften sind der Kalk-Buchenwald mit Frühlings-Platterbse (*Lathyrus vernus*), Seidelbast (*Daphne mezereum*), Leberblümchen (*Hepatica nobilis*) und auf flachgründigeren Standorten der Orchideen-Buchenwald. Auf lichtem Standort wachsen Berg-Segge (*Carex montana*), Vogelfuß-Segge (*Carex ornithopoda*), Schwalbenwurz (*Vincetoxicum hirundinaria*), Salomonssiegel (*Polygonatum odoratum*), Pfirsichblättrige Glockenblume (*Campanula persicifolia*), Nesselblättrige Glockenblume (*Campanula trachelium*), Breitblättriges Laserkraut (*Laserpitium latifolium*), Bleiches

Waldvögelein (*Cephalanthera damasonium*), Rauhhaariges Veilchen (*Viola hirta*) oder Wiesen-Schlüsselblume (*Primula veris*). Mit etwas Glück bemerken wir auch den Purpurblauen Steinsamen (*Buglossoides purpurocaerulea*). Wir sind nun auf der letzten Verebnung vor dem Gipfelplateau angekommen. Lange, meist hangparallele Heckenstreifen trennen hier die schmalen Wiesen ab. An Sträuchern dominieren Hasel (*Corylus avellana*), Feldahorn (*Acer campestre*), Schlehe (*Prunus spinosa*), Blutroter Hartriegel (*Cornus sanguinea*), Weißdorne (*Crataegus laevigata, C.monogyna*), Liguster (*Ligustrum vulgare*), Mehlbeere (*Sorbus aria*) und der Purgier-Kreuzdorn (*Rhamnus catharticus*). Daneben treten aber auch mehrere Rosenarten auf (z.B. *Rosa canina, R. tomentosa, R. gallica*).

9

Den Hecken und Waldrändern sind vielfach bunte Säume vorgelagert. Hier im Süden des Berges handelt es sich überwiegend um Blut-Storchschnabel-Hirschwurz-Säume (Geranio-Peucedanetum cervariae). Neben den namengebenden Arten Blut-Storchschnabel (*Geranium sanguineum*) und Hirschwurz (*Peucedanum cervaria*) gedeihen Ästige Graslilie (*Anthericum ramosum*), Aufrechter Ziest (*Stachys recta*), Kleine Wiesenraute (*Thalictrum minus*), Kamm-Wachtelweizen (*Melampyrum cristatum*), Schmalblättriger Baldrian (*Valeriana wallrothii*), Kicher-Tragant (*Astragalus cicer*) und die seltene Turm-Gänsekresse (*Arabis turrita*).

An etwas frischeren und nährstoffreicheren Stellen weisen die Hecken-Wicke (*Vicia dumetorum*), die Wald-Wicke (*Vicia sylvatica*), die Gefleckte Taubnessel (*Lamium maculatum*) und der Ruprechts-Storchschnabel (*Geranium robertianum*) auf die anderen Bodenverhältnisse hin.

Bald führt uns der Weg ein letztes Mal durch einen lichten Buchenwald. Er wurde als Niederwald genutzt, wie die zahlreichen Stockausschläge noch verraten. Im Unterwuchs sehen wir das Helm-Knabenkraut (*Orchis militaris*), die Breitblättrige Sitter (*Epipactis helleborine*), die Braunrote Sitter (*Epipactis atrorubens*), das Sichelblättrige Hasenohr (*Bupleurum falcatum*) oder den Hauhechel (*Ononis repens*). Das häufigste Gras ist die Fieder-Zwenke (*Brachypodium pinnatum*). Im Westen sind auf ehemaligen Schafweiden Kiefern (*Pinus sylvestris*) aufgekommen.

Auf den letzten Höhenmetern bis zur Hochfläche gehen wir durch einen entbuschten Streifen, der uns vor allem von Ende Mai bis Anfang Juli durch seine Farbenpracht begeistern kann. Große Bestände des kontinental verbreiteten Österreichischen Leins (*Linum austriacum*) und der submediterranen Karthäuser-Nelke (*Dianthus carthusianorum*)

Die Karthäuser-Nelke (*Dianthus carthusianorum*) ist eine auffällige Art in der Felsvegetation und auf Trockenrasen.

sind am auffälligsten. Dazu gesellen sich der kontinental verbreitete Duft-Schöterich (*Erysimum odoratum*), die kontinental-submediterrane Mehlige Königskerze (*Verbascum lychnitis*) und die Färber-Kamille (*Anthemis tinctoria*). An wenigen Stellen können wir den Färber-Waid (*Isatis tinctoria*) mit den zur Fruchtreife überhängenden Schoten antreffen. Seit einigen Jahren wächst hier auch die Schmutziggelbe Schwertlilie (*Iris squalens*).
Sobald wir die Hangkante erreicht haben, sehen wir die Kapelle. Sie ist aber noch nicht unser Ziel. Zunächst folgen wir links dem Weg an der Hochfläche entlang nach Westen mit herrlichen Ausblicken auf die bunten Trockenrasen und die weite fränkische Landschaft.
Durch ein Geländer gesichert, kann man einen Blick in die Querkeleshöhle werfen, benannt nach hilfreichen Geistern, die einst hier gelebt haben sollen. Seit 1985 ist der Staffelberg Naturschutzgebiet, das eine Fläche von 41 ha umfaßt. Daher ist es selbstverständlich, daß wir auf den Wegen bleiben. Es lassen sich aber auch von dem durch Tritt ohnehin stark beeinflußten Verebnungen der Dolomitfelsen aus viele der botanischen Kostbarkeiten des Staffelbergs beobachten. Auch hier ist Vorsicht geboten, denn leicht könnte man in eine der Spalten stürzen.
Gar nicht so selten ist ein kleines Gras mit kurzen, breiten, blaugrünen Blättern mit Knorpelrand, das Badener Rispengras (*Poa badensis*). Es ist nach Baden bei Wien benannt und hat in Franken sonst nur noch ein weiteres Vorkommen auf

dem Külsheimer Gipshügel (siehe Wanderung 4). Auf Felsköpfen kommt es zusammen mit dem Berg-Lauch (*Allium montanum*) vor. Kelch-Steinkraut (*Alyssum alyssoides*), Weiße Fetthenne (*Sedum album*), Scharfer Mauerpfeffer (*Sedum acre*), Feld-Thymian (*Thymus pulegioides*), selten auch der Krainer Thymian (*Thymus froelichianus*), Frühlings-Fingerkraut (*Potentilla neumanniana = P. tabernaemontani = P. verna*) und der Feld-Beifuß *(Artemisia campestris)* sind damit vergesellschaftet.
Vor allem Felsbänder besiedelt die Pfingstnelkenflur (Diantho-Festucetum pallentis). Die namengebende Pfingstnelke (*Dianthus gratianopolitanus*) fehlt allerdings am Staffelberg. Dafür haben wir als Besonderheit ein seltenes Habichtskraut (*Hieracium gougetianum*) und die beiden Grasarten Blau-Schwingel (*Festuca pallens*) mit blaugrau bereiften Rollblättern und Blaugras (*Sesleria varia*) mit großen, stahlblauen Ähren. Reine Felsspaltenbewohner sind der Braunstielige Streifenfarn (*Asplenium trichomanes*) und die Mauerraute (*Asplenium ruta-muraria*); an frischeren Stellen ist der Blasenfarn (*Cystopteris fragilis*) anzutreffen. In den Felsen ist auch der Blaßgelbe Lerchensporn (*Corydalis ochroleuca*) verwildert.

9

In Franken hat das Badener Rispengras (*Poa badensis*) nur zwei Wuchsorte.

Eines der seltenen Habichtskräuter der Frankenalb: *Hieracium gougetianum*

Am Nordrand des Plateaus führt uns der Weg zur Adelgundis-Kapelle und zur Staffelberg-Klause. Auf halber Strecke kommen wir an einem rekonstruierten Stück einer spätkeltischen Mauer vorbei. Seit etwa 7000 Jahren, seit der Jungsteinzeit, ist der Staffelberg besiedelt, und damit ist seit langem auch die Pflanzenwelt einer dauernden Beeinflussung unterworfen.

Der waldfreie Teil der Hochfläche wird von einem Trespen-Halbtrockenrasen (Mesobromion) eingenommen. Früher wurden diese Bereiche auch beweidet, heute werden sie gemäht. Ein bestandsbildendes Gras ist die Aufrechte Trespe (*Bromus erectus*). An Kräutern kommen beispielsweise die Esparsette (*Onobrychis viciifolia*), der Wundklee (*Anthyllis vulneraria*), der Knollige Hahnenfuß (*Ranunculus bulbosus*), die Küchenschelle (*Pulsatilla vulgaris*) und der Wiesen-Salbei (*Salvia pratensis*) vor. Als Besonderheit wäre der Kreuz-Enzian (*Gentiana cruciata*) zu erwähnen.

Ehe wir die Kapelle besichtigen und uns in der Klause oder im Wirtsgarten niederlassen, gehen wir noch etwas weiter, um von den Felsen am Ostrand einen Blick in die Frankenalb zu werfen. Etwa 1 km nordöstlich von hier fällt der mit Kiefern bestandene Spitzberg auf. Falls genügend Zeit zur

Verfügung steht, lohnt sich besonders zur Blütezeit der Ästigen Graslilie (*Anthericum ramosum*) Ende Juni bis Anfang August ein Abstecher dorthin. An weiteren Besonderheiten treffen wir dort das Große Windröschen (*Anemone sylvestris*), das Gefleckte Ferkelkraut (*Hypochoeris maculata*) und die Fliegen-Ragwurz (*Ophrys insectifera*).
Wir verlassen den Staffelberg auf dem Zufahrtsweg in nordwestlicher Richtung. Ein Haselgebüsch (*Corylus avellana*) bedeckt den Nordhang. Als Schleier legt sich die Waldrebe (*Clematis vitalba*) über die Sträucher. Fuchssches Greiskraut (*Senecio ovatus*), Christophskraut (*Actaea spicata*),Wald-Sanikel (*Sanicula europaea*), Mauerlattich (*Mycelis muralis*), Breitblättriges Laserkraut (*Laserpitium latifolium*) und das Zweiblatt (*Listera ovata*) sind häufige Arten des Unterwuchses.
In der ersten Rechtskurve gehen wir auf dem Karlssteig geradeaus weiter (bei schlechtem Wetter kann man auch dem Main-Donau-Wanderweg folgen). An einer Wiese führt der Weg nach rechts bergab. Zu unserer Rechten sehen wir den Victor-von-Scheffel-Felsen. Teilweise über Treppenstufen geht es weiter abwärts zu einem kleinen Adelgundis-Heiligtum, das von Efeu (*Hedera helix*) umrankt und von Wacholderbüschen (*Juniperus communis*) flankiert ist.
Beim Abstieg, der teilweise in Hohlwegen verläuft, trifft man wieder viele der Pflanzen, die schon beim Aufstieg auffielen. Am Kriegerdenkmal stoßen wir auf den Aufstiegsweg. Ihm folgen wir nun wieder zurück nach Staffelstein.

Länge der Wanderung: etwa 5 km
Einkehrmöglichkeiten: »Staffelberg-Klause« in Staffelstein
Verkehrsverbindungen: Bahnhof Staffelstein der Bahnlinie Bamberg – Lichtenfels; Maintalautobahn Ausfahrt Staffelstein-Ost bzw. Staffelstein-Nord

TOUR 10

Laubmischwälder und Kalkschuttfluren am Albtrauf der Friesener Warte

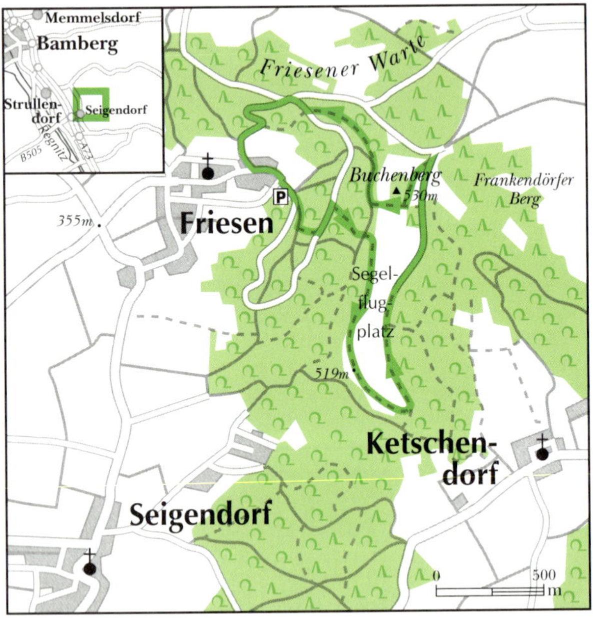

Der Besuch der Friesener Warte macht uns mit Pflanzen des Albtraufs und ihren Gesellschaften vertraut. Benannt ist dieser Berg nach dem kleinen Ort Friesen, der etwas versteckt an seinem Fuß liegt. Wir durchqueren das freundliche Dorf auf der Hauptstraße von West nach Ost. Am Ortsende erreichen wir im Wald einen Parkplatz, an dessen Rand eine Tafel mit den Wanderwegen des Gebietes angebracht wurde. Vor einer Schranke, die den Hauptweg verschließt, zweigt links ein kleiner Weg ab, dem wir nach Südosten folgen.

Der Wald wird von Hainbuche (*Carpinus betulus*), Winterlinde (*Tilia cordata*), Elsbeere (*Sorbus torminalis*), Esche (*Fraxinus excelsior*), Spitzahorn (*Acer platanoides*) und Buche (*Fagus sylvatica*) gebildet. Im Frühjahr fallen uns gleich

die großen Herden des Türkenbundes (*Lilium martagon*) auf. Der Efeu (*Hedera helix*), der am Boden kriecht und an den Stämmen emporwächst, verrät, daß hier ein luftfeuchter Standort vorliegt. Häufige Pflanzen in der Krautschicht sind die Frühlings-Platterbse (*Lathyrus vernus*), die Vielblütige Weißwurz (*Polygonatum multiflorum*), die Nesselblättrige Glockenblume (*Campanula trachelium*), die Ährige Teufelskralle (*Phyteuma spicatum*), das Buschwindröschen (*Anemone nemorosa*) und das Maiglöckchen (*Convallaria majalis*). Als auffälligste Grasart treffen wir das Einblütige Perlgras (*Melica uniflora*).
Links des Weges bemerken wir eine Wasserfassung und einen Keller im Eisensandstein. Wir bewegen uns hier an der Obergrenze des Opalinustones (Dogger α), der wie überall in der Alb einen wichtigen Quellhorizont darstellt. Der Sumpf-Pippau (*Crepis paludosa*) weist auf nasse Bodenverhältnisse hin. In kleinen Senken dominiert die Esche (*Fraxinus excelsior*). Im Unterwuchs finden wir hier das Pfennigkraut (*Lysimachia nummularia*), eine Kriechstaude feuchter, nährstoffreicher Standorte. Seine Vermehrung erfolgt überwiegend durch die Bildung langer Ausläufer. Häufig sind auch der Gundermann (*Glechoma hederacea*) und der Wald-Ziest (*Stachys sylvatica*). Einige Robinien (*Robinia pseudacacia*) am Hang, deren Blüten stark duften, wurden gepflanzt.
Der Weg steigt nun leicht an. Auf Lichtungen gedeihen Himbeeren (*Rubus idaeus*), Trauben-Holunder (*Sambucus racemosa*) und Fuchssches Greiskraut (*Senecio ovatus*). Die Echte Sternmiere (*Stellaria holostea*), das Wald-Labkraut (*Galium sylvaticum*) und das Wald-Knäuelgras (*Dactylis polygama*) lassen erkennen, daß in diesem Bereich vor allem der Eichen-Hainbuchen-Wald (Galio-Carpinetum) die herrschende Waldgesellschaft ist. Vor einer mächtigen Buche verlassen wir den Fahrweg und folgen links bergauf einem schmalen Fußpfad. Der Anstieg des Geländes ist durch den härteren Eisensandstein (Dogger β) bedingt. Er enthält kein kalkiges Bindemittel; daher reagieren die Böden hier sauer. Diese Eigenschaft des Substrates zeigen auch einige Pflanzen an, vor allem die Schmalblättrige Hainsimse (*Luzula luzuloides*) und das Schattenblümchen (*Maianthemum bifolium*). Oft ist der Hang aber von Blockschutt des Malmkalkes überlagert. Daher kann ein kleinräumiger Wechsel zwischen sauren und basischen Böden erfolgen. Die Traubeneiche (*Quercus petraea*) und der Bergahorn (*Acer pseudoplatanus*) sind ebenfalls am Aufbau der Baumschicht beteiligt. Die Blätter des Hasenlattichs (*Pre-*

nanthes purpurea) sind leicht mit denen des Mauerlattichs (*Mycelis muralis*) zu verwechseln. Zur Blütezeit im Juli und August lassen sich die nur fünfblütigen Blütenköpfe des rötlich blühenden Hasenlattichs gut von denen des blaßgelben Mauerlattichs unterscheiden. Herden des Waldmeisters (*Galium odoratum*) bilden grüne Flecken in der sonst das ganze Jahr über braunen Schicht der Laubstreu. An frischen Stellen wachsen Gemeiner Frauenfarn (*Athyrium filix-femina*) und der Wurmfarn (*Dryopteris filix-mas*). Bei regnerischem Wetter wagt sich hier der Feuersalamander zwischen den Steinblöcken hervor.
Kurz darauf erreichen wir wieder einen mit Kalksplitt geschotterten Fahrweg, dem wir nach links folgen. Drei Holunderarten wachsen hier dicht nebeneinander. Der Schwarze Holunder (*Sambucus nigra*) wird am größten und kommt vor allem auf stickstoffreichem Boden vor. Der kleinere Trauben- oder Hirsch-Holunder (*Sambucus racemosa*) hat einen rispenartigen Blütenstand und rote Früchte, die für den Menschen nicht genießbar sind. Höchstens 1,5 m hoch wird der Zwerg-Holunder oder Attich (*Sambucus ebulus*), der besonders für Pferde giftig ist und dessen schwarze Früchte auch nach dem Abkochen giftig bleiben.
Entlang des Weges wachsen ferner der Gemeine Wasserdost (*Eupatorium cannabinum*), der gerne von Schmetterlingen besucht wird, die Knotige Braunwurz (*Scrophularia nodosa*), die Knoblauchsrauke (*Alliaria petiolata*) und der Taumel-Kälberkropf (*Chaerophyllum temulum*). Der Huflattich

In Waldsäumen der Friesener Warte kommt die Kassuben-Wicke (*Vicia cassubica*) vor.

(*Tussilago farfara*) ist eine Pionierpflanze an lehmigen Erdanrissen und an Wegrändern. Er schiebt seine schuppig beblätterten Blütenstengel bereits im zeitigen Frühjahr aus dem Boden; die großen Blätter erscheinen erst später. Zwischen anderen Pflanzen dieser Säume klettert die Wald-Wicke (*Vicia sylvatica*), deren weiße Blüten violettrote Streifen aufweisen, empor oder legt sich wie ein Schleier darüber. Gelegentlich, dann aber meist in reichen Beständen anzutreffen, ist hier auch die sonst recht seltene Kassuben-Wicke (*Vicia cassubica*) mit ihren rötlich-violetten Blüten und ungeteilten Ranken.
Bald quert ein Fußpfad, der in Serpentinen direkt vom Parkplatz heraufführt, den Fahrweg. Wir folgen ihm bergauf durch einen Buchenwald. Die vielen Stockausschläge lassen noch gut die frühere Nutzung als Niederwald erkennen. Die Buche (*Fagus sylvatica*) ist nur dort auf den Stock zu setzen, wo sie durch ausreichende Niederschläge gut gedeihen kann. In Grenzbereichen ihres Vorkommens besteht die Gefahr, daß der Baum abstirbt. Dann verschiebt sich das Baumartenspektrum zugunsten ausschlagsfreudigerer Bäume. Der Wald ist hier recht dunkel, überall liegt dick Laubstreu. Vereinzelt zeigen sich einige Stengel des Seidelbastes (*Daphne mezereum*) und das Bleiche Waldvögelein (*Cephalanthera damasonium*). Sobald wir einen verfallenen Fahrweg erreicht haben, gehen wir einige Meter darauf nach links, um dann gleich wieder rechts auf einem schmalen, von weißen Kalkscherben bedeckten Pfad aufwärts zu steigen. Wir bewegen uns nun schon einige Zeit im Bereich umfangreicher Blockschuttgebiete. Herabrutschende Kalksteine haben die anstehenden Schichten überdeckt. Zur Buche gesellen sich an weiteren Bäumen Winterlinde (*Tilia cordata*), Sommerlinde (*Tilia platyphyllos*), Bergahorn (*Acer pseudoplatanus*), Esche (*Fraxinus excelsior*) und die Traubeneiche (*Quercus petraea*).
Nach den letzten steilen Metern des Weges verlassen wir den Wald und haben damit auch die Hochfläche erreicht. Hier wird ein Segelfluggelände mit einem Drahtseil abgesperrt. Auf dem schmalen Fußpfad davor gehen wir nach Süden weiter. Erneut treten hier die drei Holunderarten auf. Auch drei Ahornarten wachsen hier: der Bergahorn (*Acer pseudoplatanus*), der Spitzahorn (*Acer platanoides*) und der Feldahorn (*Acer pseudoplatanus*). An Sträuchern kommen hier neben der Schlehe (*Prunus spinosa*) auch einige Rosenarten vor. Es sind dies die Busch-Rose (*Rosa corymbifera*), Filz-Rose (*Rosa tomentosa*), Kleinblütige Rose (*Rosa micrantha*), Wein-Rose (*Rosa rubiginosa*) und Hunds-Rose

Busch-Rose (*Rosa corymbifera*) am Trauf der Friesener Warte – im Hintergrund die Stadt Bamberg

(*Rosa canina*). Kurz darauf tritt der Waldrand zurück und läßt den Blick über das Regnitztal von Forchheim bis Bamberg und zu den Höhen des Steigerwaldes frei. Am Hang sind im gebankten Werkkalk kleinere Steinbrüche angelegt worden, die jetzt nur noch von Fossiliensammlern genutzt werden. Am Fuß der 2 bis 5 m hohen Wände, wo sich das laufend abbrechende Gestein ansammelt, siedelt die Kalkschutt-Pioniergesellschaft des Schmalblättrigen Hohlzahns (Galeopsietum angustifoliae). Zur namengebenden Art Schmalblättriger Hohlzahn (*Galeopsis angustifolia*), der im Spätsommer aspektbildend wird, treten Kleines Leinkraut oder Klaffmund (*Chaenorhinum minus*) und der Trauben-Gamander (*Teucrium botrys*). Das Mausohr-Habichtskraut dringt oft vom Rand her ein und überzieht mit seinen Ausläufern das Geröll. Es dreht bei Trockenheit seine Blätter so ein, daß die weißfilzige Unterseite nach oben zur Sonne hin gerichtet wird. Die Schwalbenwurz (*Vincetoxicum hirundinaria*) vermag als Schuttkriecher mit ihrem dichten Wurzelwerk den bewegten Schutt zu festigen.

Weitere Arten, die hier immer wieder auftreten, sind die Wilde Möhre (*Daucus carota*), der Tauben-Storchschnabel (*Geranium columbinum*) und der Ruprechts-Storchschnabel (*Geranium robertianum*). An höherwüchsigen Pflanzen ist die Färber-Resede (*Reseda luteola*) mit ihren ungeteilten Blättern zu nennen. Alle Teile dieser Pflanze enthalten einen gelben Farbstoff, der früher viel verwendet wurde. Eine weitere Färbepflanze ist die Färber-Hundskamille (*Anthemis tinctoria*), die an ihren lebhaft gelben Zungenblüten kenntlich ist. Ferner kommt hier der rosa bis blau blühende Gemeine Natternkopf (*Echium vulgare*) vor.

Die Standortbedingungen sind an dieser süd- bis westexponierten Hangkante recht extrem. Austrocknende Winde und starke Sonneneinstrahlung in Verbindung mit einer nur dünnen Bodenschicht und wasserdurchlässigem Untergrund setzen den Pflanzen sehr zu. Überdies kann bei starken Regenfällen der Feinboden leicht abgeschwemmt werden. Daher sind es vor allem Einjährige, also Pflanzen, die ihren ganzen Lebenszyklus vom Keimen bis zur Samenreife innerhalb kurzer Zeit vollenden können, die hier ohne große Konkurrenz zu gedeihen vermögen. Ungünstige Perioden wie die sommerliche Trockenheit überstehen sie als Samen. Im Frühjahr finden wir daher recht häufig so kleine und unauffällige Arten wie das Quendel-Sandkraut (*Arenaria serpyllifolia*), ein Nelkengewächs, das Frühlings-Hungerblümchen (*Erophila verna*) und das Kelch-Steinkraut (*Alyssum alyssoides*), zwei Kreuzblütler. Bis zu 80 cm groß werden kann die Rauhhaarige Gänsekresse (*Arabis hirsuta*); meist bleibt sie aber wesentlich kleiner. Zur Blütezeit auffällig ist der Gemeine Thymian (*Thymus pulegioides*), der

Färber-Hundskamille (*Anthemis tinctoria*) und Scharfer Mauerpfeffer (*Sedum acre*) in einer Kalk-Schuttflur

hier in einer nach Zitronen duftenden Form vorkommt. Später im Jahr kommen Arten zur Blüte, deren fleischige Blätter als Wasserspeicher dienen und so auch auf trockensten Standorten überdauern können. Es handelt sich hier um die beiden gelbblühenden Mauerpfeffer-Arten, den Scharfen Mauerpfeffer (*Sedum acre*) und den selteneren Milden Mauerpfeffer (*Sedum sexangulare*) sowie um die Weiße Fetthenne (*Sedum album*), die der Raupe des Apollofalters zur Nahrung dient. Diese Arten siedeln oft auch auf Felsbändern und in Nischen.
Andere Pflanzen, die hier vorkommen, schützen sich vor zu starker Sonneneinstrahlung und vor Wasserverlust durch den Besitz sehr schmaler Blätter. Hierzu zählen neben einigen bereits erwähnten das Heide-Labkraut (*Galium pumilum*), Spurre (*Holosteum umbellatum*), Sprossendes Nelkenköpfchen (*Petrorhagia prolifera*), Purgier-Lein (*Linum catharticum*) und der Österreichische Lein (*Linum austriacum*).
Neben Arten, die eine engere Bindung an bestimmte Gesellschaften zeigen, finden sich auch solche, die eine weitere Verbreitung besitzen. So kommen auf vielen Fels- und Schuttstandorten der Steinquendel (*Acinos arvensis*), die Knack-Erdbeere (*Fragaria viridis*), das Blatthalm-Rispengras (*Poa compressa*), das Sichelblättrige Hasenohr (*Bupleurum falcatum*), das Frühlings-Fingerkraut (*Potentilla neumanniana*), der Duft-Schöterich (*Erysimum odoratum*) und der Bleiche Schöterich (*Erysimum crepidifolium*) vor.
Ziemlich am südlichsten Punkt der Wanderung stoßen wir auf einen Felsen, der im April/Mai durch das leuchtende Gelb des Felsensteinkrautes (*Aurinia saxatilis*) auffällt. Später verbleichen die Blüten dieser auch als Zierpflanze Verwendung findenden Art weißlich. An felsbewohnenden Farnen ist die Mauerraute (*Asplenium ruta-muraria*) zu nennen. Gerne auf Felsen wächst auch das Gemeine Sonnenröschen (*Helianthemum ovatum*). Mit etwas Glück findet man in diesem Bereich die Gemeine oder Nelken-Sommerwurz (*Orobanche caryophyllacea*). Sie ist ein Vollparasit, der auf dem Echten Labkraut (*Galium verum*) oder anderen Labkraut-Arten schmarotzt.
Wir setzen unsere Wanderung auf einem Weg fort, der zwischen dem Flugfeld und dem Wald nach Norden führt. Zunächst gilt unsere Aufmerksamkeit allerdings den Rasengesellschaften der Hochfläche. Während unten im Tal Fettwiesen vorherrschen, dominieren hier auf der Hochfläche submediterran getönte Trespen-Halbtrockenrasen (Mesobromion). Diese Rasen sind deutlich mesophiler und gras-

reicher als die lückigen, zwergstrauchreichen Trockenrasen (Xerobromion). Sie siedeln daher auf potentiellen Waldstandorten und entstanden durch regelmäßige Beweidung oder Mahd. Nur so sind sie auch vor der Verbuschung und Wiederbewaldung zu bewahren. Allerdings wirken sich das Mähen und Beweiden unterschiedlich auf die Artenkombination aus: So fördert die Beweidung etwa bitter schmekkende oder stechende Arten wie Enziane oder Disteln, da diese vom Vieh gemieden werden.
Im Bereich der südwestlichen Hangkante besitzen die Halbtrockenrasen eine betont thermophile Prägung. Sie beherbergen eine Reihe von Arten, die bereits in den Fels- und Schuttgesellschaften anzutreffen waren. Vielfach tritt der Österreichische Lein (*Linum austriacum*) hier auf, ferner der Scharfe Mauerpfeffer (*Sedum acre*), der Hügelmeister (*Asperula cynanchica*), das Frühlings-Fingerkraut (*Potentilla neumanniana*) oder der Gemeine Thymian (*Thymus pulegioides*).
In größerer Entfernung von der Hangkante schließt sich die Rasendecke, die trockenheitsliebenden Arten fallen zunehmend aus. Vorherrschende Grasarten sind Schaf-Schwingel (*Festuca ovina*), Zittergras (*Briza media*), Pyramiden-Schillergras (*Koeleria pyramidata*), Fiederzwenke (*Brachypodium pinnatum*), Flaum-Hafer (*Avena pubescens*), Trift-Hafer (*Avenochloa pratensis*) und, schon seltener, Aufrechte Trespe (*Bromus erectus*). Letztere wird besonders gerne von Schafen gefressen, so daß sie stellenweise ganz verschwinden kann. Randlich, besonders an etwas tiefer gelegenen Stellen, können Glatthafer (*Arrhenatherum elatius*) und Goldhafer (*Trisetum flavescens*) einen hohen Anteil an den Gräsern erreichen. Recht charakteristisch ist das Auftreten des Fransen- und des Deutschen Enzians (*Gentianella ciliata, G. germanica*). Ab Juni blüht reichlich die Große Händelwurz (*Gymnadenia conopsea*), oft begleitet von der Pfirsichblättrigen Glockenblume (*Campanula persicifolia*). Zu dem bunten Bild dieser sehr artenreichen Halbtrockenrasen tragen vor allem bei: Wiesen-Salbei (*Salvia pratensis*), Hornklee (*Lotus corniculatus*), Hopfenklee (*Medicago lupulina*), Hufeisenklee (*Hippocrepis comosa*), Wundklee (*Anthyllis vulneraria*), Bergklee (*Trifolium montanum*), Bunte Kronwicke (*Coronilla varia*), Karthäuser-Nelke (*Dianthus carthusianorum*), Küchenschelle (*Pulsatilla vulgaris*), Großer Ehrenpreis (*Veronica teucrium*), Große Braunelle (*Prunella grandiflora*), Dost (*Origanum vulgare*), Wiesen-Augentrost (*Euphrasia rostkoviana*), Kleiner und Zottiger Klappertopf (*Rhinanthus minor, R. alectorolophus*), Kleiner

Wollkopf-Kratzdistel (*Cirsium erio-phorum*) am Rand eines Halbtrockenrasens

Wiesenknopf (*Sanguisorba minor*), Kleine Pimpinelle (*Pimpinella saxifraga*), Wilde Möhre (*Daucus carota*), Tüpfel-Hartheu (*Hypericum perforatum*), Zypressen-Wolfsmilch (*Euphorbia cyparissias*), Schopfiges Kreuzblümchen (*Polygala comosa*), Echtes Labkraut (*Galium verum*), Tauben-Skabiose (*Scabiosa columbaria*), Scabiosen-Flockenblume (*Centaurea scabiosa*), Stengellose Kratzdistel (*Cirsium acaule*) und Wiesen-Margerite (*Leucanthemum ircutianum*). Vereinzelt kommt die Wollkopf-Kratzdistel (*Cirsium eriophorum*) vor, die mit ihren spinnweb-wolligen, kugeligen Blütenköpfen und den tief fiederspaltigen, unterseits filzigen Blättern sehr dekorativ wirkt.
Pflanzensoziologisch betrachtet, läßt sich dieser blumenbunte Halbtrockenrasen als Enzian-Zwenkenrasen (Gentiano-Koelerietum) klassifizieren. Säulenförmige Wacholder (*Juniperus communis*) zeigen an, daß seit langem hier beweidet wurde. Läßt der Weidedruck nach und unterbleibt das Mähen, können sich langsam Gehölze etablieren. Viele, oft nur wenige Zentimeter große Kiefern- und Birkenpflänzchen lassen stellenweise diese Entwicklung ahnen. Im Laufe der Zeit können also diese bunten Rasen wieder durch den Wald ersetzt werden. Andererseits führt Überweidung

zu einer Schädigung höherwüchsiger und weniger regenerationskräftiger Arten. Auch seltenere Pflanzen wie die Große Händelwurz (*Gymnadenia conopsea*) oder der Deutsche Enzian (*Gentianella germanica*) vertragen Verbiß oder Tritt schlecht.

Die Gebäude des »Luftsportvereins Friesener Warte« passieren wir auf einem Fahrweg, der östlich daran vorbeiführt. Wir kommen zu einem Mittelwald, der vor allem von der Hainbuche (*Carpinus betulus*) gebildet wird. Er enthält aber auch vereinzelt kräftige Rotbuchen (*Fagus sylvatica*). Die Frage, ob hier die potentielle natürliche Vegetation ein Buchenwald (Fagion) oder ein Eichen-Hainbuchenwald (Carpinion) wäre, ist floristisch nicht leicht zu entscheiden. Viele häufige Kennarten des Carpinion wie Nesselblättrige Glockenblume (*Campanula trachelium*), Wald-Knäuelgras (*Dactylis polygama*) oder Kriechende Rose (*Rosa arvensis*) sind auch im Waldgersten-Buchenwald (Hordelymo-Fagetum) reich vertreten; umgekehrt können Fagion-Kennarten wie Waldmeister (*Galium odoratum*) oder Frühlings-Platterbse (*Lathyrus vernus*) ebenso im Eichen-Hainbuchenwald (Galio-Carpinetum) auftreten. Streng an Buchenwälder gebunden sind in den Bergen um Friesen Waldgerste (*Hordelymus europaeus*) und Bleiches Waldvögelein (*Cephalanthera damasonium*). Eichen-Hainbuchenwälder kommen um Friesen von Natur aus außer auf Lias-Böden im Bereich des Dogger-α (Opalinuston) und auf tiefgründigen Braunerden der Albüberdeckung vor. Buchenwälder finden sich als Hainsimsen-Buchenwald (Luzulo-Fagetum) auf bodensauren Substraten des Doggersandsteins, als Waldgersten-Buchenwald (Hordelymo-Fagetum) auf der Hochfläche, an Hängen und auf Kuppen oder als Orchideen-Buchenwald (Carici-Fagetum) auf südexponierten, flachgründigen Kalkstandorten.

Eine weitere Gruppe von Wäldern ist den schluchtwaldartigen Wäldern (Tilio-Acerion) zuzuordnen. Sie stocken auf steilen Blockschutthalden, die sich vor allem um den Albtrauf, wie man die obere Kante des Weißjura-Anstiegs auch nennt, gebildet haben. An frischeren Standorten treten sie als Eschen-Ahornwald (Fraxino-Aceretum), auf trockeneren, wärmeren Standorten als Spitzahorn-Lindenwald (Aceri-Tilietum) auf.

Eine Sonderstellung nehmen die Kiefernbestände auf der Friesener Warte ein. Sie sind hier nirgends natürlich, da alle Standorte auch für konkurrenzkräftigere Laubholzarten geeignet wären. Aufforstungen nicht mehr genützter Weideflächen und daraus resultierender Anflug auf benachbarte

Flächen begründen also ihre heutige Existenz. Vielerorts entspricht der Unterwuchs noch ganz den Halbtrockenrasen außerhalb der baumbestandenen Bereiche. Neben fast stets beteiligter Fiederzwenke (*Brachypodium pinnatum*) können aber auch anspruchsvollere Grasarten vorherrschen wie Glatthafer (*Arrhenatherum elatius*), Wiesen-Schwingel (*Festuca pratensis*) oder Knäuelgras (*Dactylis glomerata*). Möglicherweise macht sich hier eine Eutrophierung durch die Atmosphäre bemerkbar, die nährstoffarme Standorte überall zunehmend seltener werden läßt.
Der Wald östlich des Fahrweges wird neben der bereits erwähnten Hainbuche von kernwüchsiger und auf Stock gesetzter Buche, Winterlinde und Bergahorn aufgebaut. Obwohl auf die Krautschicht nur wenig Licht gelangt, ist sie reich an Arten. Häufig begegnen uns Buschwindröschen (*Anemone nemorosa*), Echte Sternmiere (*Stellaria holostea*), Goldschopf-Hahnenfuß (*Ranunculus auricomus*), Wald-Labkraut (*Galium sylvaticum*), Türkenbund (*Lilium martagon*), Breitblättriges Laserkraut (*Laserpitium latifolium*), Christophskraut (*Actaea spicata*), Echtes Lungenkraut (*Pulmonaria obscura*), Aronstab (*Arum maculatum*), Ebensträußige Margerite (*Tanacetum corymbosum*) oder Frühlings-Platterbse (*Lathyrus vernus*). Die starke Beteiligung von Giersch (*Aegopodium podagraria*) zeigt den Nährstoffreichtum des Bodens an. Unter Berücksichtigung der Vitalität der Baumarten handelt es sich hier um ein durch die Bewirtschaftung in Richtung auf einen Eichen-Hainbuchenwald abgewandelten Waldgersten-Buchenwald (Hordelymo-Fagetum).
Der Weg führt vom Flugplatz nach Norden. Sobald sich der Wald lichtet, erstreckt sich vor uns ein Enzian-Zwenkenrasen mit einigen Kiefern und Säulen des Wacholder (*Juniperus communis*). Zur Rechten, verdeckt hinter einer Hecke aus Blutrotem Hartriegel (*Cornus sanguinea*), Hasel (*Corylus avellana*), Feldahorn (*Acer campestre*), Zweigriffligem Weißdorn (*Crataegus laevigata*), Esche (*Fraxinus excelsior*) und Schlehe (*Prunus spinosa*), erstreckt sich ein Getreidefeld. Gehen wir bis zur nächsten Kreuzung, so können wir vom oberen Rand des Feldes aus besonders gut die Ackerwildkräuter untersuchen. Zwischen den Kalksteinbrocken und den Getreidehalmen wachsen Acker-Haftdolde (*Caucalis platycarpos*), Sommer-Adonisröschen (*Adonis aestivalis*), Venuskamm (*Scandix pecten-veneris*), Acker-Hohlzahn (*Galeopsis ladanum*), Hundspetersilie (*Aethusa cynapium*), Kleine, Sonnwend- und Breitblättrige Wolfsmilch (*Euphorbia exigua, E. helioscopia, E. platyphyllos*),

Ackerröte (*Sherardia arvensis*), Klatsch-Mohn (*Papaver rhoeas*), Acker-Steinsame (*Buglossoides arvensis*), Gewöhnlicher Erdrauch (*Fumaria officinalis*), Acker-Gauchheil (*Anagallis arvensis*), Blauer Gauchheil (*Anagallis foemina*), Finkensame (*Neslia paniculata*) und viele weitere Arten. Diese Ackerwildkrautgesellschaft zeigt in den Getreideäckern flachgründige, leicht erwärmbare und austrocknende, kalkhaltige, skelettreiche und lehmige Böden an. Solche Äcker werden als Kalkscherbenäcker bezeichnet.

Vom Acker gehen wir wieder zurück an den Rand des Fluggeländes, diesmal auf einem Fußweg durch den Trockenrasen. An der Absperrung halten wir uns rechts auf einem Fußweg im Schatten von Kiefern. Am Nordende des Flugfeldes überquert man noch einmal einen Halbtrockenrasen mit viel Großer Händelwurz (*Gymnadenia conopsea*), Wundklee (*Anthyllis vulneraria*), Wiesen-Margerite (*Leucanthemum ircutianum*), Aufrechter Trespe (*Bromus erectus*), Blaugrüner Segge (*Carex flacca*), Berg-Segge (*Carex montana*) und weiteren Arten.

10

Beim Erreichen der Hangkante können wir nun rechts auf einem schattigen Weg die Fahrstraße nach Friesen erreichen. Interessanter ist es jedoch , links zu gehen , um bei erster Gelegenheit den Weg steil abwärts über die Malm-Stufe zu nehmen. Diesen Pfad sind wir auch heraufgestiegen. Auf dem steinigen, hangparallelen Querweg gehen wir nun aber rechts weiter. Der Wald wird von Hainbuche (*Carpinus betulus*), Winter- und Sommerlinde (*Tilia cordata, T. platyphyllos*) und Berg- und Spitzahorn (*Acer pseudoplatanus, A. platanoides*) gebildet. Die Buche (*Fagus sylvatica*) ist seltener beteiligt. Genutzt wird er als Stockausschlagswald. Pflanzensoziologisch gesehen handelt es sich hier um einen Ahorn-Linden-Steilhangwald (Aceri-Tilietum). Im Unterwuchs, besonders aber am Wegrand, begegnen wir der Tollkirsche (*Atropa bella-donna*). Gewarnt sei vor dem Verzehr der vielsamigen, schwarzglänzenden Beerenfrucht. Sie enthält, wie auch die anderen Teile der Pflanze, giftige Alkaloide; der wissenschaftliche Name kommt vom griechischen »atropos«, das die Bedeutung »unabwendbar (tödlich)« hat. Zu den Nachtschattengewächsen gehört auch die Blasenkirsche (*Physalis alkekengi*). Ihr Kelch vergrößert sich sehr stark bis zur Fruchtreife und schließt dann die rote Beere wie ein ziegelroter Lampion ein. Im reifen Zustand sind die Früchte ungiftig, die übrige Pflanze enthält giftige Alkaloide und Bitterstoffe. Auch die dritte hier zu erwähnende Pflanze ist giftig. Es handelt sich um den Gelben Eisenhut (*Aconitum*

vulparia) mit blaßgelben Blüten, der früher zur Vergiftung von Wölfen Verwendung fand.
Der Forststraße, auf die wir bald treffen, folgen wir in gleicher Richtung bis zu nächsten Kreuzung. Wir sind nun auf dem Fahrweg nach Friesen, den wir bergab gehen. Die schwache Verebnung wird vom Ornatenton gebildet, das steilere Wegstück verläuft im Doggersandstein. Die natürlichen Wälder sind hier bodensaure Hainsimsen-Buchenwälder mit höherem Eichenanteil. Der Einfluß von Kalkgeröll läßt aber zwischen den häufigen Arten wie Schmalblättrige Hainsimse (*Luzula luzuloides*), Wald-Habichtskraut (*Hieracium murorum*), Savoyer Habichtskraut (*Hieracium sabaudum*), Wiesen-Wachtelweizen (*Melampyrum pratense*) auch Einblütiges Perlgras (*Melica uniflora*), Immergrün (*Vinca minor*) oder Pfirsichblättrige Glockenblume (*Campanula persicifolia*) wachsen. Nach wenigen Kurven sind wir wieder im Ort Friesen, wo wir uns im »Brauereigasthof Brütting« das selbstgebraute Bier zu fränkischen Spezialitäten schmecken lassen können.

Länge der Wanderung: etwa 5 km
Einkehrmöglichkeiten: in Friesen
Verkehrsverbindungen: Anfahrt mit PKW über Frankenschnellweg (A 73) Ausfahrt Hirschaid, Seigendorf, Friesen

TOUR 11

Von den Kirschgärten zur Felsvegetation der Schwammkalkriffe am Walberla

11

Das »Walberla« – so wird der auf Karten als »Ehrenbürg« bezeichnete Zeugenberg der Frankenalb östlich von Forchheim gemeinhin genannt – stellt ein sehr beliebtes Ausflugsziel dar. Mit seinem baumlosen Plateau um die Walpurgiskapelle, den Resten alter Wallanlagen und den steilaufragenden Dolomitriffen an seinen Flanken ist es ein Wahrzeichen des westlichen Albrandes am Tor zur »Fränkischen Schweiz«. 1978 wurden die Gipfelbereiche und die Hänge auf einer Fläche von 155 ha zum Naturschutzgebiet erklärt, um die thermophilen Laubwälder, Gebüsche, Halbtrockenrasen und Felsbandgesellschaften und die für diese Lebensräume typischen Tier- und Pflanzenarten zu bewahren.

Schlaifhausen, am Südwestfuß des Walberla inmitten von Wiesen, Feldern und Obstgärten gelegen, ist der Ausgangspunkt der Wanderung. Von einem Parkplatz mit einer großen Sommerlinde (*Tilia platyphyllos*) am östlichen Ortsrand, an dem die Straße endet, zweigen mehrere Wege ab. Wir wählen den nach Norden führenden, leicht ansteigenden Fahrweg. Walnuß-Bäume (*Juglans regia*) spenden Schatten. Ein Saum nährstoffliebender Pflanzen wie Brennessel (*Urtica dioica*), Knoblauchsrauke (*Alliaria petiolata*), Schöllkraut (*Chelidonium majus*) und Ruprechts-Storchschnabel (*Geranium robertianum*) zieht sich am Rand des Weges entlang. An einem hölzernen Brunnen gegenüber einem Wasserhochbehälter können wir uns noch einmal laben.

Beim Weitergehen begleiten uns Spitzahorn (*Acer platanoides*), Feldahorn (*Acer campestre*), Stieleiche (*Quercus robur*), Hainbuche (*Carpinus betulus*), Esche (*Fraxinus excelsior*), Salweide (*Salix caprea*), Schneeball (*Viburnum opulus*), Waldrebe (*Clematis vitalba*), Schlehe (*Prunus spinosa*) und Hasel (*Corylus avellana*). Linker Hand sehen wir Kirschgärten, die zur Blütezeit ein weißes Band um die Hänge des Albanstiegs legen und Besucher aus nah und fern in das größte deutsche Kirschenanbaugebiet locken. Bis jetzt verlief unser Aufstieg im Bereich des Eisensandsteins (Dogger β), der den Sockel des Walberla einnimmt und im Süden des Bergstockes den Gipfel des 422 m hohen Eichelberges bildet. Die kleine Verebnung, an der wir nun ankommen, zeigt die Doggerterrasse (Dogger γ-ζ) mit dem Ornatenton an. Eine Wiese zu unserer Rechten läßt am hohen Anteil von Wiesen-Kerbel (*Anthriscus sylvestris*) erkennen, daß sie stark gedüngt wurde.

An einer Wegkreuzung zweigt rechts ein Pfad mit einem Fledermaussymbol ab, das einen Walberla-Rundweg kennzeichnet. Wir steigen aber weiter bergauf und folgen der Markierung mit rotem, waagerechtem Balken auf weißem Grund und bewegen uns nun im Kalkschutt des Weißen Jura (Malm). Der hohe Artenreichtum zu beiden Seiten des Weges läßt uns nun eine Pause machen, um die Pflanzen näher zu betrachten. An Gräsern haben Aufrechte Trespe (*Bromus erectus*), Pyramiden-Schillergras (*Koeleria pyramidata*), Schaf-Schwingel (*Festuca ovina*), Zittergras (*Briza media*), Wiesen-Knäuelgras (*Dactylis glomerata*), Fieder-Zwenke (*Brachypodium pinnatum*) und Blaugras (*Sesleria varia*) gößeren Anteil. Die häufigste Segge ist die Blaugrüne Segge (*Carex flacca*). Regelmäßig beteiligen sich Zypressen-Wolfsmilch (*Euphorbia cyparissias*), Echtes Labkraut (*Galium verum*), Kleiner Wiesenknopf (*Sanguisorba minor*), Gemeines Sonnenröschen (*Helianthemum ovatum*), Schopf-Kreuzblümchen (*Polygala comosa*), Frühlings-Fingerkraut (*Potentilla neumanniana*), Rauhhaarige Gänsekresse (*Arabis hirsuta*), Gemeine Küchenschelle (*Pulsatilla vulgaris*), Gemeiner Thymian (*Thymus pulegioides*), Purgier-Lein (*Linum catharticum*), Tüpfel-Hartheu (*Hypericum perforatum*), Karthäuser-Nelke (*Dianthus carthusianorum*), Kleine Pimpinelle (*Pimpinella saxifraga*), Wiesen-Salbei (*Salvia pratensis*), Wundklee (*Anthyllis vulneraria*), Berg-Klee (*Trifolium montanum*), Hufeisenklee (*Hippocrepis comosa*), Esparsette (*Onobrychis viciifolia*), Tauben-Skabiose (*Scabiosa columbaria*), Acker-Witwenblume (*Knautia arvensis*), Kleines Habichtskraut (*Hieracium pilosella*), Wiesen-Schafgarbe (*Achillea millefolium*), Wiesen-Margerite (*Leucanthemum ircutianum*) und Wiesen-Flockenblume (*Centaurea jacea*). Aufgrund dieser Artenzusammensetzung könnte es sich um einen typischen Trespen-Halbtrockenrasen (Mesobrometum) handeln, wären da nicht mit hoher Deckung noch Hirsch-Haarstrang (*Peucedanum cervaria*), Schwalbenwurz (*Vincetoxicum hirundinaria*), Großer Ehrenpreis (*Veronica teucrium*), Dost (*Origanum vulgare*), Bunte Kronwicke (*Coronilla varia*), Rauhhaar-Veilchen (*Viola hirta*), Frühlings-Schlüsselblume (*Primula veris*), Berg-Heilwurz (*Libanotis pyrenaica*), Ästige Graslilie (*Anthericum ramosum*) oder Ebensträußige Margerite (*Tanacetum corymbosum*) beteiligt. Sie alle sind Arten, die ihren Schwerpunkt in Säumen haben, also den Übergangsbereich zwischen Wald oder Gebüsch und offenen Flächen bevorzugen. Da nun die hier anzutreffenden Trockenrasen nicht regelmäßig beweidet oder gemäht werden, vermögen solche Arten auch in die Fläche vorzudringen. Man kann daher von einem »versaumenden Trockenrasen« sprechen, der nach seiner Artenkombination dem Hirschwurz-Saum (Geranio-Peucedanetum cervariae) sehr nahe kommt.

Es läßt sich an dieser Stelle also eine Sukzession beobachten, die von der Rasengesellschaft über das Eindringen von

Hochstauden, Sträuchern und schließlich von Bäumen zu einer Wiederbewaldung führt. Dieser Prozeß ist aus Gründen des Naturschutzes nicht überall erwünscht. Daher werden wir im Laufe unserer Exkursion öfters an Stellen vorbeikommen, an denen diese Entwicklung durch Entbuschungsmaßnahmen wieder umgekehrt wird.
Unser Weg führt nun durch einen lichten Bestand aus Esche (*Fraxinus excelsior*) und Stieleiche (*Quercus robur*), im Unterwuchs gedeihen Echte Sternmiere (*Stellaria holostea*), Wurmfarn (*Dryopteris filix-mas*), Haselwurz (*Asarum europaeum*) und Efeu (*Hedera helix*), aber auch Schlehe (*Prunus spinosa*), Liguster (*Ligustrum vulgare*), Zweigriffliger Weißdorn (*Crataegus laevigata*) und Hirsch-Haarstrang (*Peucedanum cervaria*). Die Ebensträußige Margerite (*Tanacetum corymbosum*) deutet die wärmebegünstigte Situation an.
Nach dem Gehölz erstreckt sich rechts ein Getreideacker. Kennzeichnende Arten für die hier als Ackerwildkrautgesellschaft vorherrschende Knollen-Platterbsen-Gesellschaft sind die Knollen-Platterbse (*Lathyrus tuberosus*) und die häufigere Acker-Lichtnelke (*Silene noctiflora*), meist vergesellschaftet mit Hunds-Petersilie (*Aethusa cynapium*), Flug-Hafer (*Avena fatua*), Ackerröte (*Sherardia arvensis*), Kleiner Wolfsmilch (*Euphorbia exigua*), Sonnenwend-Wolfsmilch (*Euphorbia helioscopia*), Feld-Rittersporn (*Consolida regalis*) und Klatsch-Mohn (*Papaver rhoeas*). Als verschollen müssen zur Zeit leider einige der Ackerwildkräuter gelten, die noch vor einigen Jahrzehnten am Walberla gefunden wurden. Dazu zählen beispielsweise Flammen-Adonisröschen (*Adonis flammea*), Breitblättrige Haftdolde (*Turgenia latifolia*), Acker-Haftdolde (*Caucalis platycarpos*), Ackerkohl (*Conringia orientalis*) oder der Venuskamm (*Scandix pecten-veneris*).
Gleich steigt der Weg wieder etwas an und führt durch ein Schlehengebüsch. Sobald der Feldweg scharf rechts abbiegt, halten wir uns links auf dem Fußpfad. Bevor wir nun durch ein Haselgebüsch schlüpfen müssen, gehen wir wenige Schritte nach links zu einem Dolomitfelskopf. Jüngst durchgeführte Entbuschungsmaßnahmen haben diesen Felsen wieder freigestellt und vor übermäßiger Beschattung bewahrt. Der Blick geht über den Ort Schlaifhausen, das vom Obstanbau geprägte Liasland zum auf seiner Nordseite bewaldeten Hetzles mit seiner langgestreckten Hochfläche. In der Ferne ist die charakteristische Kuppe des Moritzberges östlich von Nürnberg zu erkennen.
Betrachten wir die Felsen etwas näher. Sie besitzen eine weiß-graue Farbe und bestehen aus Dolomit. Dabei handelt

es sich um Schwammriff-Kalke, bei denen ein Teil des Calciums durch Magnesium ersetzt ist. Das Calcium-Magnesium-Carbonat ist schwerer löslich als das Calcium-Carbonat und widersteht so stärker der Verwitterung. So konnten die für das Walberla so charakteristischen steilen Felssäulen entstehen, die aber auch andernorts in der Frankenalb immer wieder anzutreffen sind. Steigen wir weiter in Richtung zum Gipfelkreuz, passieren wir direkt am Weg einige Felsköpfe, deren Pflanzenbewuchs gut zu beobachten ist. In kleinen Vertiefungen, in denen sich etwas Feinerde angereichert hat, oder in Spalten können verschiedene Felspflanzen Fuß fassen. An voll besonnten Stellen siedeln gerne Therophyten, die durch ihren kurzen Lebenszyklus die günstigen Feuchtigkeitsverhältnisse im Frühjahr und Herbst nutzen können.
Auffällig sind einige ausdauernde Arten wie die Weiße Fetthenne (*Sedum album*) und der Scharfe Mauerpfeffer (*Sedum acre*), dessen gelbe Blütenteppiche in schönem Kontrast zum grauen Gestein stehen. Der Milde Mauerpfeffer (*Sedum sexangulare*) wird etwas seltener angetroffen. Gelbe Akzente setzt im Sommer auch die Färber-Hundskamille (*Anthemis tinctoria*), die, ebenso wie das Kleine Habichtskraut (*Hieracium pilosella*) und der Bleiche Schöterich (*Erysimum crepidifolium*), als Hemikryptophyt einzustufen ist. Auch eine Reihe von Lippenblütlern wächst auf diesen Extremstandorten. Am auffälligsten blüht der Gemeine Thymian (*Thymus pulegioides*). Steinquendel (*Acinos arvensis*), Trauben-Gamander (*Teucrium botrys*) mit doppelt fiederspaltigen, drüsig behaarten Blättern und Heide-Günsel (*Ajuga genevensis*) sind ebenso anzutreffen wie die Schmetterlingsblütler Feld-Klee (*Trifolium campestre*), Hasen-Klee (*Trifolium arvense*) und die Nelkengewächse Acker-Hornkraut (*Cerastium arvense*), Fünfmänniges Hornkraut (*Cerastium semidecandrum*), Sprossendes Nelkenköpfchen (*Petrorhagia prolifera*), Karthäuser-Nelke (*Dianthus carthusianorum*) oder Gemeines Leimkraut (*Silene vulgaris*). Als weitere wichtige Arten seien Feld-Beifuß (*Artemisia campestris*), Blatthalm-Rispengras (*Poa compressa*), Zypressen-Wolfsmilch (*Euphorbia cyparissias*), Frühlings-Fingerkraut (*Potentilla neumanniana*), Echtes Labkraut (*Galium verum*) und der hier nur sehr kleinwüchsige Natternkopf (*Echium vulgare*) genannt. Gelegentlich trifft man auf den Berg-Lauch (*Allium montanum*) mit dicken, flachen Blättern, dessen kugelige Blütendolde auf einem meist nur 15 bis 20 cm hohen, kantigen Schaft sitzen. Er leitet über zu einer Felsbandgesellschaft, die besonders auf den gebüsch-

reichen Felsen unterhalb des Gipfelkreuzes des südlichen der Walberla-Gipfel, dem Rodenstein (530 m), anzutreffen ist. Es handelt sich um die Pfingstnelken-Flur (Diantho-Festucetum pallentis), die gut durch die leuchtend rosa blühende Pfingst-Nelke (*Dianthus gratianopolitanus*) gekennzeichnet ist. Durch seine bläulich-graue Bereifung und die überhängenden Rispen fällt der Blau-Schwingel (*Festuca pallens*) auf. Früh im Jahr bereits blüht das Blaugras (*Sesleria varia*), während das Wimper-Perlgras (*Melica ciliata*) sich vor allem während des Fruchtens bemerkbar macht.

Die große Besonderheit dieser Felsen ist das endemische Fränkische Habichtskraut (*Hieracium franconicum*) das fast nur auf den Felsen des Walberla und auf wenigen weiteren im unteren Wiesenttal vorkommt. Kenntlich ist die Art an ihren breit- bis schmallanzettlichen, blaugrünen, meist gefleckten Grundblättern, aus denen sich die tiefgabeligen, mit ein bis zwei Blättern versehenen Stengel erheben, die zwei bis 6 gelbe Blütenköpfe tragen. An Gehölzen gedeihen die Gemeine Zwergmispel (*Cotoneaster integerrimus*), der Wollige Schneeball (*Viburnum lantana*) und die Mehlbeere (*Sorbus aria* bzw. *S. pannonica*). Alle diese Arten schützen sich vor zu starker Sonnenbestrahlung und Austrocknung durch eine weiße Behaarung.

In kleinen Spalten und Ritzen finden auch zwei Farne Existenzmöglichkeiten. Die Mauerraute (*Asplenium ruta-muraria*) besitzt zwei- bis dreifach gefiederte Wedelchen mit keil- bis rautenförmigen Fiedern; der Braunstielige Streifenfarn (*Asplenium trichomanes*) ist einfach gefiedert und hat eine glänzende, schwarzbraune Rhachis. In horizontalen Felsspalten können sich Nährstoffe anreichern, dann treten Mauerlattich (*Mycelis muralis*), Ruprechts-Storchschnabel (*Geranium robertianum*) und Schöllkraut (*Chelidonium majus*) hinzu. Im zeitigen Frühjahr bereits blüht leuchtendgelb das Immergrüne Felsenblümchen (*Draba aizoides*), ein dichtrasiges Zwergsträuchlein, das seine zunächst kugelig erscheinenden Blütenstände während der Fruchtreife zu einer Traube verlängert. Früher kam am Walberla auch noch die seltene Felsen-Schaumkresse (*Cardaminopsis petraea*) vor.

Ein Problem für den Naturschutz stellt das an diesen Felsen erlaubte Klettern dar. Auch bei großer Vorsicht sind die empfindlichen Felspflanzen doch stets der Gefahr ausgesetzt, zertreten oder herausgerissen zu werden. Vom Gipfelkreuz

Am Rand der Walberla-Hochfläche beherrschen dolomitisierte Schwammriffe den Steilabfall.

Nur auf wenigen Felsen der Frankenalb wächst das Fränkische Habichtskraut (*Hieracium franconicum*).

aus bietet sich ein schöner Blick auf den flachen Sattel des nördlichen Gipfels, der von hier oben durch eine breite Senke getrennt ist. Besonders lohnend ist der Aufenthalt zur Blütezeit oder zur Laubfärbung des Blutroten Storchschnabels (*Geranium sanguineum*), der um die Schlehen (*Prunus spinosa*) bunte Säume ausbildet. Nicht selten treffen wir Acker-Wachtelweizen (*Melampyrum arvense*), Großen Ehrenpreis (*Veronica teucrium*) und Vielblütige Weißwurz (*Polygonatum multiflorum*). Beim Abstieg können wir einen kleinen Bestand von Großem Windröschen (*Anemone sylvestris*) und Akelei (*Aquilegia vulgaris*) sehen.
An der tiefsten Stelle wurden Ausgrabungen durchgeführt. Das Walberla ist seit mindestens 3000 Jahren unterschiedlich stark besiedelt und als Fliehburg und Kultstätte genutzt worden. Zeitweilig dürfte der Berg eher städtischen als dörflichen Charakter getragen haben. Mächtige Befestigungsanlagen haben das ganze Plateau geschützt. Heute ist es vor allem das seit über 600 Jahren am ersten Mai-Wochenende stattfindende Walberla-Fest, das Tausende von Besuchern anzieht und zu einer starken Belastung der Vegetation führt. Besonders bei nasser Witterung sind die Schäden am flachgeneigten Hang um die Walpurgis-Kapelle sehr augenfällig.

Vor den Ausgrabungen folgen wir einem Feldweg nach Osten und halten auf eine Hecke zu. An ihrer Nordseite führt ein Fußpfad entlang, und bald können wir zwischen einem Feld- und einem Bergahorn (*Acer campestre, A. pseudoplatanus*) rechts in den Wald eintreten. Welch ein Gegensatz! Wenige Schritte vom gleißenden Licht auf den Trockenrasen entfernt, stehen wir nun in einem dunklen, frischen Wald. Obwohl das Blätterdach recht dicht schließt, konnte sich ein reicher Unterwuchs entwickeln. Wir treffen Wald-Bingelkraut (*Mercurialis perennis*), Echte Sternmiere (*Stellaria holostea*), Wald-Labkraut (*Galium sylvaticum*), Buschwindröschen (*Anemone nemorosa*), Frühlings-Platterbse (*Lathyrus vernus*), Ährige Teufelskralle (*Phyteuma spicatum*), Vielblütige Weißwurz (*Polygonatum multiflorum*), Goldnessel (*Galeobdolon luteum*), Haselwurz (*Asarum europaeum*) oder Türkenbund (*Lilium martagon*), an frischen Stellen Gefleckten Aronstab (*Arum maculatum*), Hohlen Lerchensporn (*Corydalis cava*) und Scharbockskraut (*Ficaria verna*). Gute Nährstoffversorgung deuten Giersch (*Aegopodium podagraria*) und Bärenklau (*Heracleum sphondylium*) an, Ebensträußige Margerite (*Tanacetum corymbosum*) weist auf warme Lagen hin. Es handelt sich um einen Niederwald, denn alle Bäume, so Winterlinde (*Tilia cordata*), Hainbuche (*Carpinus betulus*), Bergulme (*Ulmus glabra*) oder Esche (*Fraxinus excelsior*), sind mehrstämmig und aus Stockausschlägen hervorgegangen. Der Mullboden ist durch den Malmschutt, der sich an den Bergflanken sammelt, sehr skelettreich. Die Buche (*Fagus sylvatica*) fehlt in solchen Steinschutthalden-Wäldern.

Nach wenigen Metern biegen wir links ab; der Weg steigt leicht an und führt uns bald wieder aus dem Wald heraus, an dessen Rand wir über einen steinigen Halbtrockenrasen weitergehen. Bei einer Felsnadel mit einer eisernen Wetterfahne steigen wir in Serpentinen auf die Hochfläche und sehen die Walpurgis-Kapelle vor uns. Sollten wir die Wanderung am ersten Mai-Sonntag gemacht haben, so müssen wir uns nun durch dichte Menschenmassen weiterbewegen. Entsprechend dieser jährlichen Belastung ist aus dem Halbtrockenrasen vielfach ein Trittrasen mit Weidelgras (*Lolium perenne*), Mittlerem Wegerich (*Plantago media*), Breitwegerich (*Plantago major*), Wollgrundigem Spitzwegerich (*Plantago lanceolata* ssp. *sphaerostachya*), Rot-Schwingel (*Festuca rubra*) und Weiß-Klee (*Trifolium repens*) geworden.

Zunächst gehen wir aber weiter zum höchsten Punkt und blicken auf den mäandrierenden Leutenbach mit seinem

Die Elsässer Sommerwurz (*Orobanche alsatica*) schmarotzt auf der Hirschwurz (*Peucedanum cervaria*).

Gehölzsaum hinunter. Der Blick reicht im Süden vom Ort Leutenbach bis Kirchehrenbach im Norden und das Wiesenttal aufwärts zur Burg Feuerstein am Horizont. Die Ostseite des Walberla ist bewaldet, stellenweise erkennt man deutlich die Nutzung als Niederwald. Mit einer Umtriebszeit von etwa 30 Jahren werden die Bäume auf den Stock gesetzt, also kurz über dem Boden abgesägt und als Brennholz genutzt. Sie treiben dann erneut aus und bilden die charakteristischen vielstämmigen Baumindividuen. An einigen Stellen wurde mit Fichten aufgeforstet.
An der nördlichen Hangkante gehen wir in Richtung der Kapelle. Der höchste Punkt im Nordwesten (512 m) ist mit einem Metallgitter gesichert, da die Dolomitfelsen doch recht steil abfallen. Von unserem Aussichtspunkt erkennen wir, eingerahmt von den näher gelegenen Bergen Hetzles im Süden und Langer Meile im Norden, den Fernsehturm in Nürnberg, Hochhäuser in Erlangen, die Stadt Forchheim und im Nordwesten die Altenburg und den viertürmigen Dom zu Bamberg. In Richtung Süden verlassen wir nun den Gipfelbereich. Ein Geländeeinschnitt am Rande des Plateaus, durch den der geteerte Weg nach Schlaifhausen führt, markiert das Tor der alten Keltenstadt. Begleitet von Schle-

hengebüsch, folgen wir diesem Weg bis kurz vor den Parkplatz. Dort zweigt links bei einem Naturschutzgebietsschild ein Weg ab, der zunächst einige Schritte bergauf zurückführt, dann aber ziemlich auf einer Höhe bleibt. Wir gehen am Fuß des Rodenstein zurück nach Schlaifhausen. Die meisten Arten, die wir hier treffen, haben wir auf unserer Wanderung an anderer Stelle schon gesehen. Immerhin wachsen aber rund 600 verschiedene Farn- und Blütenpflanzen im Bereich des Naturschutzgebietes. Vielleicht entdecken wir noch die große, bräunlich-lila gefärbte Elsässer Sommerwurz (*Orobanche alsatica*), die auf dem Hirsch-Haarstrang (*Peucedanum cervaria*) schmarotzt, oder die Gelbe Sommerwurz (*Orobanche lutea*), die auf den Wurzeln von Schmetterlingsblütlern sitzt. Zu achten wäre ferner auf die in der Frankenalb endemische Fränkische Bastard-Mehlbeere (*Sorbus franconica*), deren Elternarten die Pannonische Mehlbeere (*Sorbus pannonica*) und die Elsbeere (*Sorbus torminalis*) sind. Ihre unterseits filzigen Blätter sind elliptisch mit vier bis fünfstufig gelapptem Blattrand.

Haben wir schon alle Rosen gesehen? Hunds-Rose (*Rosa canina*) und Kleinblütige Rose (*Rosa micrantha*) sind die häufigsten, aber auch die Rauhblättrige Rose (*Rosa jundzillii*), die Wein-Rose (*Rosa rubiginosa*) und die Kratz-Rose (*Rosa scabriuscula*) sind zu finden, Die Kriech-Rose (*Rosa arvensis*) kommt vor allem in Wäldern vor.

Wir durchwandern einen wärmeliebenden Eichen-Buschwald, der nutzungsbedingt viel Hasel (*Corylus avellana*) enthält. An seinem Ende bietet sich noch einmal ein Blick auf jüngst freigestellte Felsen. Zu ihren Füßen hat sich ein flächiger Saum mit Hirsch-Haarstrang (*Peucedanum cervaria*) und Schwalbenwurz (*Vincetoxicum hirundinaria*) entwickelt, der Ende Mai/Anfang Juni durch die Blüten der Akelei (*Aquilegia vulgaris*) einen blauen Aspekt zeigt. An der nächsten Wegkreuzung erreichen wir wieder unseren Aufstiegsweg. Ihm folgen wir zurück nach Schlaifhausen.

Länge der Wanderung: ca. 5 km
Einkehrmöglichkeiten: Schlaifhausen, Wiesenthau, Kirchehrenbach, Leutenbach, Dietzhof
Verkehrsverbindungen: Frankenschnellweg Nürnberg – Bamberg A 73, Ausfahrt Forchheim-Süd, Gosberg, Wiesenthau, Schlaifhausen
Bahnhof Kirchehrenbach der Linie Forchheim-Ebermannstadt

TOUR 12

Kalkflachmoore und Halbtrockenrasen auf dem Hesselberg

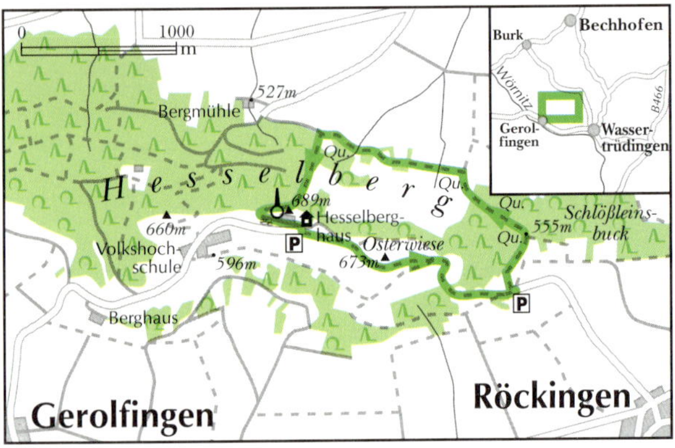

Als weithin sichtbare Landmarke ist der 689 m hohe Hesselberg weit dem geschlossenen Zug der südlichen Frankenalb vorgelagert und bildet zugleich die höchste Erhebung im südlichen Franken. Mit seiner Malmstufe ragt er als Zeugenberg wie eine Insel über die Schwarzjurafläche heraus. Seine Flanken steigen zunächst flach an, um im Bereich des Doggersandsteins und der Malmkappe deutlich steiler zu werden. Dazwischen läßt der Ornatenton gelegentlich deutliche Verflachungen entstehen. Der Name »Hesselberg« geht in seinen Ursprüngen auf die Bedeutung »kahler, unbewohnter Berg« zurück. Für seine Hochfläche und die Hänge des Hauptberges trifft dies auch noch die heutigen Verhältnisse. Lediglich die Westkuppe und der Schlößleinsbuck sind bewaldet.
Heute zieht der mit einer Straße erschlossene Hesselberg viele Ausflügler an, die vor allem die hervorragende Aussicht genießen. Wir wollen uns aber den Hesselberg zu Fuß erschließen und sowohl Trockenrasen als auch Kalkflachmoore kennenlernen. Vom Ort Röckingen, einem alemannischen Urdorf mit regellosem Grundriß, können wir uns in nordwestlicher Richtung auf einem Wanderweg unter einer Lindenallee dem Bergfuß nähern oder noch ein Stück mit

dem Auto auf einer Flurbereinigungsstraße, die beim Friedhof den Ort verläßt, bis an den Waldrand weiterfahren. Dort gibt es eine Parkmöglichkeit.
Auf einem Fußpfad gehen wir nach Norden über eine Streuobstwiese mit alten Apfel- und Birnbäumen. Der tonige Boden hat sich hier aus dem anstehenden Opalinuston (Dogger α) gebildet. Einige Rinnsale durchnässen den Boden. Rasenschmiele (*Deschampsia cespitosa*), Flatter-Binse (*Juncus effusus*), Sumpf-Vergißmeinnicht (*Myosotis palustris*), Wiesen-Schaumkraut (*Cardamine pratensis*), Kreuz-Labkraut (*Cruciata laevipes*) und Roß-Minze (*Mentha longifolia*) zeigen diese Bodenverhältnisse an. Kleinräumig wechseln aber diese Bedingungen, und auf trockeneren Stellen wachsen Körnchen-Steinbrech (*Saxifraga granulata*), Zittergras (*Briza media*), Ruchgras (*Anthoxanthum odoratum*), Feld-Hainsimse (*Luzula campestris*), Zypressen-Wolfsmilch (*Euphorbia cyparissias*), Kümmel (*Carum carvi*), Wiesen-Margerite (*Leucanthemum ircutianum*) und Gemeines Kreuzblümchen (*Polygala vulgaris*). Vereinzelt stehen dazwischen Schlehenhecken oder isolierte Strauchgruppen. Der Trampelpfad führt an einem Fichtenforst entlang stetig bergan.

Am Nordhang des Hesselberges, hinter der Ortschaft Ehingen, erstreckt sich eine große Wacholder-Heide.

Weiter oben kommen wir an einen Quellaustritt, dessen Wasser gefaßt ist und eine Viehtränke versorgt. In ihrem Umkreis läßt sich das Pfennigkraut (*Lysimachia nummularium*) finden. Dieses Primelgewächs mit großen, gelben Blüten hat seinen Namen von den an Pfennigstücke erinnernden Blättern. Die oft großen Bestände sind meist durch intensive Ausläuferbildung aus einer einzigen Pflanze entstanden. Auffällig sind große Exemplare von Ein- und Zweigriffligem Weißdorn (*Crataegus monogyna, C. laevigata*).
Wir gehen weiter zu einer großen Stieleiche (*Quercus robur*). An der steilsten Stelle des Hanges wächst der Flügelginster (*Chamaespartium sagittale*). Der Flügelginster zeigt nährstoffarme, saure Böden an. Wir haben bei unserer Wanderung also nun den Eisensandstein (Dogger ß) erreicht. Hier gedeihen an Pflanzen mit ähnlichen Ansprüchen z.B. Besen-Heide (*Calluna vulgaris*), Hunds-Veilchen (*Viola canina*), Kleines Labkraut (*Galium pumilum*), Borstgras (*Nardus stricta*), Dreizahn (*Danthonia decumbens*), Blutwurz (*Potentilla erecta*) und Feld-Hainsimse (*Luzula campestris*). Ferner wachsen in dieser Pflanzengemeinschaft Ruchgras (*Anthoxanthum odoratum*), Rundblättrige Glockenblume (*Campanula rotundifolia*), Gemeines Hornkraut (*Cerastium holosteoides*), Kleines Habichtskraut (*Hieracium pilosella*), Gemeiner Thymian (*Thymus pulegioides*), Kleiner Sauerampfer (*Rumex acetosella*), Schaf-Schwingel (*Festuca ovina*), Gemeines Ferkelkraut (*Hypochoeris radicata*) und Kleiner Wiesenknopf (*Sanguisorba minor*). Kleine Pimpinelle (*Pimpinella saxifraga*) und Gemeines Sonnenröschen (*Helianthemum ovatum*) zeigen die Wärmebegünstigung des Standortes an.
Noch einige Meter höher, und wir haben den Kamm des Rückens zwischen dem auch als Röckinger Berg (er trägt die Osterwiese) bezeichneten Teil des Hesselberges und dem östlich gelegenen Schlößleinsbuck erreicht. Buche (*Fagus sylvatica*), Stieleiche (*Quercus robur*), Bergahorn (*Acer pseudoplatanus*) und Winterlinde (*Tilia cordata*) sind die Hauptbaumarten hier oben. Im Unterwuchs zeigen Herden des Hain-Rispengrases (*Poa nemoralis*) an, daß hier Aushagerung stattfindet. In dieser windexponierten Lage wird das Laub weggeweht, und damit fehlt der Nährstoffnachschub. Der Boden verarmt also an Nährstoffen, versauert und zeigt ein geringeres Bodenleben. Mit solchen Bedingungen kommen die Drahtschmiele (*Avenella flexuosa*), das Schattenblümchen (*Maianthemum bifolium*), die Schmalblättrige Hainsimse (*Luzula luzuloides*), das Wald-

Habichtskraut (*Hieracium murorum*), der Wald-Ehrenpreis (*Veronica officinalis*) und die Heidelbeere (*Vaccinium myrtillus*) zurecht. Etwas mehr Ansprüche an den Boden stellt die auf kleiner Fläche wachsende Echte Sternmiere (*Stellaria holostea*).

Von einer Holzbank unter einer Hasel (*Corylus avellana*) blickt man über Röckingen und das breite Wörnitztal mit intensiver landwirtschaftlicher Nutzung auf die in der Ferne liegenden bewaldeten Hügel, die das Ries nach Norden hin begrenzen.

Auf dem schmalen Rücken folgen wir dem mit blauem Punkt auf weißem Grund markierten Wanderweg nach Westen und passieren einige vielstämmige Hainbuchen (*Carpinus betulus*) mit wild verschlungenen Ästen. Nach wenigen Metern stoßen wir auf einen Weg, der tief eingeschnitten den Bergkamm quert.

Am Nordhang breiten sich unter großen, aus Stockausschlägen hervorgegangenen Erlen (*Alnus glutinosa*) große Herden von Bärlauch (*Allium ursinum*) aus, die den Hang zur Blütezeit im Mai weiß erscheinen lassen. Dazwischen gedeihen Berg-Goldnessel (*Galeobdolon montanum*), Kriechender Günsel (*Ajuga reptans*), Gefleckter Aronstab (*Arum maculatum*), Fuchssches Greiskraut (*Senecio ovatus*), Giersch (*Aegopodium podagraria*), Flatterhirse (*Milium effusum*), Einbeere (*Paris quadrifolia*), Moschuskraut (*Adoxa moschatellina*), Sauerklee (*Oxalis acetosella*) und Buschwindröschen (*Anemone nemorosa*). Häufig sind der Dornige Wurmfarn (*Dryopteris carthusiana*) und der Gemeine Frauenfarn (*Athyrium filix-femina*); an Seggen herrschen Wald-Segge (*Carex sylvatica*) und Zittergras-Segge (*Carex brizoides*) vor.

Unser Weg führt uns am Nordhang leicht bergab durch einen Fichtenforst. In seinem spärlichen Unterwuchs fällt vor allem der Trauben-Holunder (*Sambucus racemosa*) auf. Wenig Licht benötigen der Sauerklee (*Oxalis acetosella*) und der Eichenfarn (*Gymnocarpium dryopteris*). Auf lichteren Stellen gedeihen Himbeeren (*Rubus idaeus*) und Brombeeren (*Rubus fruticosus* agg.), die hier oft nicht zur Blüte gelangen. Charakteristisch für Kahlschläge ist das Schmalblättrige Weidenröschen (*Epilobium angustifolium*). Bald lichtet sich der Wald. Der Blick geht weit über das flache Tal und die Ortschaft Ehingen mit ihrem spitzen Kirchturm bis hin zu den Kiefern-Forsten am Horizont. Wir folgen einem geteerten Feldweg ca. 100 m in Richtung des Ortes und schwenken nach einer Absperrkette auf eine Fahrspur nach links ein. Diese führt uns durch den unteren

Bereich einer ausgedehnten Hudelandschaft, die den zentralen Teil des Hesselberg-Nordhanges einnimmt.
Auf einer Höhe von etwa 550 m verläuft hier die Grenze zwischen dem Opalinuston und dem darüberliegenden Eisensandstein. An der Obergrenze des wasserundurchlässigen Tones kommt es zu einer Reihe von Quellaustritten, die kleine Bäche oder nur auf kurzer Strecke auszumachende Rinnsale speisen. Durch Hangrutschungen ist das Gelände in Mulden und kleine Erhebungen gegliedert. Hangschutt aus Malmkalk im oberen Bereich, aus Eisensandsteinmaterial im unteren Bereich tragen zu einer großen Vielfalt an Böden bei.
Am Oberhang konnten sich unter dem Einfluß der Beweidung Halbtrockenrasen ausbilden, die den Kalkmagerrasen zugehörig sind. An charakteristischen Arten beteiligen sich Kleine Pimpinelle (*Pimpinella saxifraga*), Echtes Labkraut (*Galium verum*), Zypressen-Wolfsmilch (*Euphorbia cyparissias*), Kleiner Wiesenknopf (*Sanguisorba minor*) oder Fieder-Zwenke (*Brachypodium pinnatum*). Silberdistel (*Carlina acaulis*) und Dorniger Hauhechel (*Ononis spinosa*) kennzeichnen die Zugehörigkeit zu den Trespen-Halbtrockenrasen. Die Pflanzengesellschaft ist als Enzian-Zwenkenrasen (Gentiano-Koelerietum) zu bezeichnen, ihre häufigste Charakterart ist die Stengellose Kratzdistel (*Cirsium acaule*). Wir werden uns dieser Gesellschaft später auf der Hochfläche und am Südhang intensiver widmen. Hier am Hesselberg-Nordhang liegt sie in einer leicht bodensauren Ausbildung vor, die zur Flügelginster-Weide vermittelt und sich durch Fransen- und Deutschen Enzian (*Gentianella ciliata, G. germanica*) und einen hohen Anteil an Fettwiesen-Arten wie z.B. Gemeine Braunelle (*Prunella vulgaris*) auszeichnet. Auf Opalinuston können sogar Vernässungszeiger auftreten wie Rasenschmiele (*Deschampsia cespitosa*) und Sumpf-Kratzdistel (*Cirsium palustre*).
Während am Oberhang, der maschinell entbuscht wird, der Wacholder (*Juniperus communis*) als Strauch vorherrscht, sind es im unteren Hangbereich, der intensiv von Schafen beweidet wird, daneben vor allem Rosen, die die Gebüschstrukturen ausmachen. Am gesamten Hesselberg sind an unterschiedlichen Standorten folgende Rosen gefunden worden: Kriechende Rose (*Rosa arvensis*), Glanz-Rose (*Rosa blondaeana*), Hunds-Rose (*Rosa canina*), Hecken-Rose (*Rosa corymbifera*), Kleinblütige Rose (*Rosa micrantha*), Flaum-Rose (*Rosa obtusifolia = R. tomentella*), Wein-Rose (*Rosa rubiginosa*), Filz-Rose (*Rosa scabriuscula*), Bastard-Hundsrose (*Rosa subcanina*) und Blaugrüne Rose

(*Rosa vosagiaca*). In älteren Floren ist daneben auch noch die Essig-Rose (*Rosa gallica*) angegeben.
Unser Hauptaugenmerk gilt nun am Nordhang der Vegetation der nassen Standorte. Prägend für das Bild dieser Weideflächen sind die in großer Zahl vorhandenen Horste der Rasenschmiele (*Deschampsia cespitosa*). Auf den Maulwurfshaufen siedelt der Schaf-Schwingel (*Festuca ovina*). An den erwähnten durchrieselten Hangwasseraustritten, um Quellen, entlang von Gräben und in Mulden konnten sich Kalkflachmoore entwickeln. Quellfluren zeichnen sich durch recht ausgeglichene Lebensbedingungen aus. Das stets fließende Wasser kühlt im Sommer und hält im Winter den Bereich um den Wasseraustritt eisfrei. Unter Wald wäre infolge Lichtmangels die Pflanzenwelt solcher Standorte viel artenärmer. Durch Beweidung und Mahd wurden aber offene Lebensräume geschaffen, die eine sehr artenreiche Lebensgemeinschaft entstehen ließen, die mosaikartig mit trockenen Bereichen in Kontakt steht und so insgesamt über eine hohe Diversität verfügt. Aufgabe der Nutzung gefährdet sie ebenso wie Düngung bei zu intensiver Bewirtschaftung. Nur bei traditioneller Pflege läßt sich langfristig diese Mannigfaltigkeit in der Vegetation erhalten.
Die vorherrschende Pflanzengesellschaft dieser Standorte ist der Davallseggen-Sumpf (Caricetum davallianae), der an kalkhaltige, aber nährstoffarme Wuchsräume gebunden ist. Davalls Segge (*Carex davalliana*) trägt an der Spitze der bis zu 25 cm langen Stengel die wenigen männlichen oder weiblichen Blüten in einer Ähre. In seltenen Fällen stehen beide Blütentypen auch auf einer Pflanze, normalerweise ist sie aber zweihäusig.
Häufig mit ihr vergesellschaftet ist der Kleine Baldrian (*Valeriana dioica*). Wie der wissenschaftliche Name andeutet, ist auch dieses Baldriangewächs zweihäusig. Die männlichen Pflanzen besitzen größere Blüten und werden von den bestäubenden Insekten meist zuerst aufgesucht. Als regelmäßige Begleiter erweisen sich zwei verschiedenährige Seggen (Untergattung *Carex*), nämlich die Hirse-Segge (*Carex panicea*), deren Früchte zuletzt länger sind als die schwarzbraunen Spelzen, und die Blaugrüne Segge (*Carex flacca*). Ferner tauchen Scharfer Hahnenfuß (*Ranunculus acris*), Blutwurz (*Potentilla erecta*), Blaugrüne Binse (*Juncus inflexus*) und Zittergras (*Briza media*) auf.
Eine Besonderheit des Hesselberg-Nordhanges ist die seltene Floh-Segge (*Carex pulicaris*). Sie erinnert an Davalls Segge (*Carex davalliana*), ist aber immer einhäusig, d.h. auf einem Stengel sitzen sowohl männliche als auch weibliche

Blüten. Ihre Frucht ist aber kurz geschnäbelt, und die Pflanze wächst im Gegensatz zur horstbildenden Davalls Segge lockerrasig. In dieser Vergesellschaftung wachsen die Natternzunge (*Ophioglossum vulgatum*), Frühlings-Enzian (*Gentiana verna*), Echtes Fettkraut (*Pinguicula vulgaris*) und Herzblatt (*Parnassia palustris*). Diese Form des Davallseggen-Sumpfes besiedelt etwas trockenere Standorte als die typische Ausbildung. Daher kommt es hier auch nicht zu der sonst weit verbreiteten Tuffbildung. Darunter versteht man die Erscheinung, daß in kalkhaltigem Quellwasser durch Algen und Moose dem Wasser Kohlendioxid entzogen wird, wodurch das Calciumcarbonat als lockerer Kalktuff ausfällt. Auf diese Art können große, feinporige Kalksinterstufen entstehen, und im Wasser liegende Blätter und Zweige werden von einer Kalkkruste umgeben.
An solchen Stellen siedelt der typische Davallseggen-Sumpf. Eine durch seine weißwolligen Fruchtköpfe auffällige Art ist das Breitblättrige Wollgras (*Eriophorum latifolium*). Ihren Schwerpunkt haben in dieser Pflanzengesellschaft ferner Sumpf-Sitter (*Epipactis palustris*), Bach-Nelkenwurz (*Geum rivale*), Teufelsabbiß (*Succisa pratensis*), Moor-Labkraut (*Galium uliginosum*), Roß-Minze (*Mentha longifolia*) und Sumpf-Schachtelhalm (*Equisetum palustre*). In einer Variante des Davallseggen-Sumpfes mit Sumpf-Pippau (*Crepis paludosa*) und Sumpfdotterblume (*Caltha palustris*) blühen Breitblättriges Knabenkraut (*Dactylorhiza majalis*) und Große Händelwurz (*Gymnadenia conopsea*). Nur selten sind die Braun-Segge (*Carex nigra = C. fusca*) und der Sumpf-Dreizack (*Triglochin palustre*) anzutreffen.
Die letztgenannte Art erscheint auch außerhalb der Kalkflachmoore an gut durchfeuchteten, aber nicht nassen Standorten, etwa im Randbereich von Gräben. Die dort oft zu beobachtenden Trittschäden scheinen den Sumpf-Dreizack ebenso wie das Flache Quellried (*Blysmus compressus*) eher zu fördern. Letzteres ist in den letzten Jahrzehnten in Franken an der Mehrzahl seiner früheren Wuchsorte verschwunden. Als weitere ziemlich seltene Art wäre noch die Entferntährige Segge (*Carex distans*) zu nennen.
Auf unserem Weg haben wir nun zu unserer Rechten einen von Schlehengebüsch gesäumten Wildacker erreicht. Ein Durchlaß für Schafe ermöglicht es uns, das Haseldickicht vor uns zu passieren, das uns nun zu unserer Linken begleitet. Ein weiterer Durchlaß in der Südwestecke der offenen Fläche bringt uns wieder auf die Südseite des Gebüsches. Hier haben wir nun freien Blick auf die verbuschte Weide am Hang und den Sendemast auf dem Gipfel des Hesselber-

Bach-Nelkenwurz (*Geum rivale*) – eine häufige Art der Quellfluren

12

ges. Wir halten uns am Nordrand des fast undurchdringlichen Wäldchens auf Pfaden, die vor allem bei Nässe durch die ziehenden Schafe recht glitschig sein können. Besser wird der Weg wieder, wenn wir nach Süden fast bis zum Gipfel freien Blick haben. Ermöglicht wird er durch eine Skipiste, an deren westlichem Rand eine Liftspur den Berg hinaufführt, auf der wir gehen können. Zunächst erweckt aber eine mächtige, alte Stieleiche (*Quercus robur*) unser Interesse. Sie hat einen Stammumfang von 6,5 m. Die weitausladenden Kronen einiger großer Winterlinden (*Tilia cordata*) in unmittelbarer Nähe sind im unteren Bereich, soweit sie von den Schafen erreicht werden können, messerscharf abgefressen.

Solange wir in der Liftspur aufsteigen, gehen wir an einem dunklen Fichtenforst entlang, später begleitet uns die Waldkiefer (*Pinus sylvestris*), und ab der »Bergstation« des kleinen Liftes umgeben uns Buchen. Wir gehen in der sich anschließenden Schneise nach oben bis zum Sendemast. Nach Osten hat man einen herrlichen Blick über die Wacholderheide.

Die Buchen sind fast alle aus Stockausschlägen hervorgegangen. Im Unterwuchs breitet sich Bären-Lauch (*Allium*

ursinum) aus, dazwischen wachsen Echtes Lungenkraut (*Pulmonaria obscura*), Hohler Lerchensporn (*Corydalis cava*) und Seidelbast (*Daphne mezereum*). Kurz vor dem Gipfel stoßen wir auf einen Felsen mit Zerbrechlichem Blasenfarn (*Cystopteris fragilis*), Braunstieligem Streifenfarn (*Asplenium trichomanes*), Ruprechts-Storchschnabel (*Geranium robertianum*) und Rauhhaariger Gänsekresse (*Arabis hirsuta*). Nach einem Haseldickicht (*Corylus avellana*) wendet sich der Pfad vor dem Sendemast nach rechts, durchquert einen Halbtrockenrasen, an dessen Rand Reste eines alten Ringwalles zu erkennen sind, und führt uns zum höchsten Punkt des Berges. Von einer Bank aus blickt man in Ruhe auf den westlichen Gipfel, den Gerolfinger Berg, auf die Evangelische Volkshochschule in der Senke und über weite Teile des Keuperlandes zur Schwäbischen Alb, ins Ries und zur Frankenalb. Falls man Zeit und Interesse hat, kann man auf einem geologischen Lehrpfad bis Wittelshofen am Westfuß des Hesselberges laufen. Besonders zur Blütezeit fällt der sonst durch seine schmalen, graugrünen Blätter eher getarnte Österreichische Lein (*Linum austriacum*) auf dieser Anhöhe auf.

Südlich der Sendeanlage gehen wir nun auf einem geteerten Weg leicht bergab, vorbei an einer überdachten Ausstellungshalle, die über Entstehung, Geschichte und Kultur des Hesselberges und seiner Umgebung informiert, zu einem Parkplatz, den wir überqueren und steigen eine kleine Anhöhe hinauf zu einer runden Steinplatte. Von hier hat man einen umfassenden Rundblick, der bei günstiger Witterung vom Staffelberg im Norden über den Bayerischen Wald im Osten bis zur Zugspitze , dem höchsten Berg Deutschlands, im Süden reicht.

Östlich von hier liegt die Osterwiese, an deren südlichem Rand wir auf einem Weg an der Hangkante weitergehen. Am Südhang erstreckt sich ein großer Halbtrockenrasen, der bis zu einer Aufforstung reicht, die den Fuß des Berges umgibt. Einige schräg verlaufende Pfade durchziehen ihn. Vermutlich sind das Plateau und der Südhang seit Jahrhunderten, wenn nicht seit Jahrtausenden waldfrei. Dennoch könnte von Natur aus auch hier Wald gedeihen. Stete Beweidung hält ihn aber zurück.

Die hier vorherrschende Gesellschaft ist der Enzian-Zwenkenrasen (Gentiano-Koelerietum) mit der Kennart Stengellose Kratzdistel (*Cirsium acaule*). Häufige Arten der

Die große Stiel-Eiche (*Quercus robur*) am Nordfuß des Hesselberges hat einen Stammumfang von 6,5 m.

Steppen- und Trespenrasen sind Zypressen-Wolfsmilch (*Euphorbia cyparissias*), Fieder-Zwenke (*Brachypodium pinnatum*), Kleiner Wiesenknopf (*Sanguisorba minor*), Furchen-Schwingel (*Festuca rupicola = F. sulcata*), Echtes Labkraut (*Galium verum*), Schopfiges Kreuzblümchen (*Polygala comosa*) und Wiesen-Salbei (*Salvia pratensis*). Die Aufrechte Trespe (*Bromus erectus*) fehlt dem Hesselberg, da sie vom Weidevieh sehr gerne gefressen wird. Bienen-Ragwurz (*Ophrys apifera*) und Fliegen-Ragwurz (*Ophrys insectifera*) kommen nur an Stellen vor, die für Schafe schwer zugänglich sind.

Berg-Gamander (*Teucrium montanum*) und Knack-Erdbeere (*Fragaria viridis*) haben den Schwerpunkt ihrer Vorkommen auf trockenen Standorten, wie sie an steilen, flachgründigen und skelettreichen Hangpartien in Südexposition vorkommen. Die Vegetation ist dort lückig und erlaubt das Eindringen von Pionieren wie Acker-Hornkraut (*Cerastium arvense*), Scharfem Mauerpfeffer (*Sedum acre*), Steinquendel (*Acinos arvensis*), Trauben-Gamander (*Teucrium botrys*) und Platthalm-Rispengras (*Poa compressa*). Eine Besonderheit stellen der dicht zottig behaarte Krainer Thymian (*Thymus froelichianus*) und die Edel-Schafgarbe (*Achillea nobilis*) mit zweifach fiederteiligen Fiederblättern und gelblich-weißen Blüten dar.

An den oberen südexponierten Hangpartien finden sich besonders lückige und steinige Standorte, die von Schwalbenwurz (*Vincetoxicum hirundinaria*), Bleichem Schöterich (*Erysimum crepidifolium*), Stachel-Distel (*Carduus acanthoides*), Natternkopf (*Echium vulgare*) und Mehliger Königskerze (*Verbascum lychnitis*) besiedelt werden. Hier hat die Edel-Schafgarbe (*Achillea nobilis*), die im südlichen Franken nur am Hesselberg vorkommt, ihren Schwerpunkt. Der Bleiche Schöterich kommt vor allem in feuchten Jahren in großer Zahl vor. Eine Flora aus dem vergangen Jahrhundert weiß zu vermelden, daß er in solchen Mengen gedieh, daß man in Röckingen aus den Samen Öl gewann.

An Arten viel stärker verarmt ist die unter starkem Besucherdruck leidende Osterwiese auf dem Plateau. Ähnlich wie am Walberla (Wanderung 11) sind hier vielfach Trittrasen ausgebildet. Um die Osterwiese sind im Gelände deutlich die Spuren eines alten Ringwalles auszumachen. Kurz vor seiner Südostecke führt durch einen Einschnitt ein Weg ins Tal hinab, der von einer Lindenallee flankiert wird. Der Hesselberg ist übrigens auch der locus typicus einer Pflanze, die Franken in ihrem Namen führt. Es handelt sich um den Fränkischen Löwenzahn (*Taraxacum franconicum*) aus der Gruppe der rotfrüchtigen Löwenzähne (Sektion *Erythrosperma).* Diese Art wurde nach einem Exemplar beschrieben, das am Südosthang des Hesselberges auf einem mit Malmschotter befestigten Weg im Bereich des Opalinustones gesammelt wurde.

Der Weg (Markierung: blauer Querbalken) führt uns durch eine parkartige Kulturlandschaft, die unsere Vorstellung von intakter Natur gemeinhin prägt. Etwas weiter unten droht allerdings die schöne Allee leider zwischen den zu beiden Seiten gepflanzten dunklen, hohen Fichten fast zu erstikken. Einige Baumleichen säumen den Weg, der bei Nässe sehr rutschig sein kann und uns daran erinnert, daß wir wieder im Bereich des Opalinustones angelangt sind. Bald haben wir wieder den Ausgangspunkt unserer Wanderung erreicht, auf der wir trotz der zu beobachtenden Artenfülle sicher nur einen Teil der vom Hesselberg bekannten rund 500 Farn- und Blütenpflanzen gesehen haben.

Länge der Wanderung*:* ca. 4 km
Einkehrmöglichkeiten: Gerolfingen, Wassertrüdingen
Verkehrsverbindungen: aus dem Großraum Nürnberg über die Bundesstraße B 466 nach Gunzenhausen und Wassertrüdingen , von Westen über Dinkelsbühl Richtung Wassertrüdingen und von Süden über Nördlingen und Öttingen nach Wassertrüdingen

Dolomitkiefernwälder der Nördlichen Frankenalb

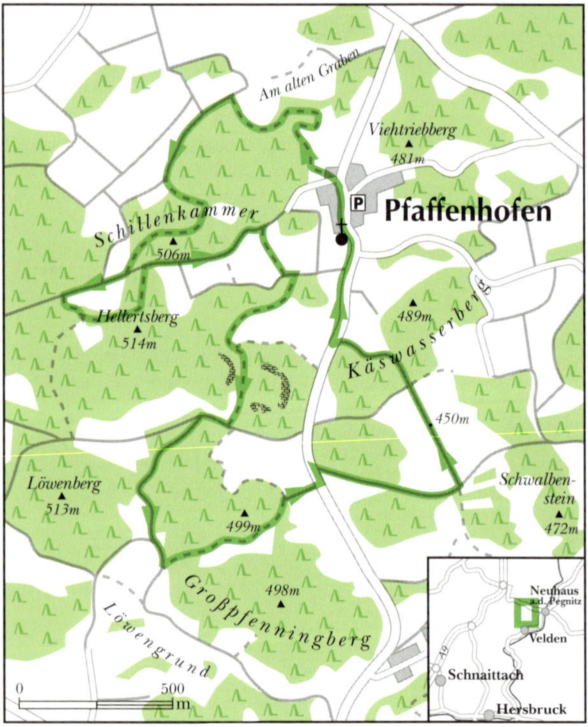

Große Teile der Pegnitzalb, jenes Teils der Frankenalb, der von der Pegnitz entwässert wird, sind von Dolomitkuppen geprägt, die oft von Felsbastionen gekrönt sind. Diese Kuppenalb steht in starkem Kontrast zur Flächenalb, die wir am Westrand der Jurastufe antreffen. Die Landschaft ist reich gegliedert; Felder, Wiesen und Wälder sind eng verzahnt. Die Lichtbaumart Kiefer (*Pinus sylvestris*) ist die vorherrschende Holzart. Auf unserer Wanderung wollen wir die Besonderheiten dieses in seiner Art einmaligen Land-

schaftstyps näher kennenlernen. Die vorgeschlagene Route kann beliebig erweitert werden, da entlang fast aller Wege interessante Pflanzen angetroffen werden können.
Als Ausgangspunkt wählen wir den kleinen Ort Pfaffenhofen. Von der Linde in der Ortsmitte aus gehen wir einige Meter nach Norden in Richtung Höfen und folgen dann links einem geteerten Weg, der am Waldrand entlang nach Nordwesten führt. An seinem höchsten Punkt können wir rechts am Rande eines Ackers um eine mit Kiefern bestandene Kuppe herumgehen. Im Feld erkennen wir Dolomitgeröll. Bei diesem Gestein handelt es sich um Calcium-Magnesium-Carbonat, das im Gegensatz zum lehmig verwitternden Kalkgestein (Calcium-Carbonat) sandig verwittert und von gelblicher Farbe ist. Mit der Lupe können wir die kantigen Körner gut erkennen. Solche Böden können Wasser nur schwer festhalten; sie trocknen daher leicht aus. Für manche Pflanzen mag erschwerend die für sie giftige Wirkung hoher Konzentrationen von Magnesiumionen hinzukommen. Solche Bedingungen beeinflussen die Konkurrenzverhältnisse in der Pflanzendecke und versprechen dem Botaniker lohnende Beobachtungen.
Am Fuß der Kuppe ist in Südexposition als nur wenige Meter breites Band eine Dolomitsand-Grasheide (Helichryso-Festucetum sulcatae) ausgebildet. Eine kennzeichnende Art dieser Pioniergesellschaft ist die Sand-Strohblume (*Helichrysum arenaria*). Mit ihrer silbrig-weißen Behaarung besitzt sie einen guten Schutz vor Austrocknung und zu starker Bestrahlung. Die Hüllblätter dieses Korbblütlers sind goldgelb gefärbt und behalten auch nach dem Absterben diese Farbe. Im Mittelfränkischen Becken war diese Art auf Sand früher sehr häufig, so daß sie auf den Märkten in Nürnberg und Erlangen verkauft wurde. Heute ist sie dort aber fast völlig erloschen. Eine weitere stark gefährdete Art dieser Grasheiden ist die Bläuliche Sommerwurz (*Orobanche coerulescens*), die in Deutschland fast nur noch in der Pegnitzalb vorkommt und hier die Westgrenze ihres Areals erreicht. Stark im Rückgang begriffen ist schließlich auch die Frühlings-Miere (*Minuartia verna*). Weitere für diese Gesellschaft typische Arten sind Grauer Löwenzahn (*Leontodon incanus*), Sand-Fingerkraut (*Potentilla arenaria*), Sand-Veilchen (*Viola rupestris*) und die Sprossende Fransenhauswurz (*Jovibarba sobolifera*). Die Dolomitsand-Grasheide ist zu den Mauerpfeffergesellschaften (Sedo-Scleranthetalia) zu stellen, da sie eine ganze Reihe dafür charakteristischer Arten aufweist: Kelch-Steinkraut (*Alyssum alyssoides*), Weiße Fetthenne, Scharfer und Milder

Die Sprossende Fransenhauswurz (*Jovibarba sobolifera*) – eine charakteristische Art der Dolomitsand-Grasheiden

Mauerpfeffer (*Sedum album, S. acre, S. sexangulare*), Fünfmänniges Hornkraut (*Cerastium semidecandrum*), Frühlings-Hungerblümchen (*Erophila verna*), Quendel-Sandkraut (*Arenaria serpyllifolia*) und Steinquendel (*Acinos arvensis*). Schließt sich die Vegetationsdecke stärker, so beteiligen sich aber auch Arten der Steppen- und Trespenrasen wie Zypressen-Wolfsmilch (*Euphorbia cyparissias*), Gemeiner Thymian (*Thymus pulegioides*), Frühlings-Fingerkraut (*Potentilla neumanniana*), Feld-Beifuß (*Artemisia campestris*), Küchenschelle (*Pulsatilla vulgaris*), Gemeines Sonnenröschen (*Helianthemum ovatum*), Edel-Gamander (*Teucrium chamaedrys*), Furchen-Schwingel (*Festuca rupicola*) oder Kriechender Hauhechel (*Ononis repens*).
An der Nordseite des Hügels führt ein schmaler Pfad zwischen jungen Fichten hindurch und bringt uns wieder auf den Fahrweg zurück, dem wir leicht bergab folgen (Markierung: rotes Kreuz). Eine Mehlbeere mit Blättern, die mit ihren Merkmalen zwischen denen der Elternarten Vogelbeere (*Sorbus aucuparia*) und Mehlbeere (*Sorbus aria*) steht, ist die Bastard-Vogelbeere *Sorbus pseudothuringiaca*. Der leichte Kiefernanflug auf der Böschung zeigt, daß die Waldkiefer (*Pinus sylvestris*) auf Rohböden gut keimen kann.

Rechter Hand stehen Sal-Weiden (*Salix caprea*) und Purpur-Weiden (*Salix purpurea*). Der markierte Weg zweigt bald in das flache Tal nach Höfen ab; wir gehen hier aber geradeaus weiter. Kurz darauf wendet sich der Weg nach Süden, steigt in einem Kiefernwald bergan und ist bald kaum mehr zu erkennen.
Haben wir den Kamm überschritten, sehen wir vor uns eine Wiese, die nach Südosten leicht abfällt. An einigen Dolomitfelsen vorbei gehen wir auf einem Weg nach rechts und steigen nach wenigen Metern links zum höchsten Punkt des Berges hinauf. Auf dem Kamm wandern wir dann in Richtung Südwesten. Angesichts des Vorherrschens der Kiefer (*Pinus sylvestris*) stellt sich die Frage nach ihrer Natürlichkeit. Vielerorts in der Frankenalb wurden ja in den letzten 150 Jahren zahlreiche aufgelassene Schafweiden damit aufgeforstet. Meist herrscht in der naturnahen Vegetation die Buche (*Fagus sylvatica*) vor. Sie ist in der Pegnitzalb wohl um 4000 v. Ch. eingewandert. Allerdings muß man davon ausgehen, daß schon in der Jungsteinzeit das Gebiet von Menschen besiedelt war und durch die Waldweide die wegen der hier ausgeprägten relativen Trockenheit ohnehin

In Deutschland kommt die Felsen-Schaumkresse (*Cardaminopsis petraea*) fast nur in der Frankenalb und im Südharz-Vorland vor.

behinderte Ausbreitung der Buche zugunsten der Kiefer gehemmt wurde. So könnten in den Dolomitkiefernwäldern Arten wie Blaugras (*Sesleria varia*), Zwergbuchs (*Polygala chamaebuxus*) oder Felsen-Schaumkresse (*Cardaminopsis petraea*), ein Eiszeitrelikt, das in der Pegnitzalb den Schwerpunkt ihres Vorkommens hat, überdauert haben. Später konnten in diese lichten Bestände dann auch thermophile Arten der Trockenrasen und Säume einwandern. Die Dolomitkiefernwälder der Kuppenalb wären danach also nicht durch den Menschen begründet, sondern durch fortdauerndes menschliches und tierisches Einwirken bis heute in einem früheren Zustand konserviert worden.
Für diese Dolomitkiefernwälder sind im Gebiet Rotes Waldvögelein (*Cephalanthera rubra*), Grünblütiges Wintergrün (*Pyrola chlorantha*) und Geflecktes Ferkelkraut (*Hypochoeris maculata*) als Kennarten zu werten. Ihre Zugehörigkeit zu den Schneeheide-Kiefernwäldern zeigen Zwergbuchs (*Polygala chamaebuxus*), Grauer Löwenzahn (*Leontodon incanus*) und Birngrün (*Orthilia secunda*). Zahlreiche Arten der Trespen-Halbtrockenrasen und der Säume unterscheiden sie von mesophilen Wäldern auf besseren Böden. Als Beispiele seien genannt Blaugras (*Sesleria varia*), Rundblättrige Glockenblume (*Campanula rotundifolia*), Zypressen-Wolfsmilch (*Euphorbia cyparissias*), Pyramiden-Schillergras (*Koeleria pyramidata*), Kleines Labkraut (*Galium pumilum*), Ästige Graslilie (*Anthericum ramosum*) und das Rindsauge (*Buphthalmum salicifolium*).
Fragt man nach der potentiellen natürlichen Vegetation dieses Gebietes, also nach der Vegetation, die ohne menschlichen Einfluß allein aufgrund des Standortpotentials sich hier ausbilden könnte, so überwiegen fast überall Buchenwälder vom Typ des Orchideenbuchenwaldes (Carici-Fagetum). Es gibt allerdings eine Ausnahme. Am Fuß von Dolomitkuppen kann es zu mächtigen Anhäufungen von Dolomitsand kommen. Das geringe Wasserhaltevermögen dieser Standorte kann vor allem in Südexposition zu extremer Austrocknung führen. Dadurch wird die Konkurrenzkraft der Rotbuche (*Fagus sylvatica*) geschwächt, die Waldkiefer (*Pinus sylvestris*) gewinnt langfristig die Oberhand. Wegen der geringen Löslichkeit des Dolomits kann es zu oberflächlicher Versauerung kommen, die Mykorhizapilze etwa der Wintergrün-Gewächse oder der Orchideen fördert. Solche meist nur wenige hundert Quadratmeter große Flächen nimmt der Dolomitsand-Kiefernwald ein. Charakteristische Arten sind neben dem Großen Windröschen (*Anemone sylvestris*) einige Orchideen wie Braunrote Sitter

(*Epipactis atrorubens*), Hohlzunge (*Coeloglossum viride*), Fliegen-Ragwurz (*Ophrys insectifera*), Rotes Waldvögelein (*Cephalanthera rubra*), Frauenschuh (*Cypripedium calceolus*) oder Netzblatt (*Goodyera repens*). Die Wuchsleistung der Kiefer ist gering, in der Strauchschicht findet sich oft der Wacholder (*Juniperus communis*).

Auf unserer Wanderung werden wir die skizzierten Waldtypen mehrfach antreffen. Am Südwestende unseres Bergkammes führt bei einer Felsgruppe ein Fußpfad auf den Feldweg hinunter. Der Markierung »roter Kreis« folgen wir nach Westen. Sobald wir den Wald erreicht haben, bemerken wir unter den Kiefern zu unserer Rechten um die Pfingstzeit ausgedehnte Bestände des Großen Windröschens (*Anemone sylvestris*). Wir folgen nun aber nicht dem Weg bergab in den dunklen Wald, sondern umgehen die Wiese zu unserer Linken an der Westseite. Eine Fahrspur führt zu einer kleinen Waldwiese. An ihrem Nordende können wir uns an einer Sandentnahmestelle den Dolomitsand genau ansehen. Auf dem Rücken darüber wächst viel Nestwurz (*Neottia nidus-avis*). Hier folgen wir einem Pfad nach Osten. Schattseitig dominiert hier die Buche. Zwischen der Fieder-Zwenke findet man Frühlings-Platterbse (*Lathyrus vernus*), Wald-Bingelkraut (*Mercurialis perennis*), Zwergbuchs (*Polygala chamaebuxus*) und vereinzelt den gelben Großblütigen Fingerhut (*Digitalis grandiflora*). Sobald das Gelände abfällt, halten wir uns nach Norden und stoßen wieder auf unseren Wanderweg, dem wir Richtung Pfaffenhofen folgen.

Am Südfuß des Berges treffen wir auf die uns ja schon bekannte Dolomitsand-Grasheide und auf Standorte des Dolomitsand-Kiefernwaldes. Aufkommende Buchen (*Fagus sylvatica*) deuten den Übergang zum Orchideen-Buchenwald an. In einer Linkskurve biegen wir hinter einer großen Kiefer am rechten Straßenrand ab und gehen spitzwinklig auf grasigem Weg etwas zurück und zwischen zwei Feldern zum gegenüberliegenden Waldrand. Dort steht wieder der gelbliche Dolomitsand an. In Nordexposition finden wir hier Frühlings-Miere (*Minuartia verna*), Felsen-Schaumkresse (*Cardaminopsis petraea*), Mondraute (*Botrychium lunaria*), Wundklee (*Anthyllis vulneraria*), Blaugras (*Sesleria varia*) und Blaugrüne Segge (*Carex flacca*). In östlicher Richtung gehen wir weiter bis zur nächsten Linkskurve, in der wir über einen kleinen Rücken im Wald auf der Südseite wieder auf einen Weg stoßen, dem wir nach Westen folgen. Am höchsten Punkt angekommen, sehen wir hinter großen Fichten steil aufragende Dolomitfelsen inmitten großer Be-

Ledrige, immergrüne Blätter kennzeichnen den Zwergbuchs (*Polygala chamaebuxus*).

stände von Wald-Bingelkraut (*Mercurialis perennis*) und Gold-Nessel (*Galeobdolon luteum*), Etwas seltener findet man Haselwurz (*Asarum europaeum*) und Einbeere (*Paris quadrifolia*) und weitere Mullbodenpflanzen. Das Schattenblümchen (*Maianthemum bifolium*) weist auf leichte Versauerung hin. Hier am Nordhang sind die Felsen dicht bewachsen und moosbehangen. An Farnen gedeihen Tüpfelfarn (*Polypodium vulgare*), Zerbrechlicher Blasenfarn (*Cystopteris fragilis*), Ruprechtsfarn (*Gymnocarpium robertianum*), Mauerraute (*Asplenium ruta-muraria*) und Braunstieliger Streifenfarn (*Asplenium trichomanes*). Von letzterem kommt in der Alb auch die Unterart *pachyrachis* mit seesternartig an die Felsen angepreßten Wedeln vor. Ferner wachsen hier Brennessel (*Urtica dioica*), Schwarzer Holunder (*Sambucus nigra*) und Ruprechts-Storchschnabel (*Geranium robertianum*).

Auf der sonnigen Südseite bringt uns ein stark vergraster Weg zwischen Kiefern mit Fichtenunterwuchs zu einer Waldwiese und schließlich an einen Fahrweg, der an dieser Stelle von zwei Dolomitbastionen flankiert wird. Diesem Weg folgen wir nach rechts und biegen auf dem ersten kleinen Weg links in den Fichten- und Kiefernbestand mit vereinzelten Wacholdern (*Juniperus communis*) ein. Bald stoßen wir auf große Bestände des Frauenschuhs (*Cypripedium calceolus*). Diese auffälligste Orchidee unserer Heimat braucht den hier herrschenden Halbschatten. Bei zu starker Beschattung werden weniger Blüten ausgebildet. Die Be-

stäubung der Blüten erfolgt vornehmlich durch solitäre Sandbienen der Gattung *Andrena*, die die in der Umgebung zahlreich vorhandenen offenen Dolomitsandflächen zur Anlage ihrer Bruthöhlen nutzen. Ein Netz von Trampelpfaden zeigt, daß dieses Massenvorkommen vielen Menschen bekannt ist. Grünliche Waldhyazinthe (*Platanthera chlorantha*), Nestwurz (*Neottia nidus-avis*) und Zweiblatt (*Listera ovata*) sind weitere häufige Orchideen dieses Bereiches.
In einem weiten Bogen führt der Weg um den Berg. Kurz nach einem Holzlagerplatz mit einigen Schuppen teilt er sich. Wir entscheiden uns für den linken Weg und wandern durch einen Kiefernwald mit meterhohen Wacholder-Säulen (*Juniperus communis*) und vielen kleinen Dolomitfelsen. Dann überqueren wir die Straße und halten uns leicht links an den Waldrand. An der Böschung haben wir viele der uns nun schon vertrauten Arten in günstiger Blickhöhe vor uns: Sand-Strohblume (*Helichrysum arenarium*), Katzenpfötchen (*Antennaria dioica*), Gemeines Sonnenröschen (*Helianthemum ovatum*), Echte Kugelblume (*Globularia punctata*), Gamander-Ehrenpreis (*Veronica chamaedrys*), Kleines Habichtskraut (*Hieracium pilosella*), Steppen-Lieschgras (*Phleum phleoides*) und Pyramiden-Schillergras (*Koeleria pyramidata*).
An einer Kreuzung gehen wir links auf einem Feldweg nach Nordwesten in den Wald hinein (Markierung roter Kreis bzw. rotes Kreuz). Ein Schild »Nach Pfaffenhofen 500 m« verrät uns, daß wir nicht mehr weit von unserem Ausgangspunkt sind. Auf der Kreisstraße mit einem Saum von Wiesen-Kerbel (*Anthriscus sylvestris*) erreichen wir bald den freundlichen Ort mit seinen gepflegten Fachwerkhäusern.

Länge der Wanderung: etwa 5 km, leicht abzukürzen oder zu verlängern
Einkehrmöglichkeiten: Pfaffenhofen, Velden
Verkehrsverbindung: Autobahn Nürnberg-Bayreuth, Ausfahrt Plech, Höfen, Pfaffenhofen; von Süden über das Pegnitztal bis Velden nach Pfaffenhofen

TOUR 14

Schwarzachschlucht und Ludwig-Donau-Main-Kanal im Nürnberger Reichswald

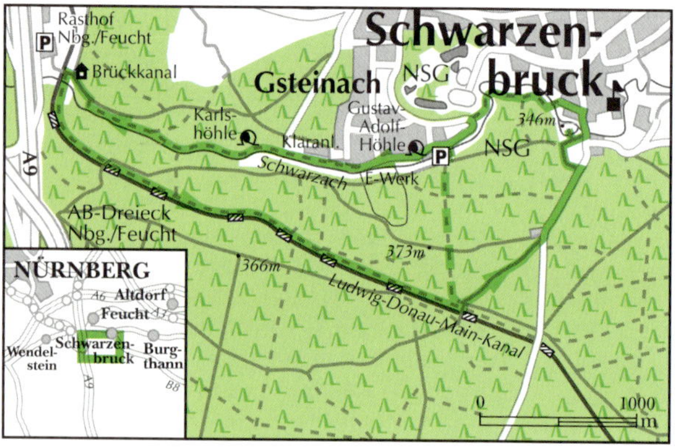

Die abwechslungsreiche Wanderung besteht aus drei verschiedenen Teilstücken. Zunächst folgen wir einem kleinen Fluß, der Schwarzach, durch eine tief in die roten Sandsteinfelsen des Mittleren Burgsandstein eingeschnittene Schlucht mit Höhlen und Steilwänden, wandern dann gemütlich an den Ufern des historischen Ludwig-Donau-Main-Kanals an alten Schleusen und Wärterhäuschen vorbei, um dann in einem großen Bogen durch ausgedehnte Kiefernforste wieder zum Ausgangspunkt zu gelangen. Ein größerer Abschnitt der Wanderung wird von einem wasserwirtschaftlichen Lehrpfad begleitet, dessen Tafeln viel Wissenswertes über verschiedene Themen und Probleme, die mit dem Wasser zu tun haben, zu entnehmen ist.
Der Nürnberger Reichswald, im Osten der alten Reichsstadt gelegen, kann es bezüglich Blumenpracht nicht mit den Hängen der Frankenalb oder der Windsheimer Bucht aufnehmen. Dafür bieten die endlosen Kiefernforsten dem Wanderer Stille und Abgeschiedenheit, wenn er nur will. Die meisten wollen nicht, und so gibt es auch heute noch vor den Toren der Großstadt weite Gebiete, wo die Gesänge von Misteldrossel und Rotkehlchen vertrauter sind als Straßenlärm und Ausflugstrubel. Die Eintönigkeit der Vege-

tation hat zwei Hauptursachen: die eine liegt im geologischen Untergrund des Sandsteinkeupers, der auf weite Strecken fast ausschließlich nährstoffarme, sandige Böden zuläßt, die andere in der Nutzungsgeschichte des Reichswaldes. Seit dem Mittelalter bis weit in die Neuzeit hat die Stadt Nürnberg ihren Energiebedarf aus den umliegenden Wäldern gedeckt. Dies führte schon frühzeitig zu einer Ausplünderung der reichen Holzvorräte. Die Nährstoffarmut der ausgelaugten Böden, die durch das sogenannte Streurechen – die Entnahme der humusbildenden Streuschicht zur Einstreu in die Ställe und zur Düngung – noch weiter verstärkt wurde, ließ allerdings keine andere Baumart als die Waldkiefer oder Föhre (*Pinus sylvestris*) wachsen, so daß jahrhundertelang fast nur Kiefernmonokulturen hochzubringen waren, eben der »Steckerlaswald« der Nürnberger. Erst in den letzten Jahrzehnten zeigten die Bemühungen der Förster, unterstützt durch den nimmermüden Eichelhäher, langsam Erfolge bei der Etablierung artenreicher Mischwälder.

Auf den langgezogenen Flugsanddünen, deren Oberfläche von einem weißen Teppich von verschiedenen Strauchflechten bedeckt ist, können aber nach wie vor nur Kiefern wachsen. Hier treten sogar die sonst allgegenwärtigen Beersträucher zurück und auch fast alle Gräser und Kräuter. Diese meist nur kleinflächig ausgebildeten Flechtenkiefernwälder (Cladonio-Pinetum bzw. Leucobryo-Pinetum cladonietosum) sind mit Sicherheit als natürliche Nadelwälder zu betrachten und sind als seltene, aber auch sehr typische Vegetationseinheit des Mittelfränkischen Beckens absolut erhaltenswert. Sie verkörpern das subkontinentale Element in unserer Flora, für das es im Naturraum viele weitere Beispiele gibt. Gleichzeitig steht das Gebiet aber auch unter dem Einfluß von subatlantischen Klimaeinflüssen, die sich ebenfalls in Flora und Vegetation widerspiegeln. Das Großklima des Gebietes ist mit knapp über 600 mm Jahresniederschlag und einer mittleren Jahrestemperatur von etwa 8,3°C als subkontinental zu beschreiben und trägt die Züge eines Wärme- und Trockengebietes, wenn auch in abgeschwächter Form, etwa im Vergleich zum thüringischen Becken.

Der Einstieg in die Wanderung gelingt am besten vom Parkplatz des gut ausgeschilderten Restaurants »Portugal« in der Schwarzachschlucht im Ortsteil Gsteinach der Gemeinde Schwarzenbruck. Durch dessen Wirtschaftsgarten dem Schild »Wanderung Schwarzachtal« folgend, gelangt man an die Schwarzach, die hier zu einem schmalen See aufge-

Rote Felsen des Oberen Burgsandstein begrenzen die Schwarzachschlucht im Nürnberger Reichswald.

staut ist. Der Blick auf das andere Ufer zeigt uns die rötlichen Sandsteinfelsen aus Mittlerem Burgsandstein, in die sich der Fluß tief eingesägt hat. Der Weg entfernt sich zunächst für kurze Zeit vom Ufer und führt über eine Treppe aus vielen verschiedenen Steinen an die Oberkante der Schwarzachschlucht. An einer schön gewachsenen Stieleiche (*Quercus robur*) vorbei folgen wir für etwa 200 m der Wandermarkierung durch ein Wohngebiet im Ortsteil Gsteinach, bis sich der Weg gabelt und wieder zum Fluß hinunter führt.

Der bisher nur ein bis zwei Meter breite Uferstreifen zwischen Fluß und Felsen bzw. Steilhang weitet sich jetzt und gibt Raum für einen kleinen Laubmischwald. Mächtige Stieleichen (*Quercus robur*) und Hainbuchen (*Carpinus betulus*) lassen einen Eichen-Hainbuchen-Wald erkennen, nicht zuletzt wegen des massenhaften Auftretens der Echten Sternmiere (*Stellaria holostea*), deren tief geteilte Kronblätter eine zehnteilige Blütenhülle vortäuschen. Gleich im Anschluß an den mit einer dichten Krautschicht versehenen Eichen-Hainbuchen-Wald ist rechts am Hang ein Buchenbestand (*Fagus sylvatica*) mit einigen eingesprengten Fichten (*Picea abies*) zu sehen, der fast frei von Unterwuchs ist.

Unter dem dichten Blätterdach können nur wenige schattentolerante Kräuter ihr Auskommen finden. Im weiteren Verlauf des Weges gelangen wir durch ein Loch im Sandsteinfelsen in ein geräumiges grottenartiges Gewölbe, die Karlshöhle. Die von Sickerwasser überrieselten Wände besitzen einen dichten Überzug aus leuchtend grünen Pflanzen, in der Hauptsache Moose und Farne. In größeren Bereichen wird dieser Überzug aber auch von einer Blütenpflanze, dem Gegenblättrigen Milzkraut (*Chrysosplenium oppositifolium*) gebildet, dem im Gebiet weit selteneren Vertreter der beiden Milzkrautarten Deutschlands. Dieses im zeitigen Frühjahr mit gelblichen Blüten versehene Steinbrechgewächs konkurriert an den nicht ganz so steilen Wänden mit Erfolg mit den Lebermoosen *Conocephalum conicum, Riccardia pinguis* und *Preissia quadrata.* An den senkrechten oder gar überhängenden Wänden sind die Lebermoose den Blütenpflanzen gegenüber im Vorteil. Alle genannten Arten brauchen ganzjährig nasse Stellen und können auch eine Berieselung von oben ertragen. Sind die Felswände nicht mehr ganz so naß, siedeln hier einige Farne wie der Blasenfarn (*Cystopteris fragilis*) und der Breitblättrige Dornfarn (*Dryopteris dilatata*), die mehr am oberen Rand der grünen Höhlenwände wachsen. Noch mehr Trokkenheit bevorzugt der Tüpfelfarn (*Polypodium vulgare*) – so benannt nach seinen auffallenden, tüpfelförmigen Sporenhäufchen (Sori) auf der Wedelunterseite –, der auch an zeitweise besonnten Felsen vorkommt. Die kleeblättrigen Pflanzen am Fuß der Höhlenwände sind Sauerklee (*Oxalis acetosella*). Im Anschluß an das Buchen-Fichten-Wäldchen gelangt man an eine Lichtung, die auf der Trasse einer Hochspannungsleitung angelegt wurde. Hier ist eine Schlagflur ausgebildet mit den typischen Schlagpflanzen Himbeere (*Rubus idaeus*), Stechender Hohlzahn (*Galeopsis tetrahit*), Schmalblättriges und Bergweidenröschen (*Epilobium angustifolium, E. montanum*) und Schwarzer Holunder (*Sambucus nigra*). Außerdem sind die Vorwaldarten Zitterpappel (*Populus tremula*) und Hängebirke (*Betula pendula*) vertreten, die den allmählichen Übergang zum Wald anzeigen und vorbereiten.

Bevor der Weg dann nach rechts auf die Höhe hinauf führt, überquert er eine der vielen kleinen und kleinsten Quellen, die über einer wasserundurchlässigen Lettenschicht des Mittleren Burgsandsteins austritt. An dieser Stelle ist auch zu sehen, daß die etwa drei Meter über dem Normalwasserstand liegende Talaue aus dem gleichen feinen, hellrosabraunen Sand aufgeschüttet wurde, aus dem auch die umgebenden Felsen bestehen. Wenn sich das enge Tal der Schwarzach etwas weitet und sich eine Talsohle von einigen Metern Breite ausbilden kann, wird diese von einem Auwald eingenommen. Typisch für Auwaldstandorte sind Grundwassernähe und die zeitweilige Überschwemmung im Frühjahr. Meist kommt es durch die Wasserüberstauung infolge der Ablagerung von Schlamm und organischem Treibgut aus abgerissenen Pflanzenteilen zu einer Nährstoffanreicherung, die ein üppiges Pflanzenwachstum ermöglicht. Anders als bei den großen Flüssen und Strömen ist an den kleineren Fließgewässern eine Trennung in die unmittelbar ans Ufer stoßende Weichholzaue (Salicion albae) mit vielen Pappeln und Weiden und in die weiter vom Fluß entfernte Hartholzaue (Alno-Ulmion) mit Erlen, Ulmen, Eschen und Eichen nur selten möglich. Auch an der Schwarzach finden sich mit der an den rundlichen, schwarzen Zapfen leicht erkennbaren Schwarzerle (*Alnus glutinosa*) und der Bruchweide (*Salix fragilis*) bzw. ihrem Bastard (*S.* x *rubens*) mit der Silberweide (*S. alba*) Vertreter beider Auwaldverbände unmittelbar nebeneinander. An weiteren Bäumen sind vor allem die feuchte Böden gut ertragende Stieleiche (*Quercus robur*) und die Bergulme (*Ulmus glabra*) mit ihren häufig dreispitzigen Blättern beigemischt. Unter den Sträuchern dominieren Schwarzer und Traubenholunder (*Sambucus nigra, S. racemosa*), die man leicht an ihrem weißen bzw. rötlichbraunen Mark unterscheiden kann, wenn man einen abgestorbenen Zweig abbricht, sowie der Gemeine Schneeball (*Viburnum opulus*) mit kirschroten, kleinen Beeren und ahornähnlichem Laub und das prächtig karminrot fruchtende, aber sehr unscheinbar blühende Pfaffenhütchen (*Euonymus europaea*), das eine lange grün bleibende Rinde mit Korkleisten an den Kanten der Zweige besitzt. Der Unterwuchs, der häufig auch eigene Gesellschaften im pflanzensoziologischen Sinne bildet, wird von üppigen Stauden beherrscht, die vor allem um das Licht konkurrieren, denn Wasser und Nährstoffe sind ja im Überfluß vorhanden. Weite Flächen werden von der Großen Brennessel (*Urtica dioica*) eingenommen; beigemischt sind Weiße und Gefleckte Taubnessel (*Lamium album, L. maculatum*), Waldziest (*Stachys sylvatica*) und Gundermann (*Glechoma hederacea*) sowie die Echte Nelkenwurz (*Geum urbanum*) und der weißblühende Wasserdarm (*Myosoton aquaticum*). Zwischen ihnen streben einige Stauden dem Licht entgegen, die auf Grund ihres hohen Wuchses die anderen Arten überragen, wie der Rüben-Kälberkropf (*Chaerophyllum bulbosum*) mit seinem eigenartigen Stengel, der an den Knoten kropfartig verdickt ist und zudem fast auf der ganzen Länge kahl und wie mit Wachs überzogen ist, an den alleruntersten Abschnitten aber kräftige Borsten besitzt. Ein weiterer hochwüchsiger Doldenblütler ist die Wald-Engelwurz (*Angelica sylvestris*), die mehrfach gefiederte Blätter besitzt. Bis zu drei Meter hoch kann die Krause Distel (*Carduus crispus*) werden, die leicht an ihrem dornig geflügelten Stengel kenntlich ist.

Eine andere Strategie im Kampf um das Licht haben sich die Kletterpflanzen einfallen lassen, die man in die Schlinger, Klimmer und Ranker einteilen kann. Sie benutzen andere Pflanzen als Stütze und wachsen an ihnen in die Höhe, so die großblütige Zaunwinde (*Calystegia sepium*), das quirlblättrige Klettenlabkraut (*Galium aparine*) oder die Zaun- (*Vicia sepium*) und die Vogelwicke (*V. cracca*), die jeweils einen der drei genannten Klettertypen repräsentieren. Zu den Klimmern gehört auch der Hopfen (*Humulus lupulus*), der sich mit kleinen Häkchen am Stengel hoch in die Äste der Bäume emporarbeiten kann, wie es an der kleinen Anpflanzung von Pyramidenpappeln (*Populus nigra* var. *pyramidalis*) direkt am Ufer der Schwarzach zu sehen ist. Hier in den Auwäldern hat er seine Heimat.

Erwähnenswert ist hier noch eine andere Gruppe von Pflanzen, die nicht wie die allermeisten der bisher genannten Arten zu den alteinheimischen Pflanzen Mitteleuropas gehören, sondern zu den Neubürgern, den Neophyten. Sie gelangten erst mit Beginn der Neuzeit zu uns, häufig im letzten oder auch erst in diesem Jahrhundert. An der Schwarzach sind von ihnen hauptsächlich das rotblühende, aus dem Himalaya stammende Drüsige Springkraut (*Impatiens glandulifera*) und die beiden Nordamerikaner Kanadische Goldrute (*Solidago canadensis*) und Knollen-Sonnenblume (*Helianthus tuberosus*), auch Topinambur genannt, sowie einige nordamerikanische Astern aus der Gruppe um *Aster novi-belgii* anzutreffen. Von diesem sehr artenreichen Hochstaudenbestand am Fuße der kleinen Quelle, die ein Objekt (Nr. 1) des Wasserwirtschaftlichen Lehrpfades darstellt, wendet sich der Weg nach rechts oben. Am Steilhang gedeiht ein gehölzreicher Ahorn-Eschenwald, der alle drei heimischen Ahornarten (*Acer pseudoplatanus, A. platanoides, A. campestris*), die beiden Linden (*Tilia platyphyllos, T. cordata*) sowie Esche (*Fraxinus excelsior*), Haselnuß (*Corylus avellana*) und einige Tannen (*Abies alba*) enthält.

Folgt man dem Weg nach Erreichen der etwa 15 Meter höher liegenden Oberkante der Schwarzachschlucht Richtung

14

Auf dem Brückkanal wird der Ludwig-Donau-Main-Kanal über die Schwarzach geführt.

Westen, hört man bald die Geräusche der nahen Autobahn A9 München – Nürnberg. Nach wenigen Metern gelangt man an ein Wirtshaus mit Waldschänke, dessen Gelände durchquert wird. Sodann stehen wir unmittelbar am Ludwig-Donau-Main-Kanal, der überall, wo er noch erhalten ist, nur der »Alte Kanal« heißt. Es ist dies aber keine gewöhnliche Stelle, sondern die interessanteste überhaupt im Verlauf des ehemals von Bamberg bis nach Kelheim an der Donau führenden 177 km langen Kanals, der auf der gesamten Strecke in einem künstlich gegrabenen Bett verlief. Das Besondere der Lokalität wird einem zunächst überhaupt nicht klar. Erst wenn man einige Meter am Kanalufer entlanggeht und den Blick nach unten richtet, stellt man mit höchstem Erstaunen fest, daß der Kanal auf einer gewaltigen Steinbrücke von 90 Meter Länge in fast 20 Meter Höhe über die Schwarzach geführt wird. Wir stehen am sogenannten »Brückkanal«, dem imposantesten Bauwerk des Ludwig-Kanals, wie er auch genannt wird. Von einer Tafel in der Nähe des Eingangs zum Wirtshausgarten erfahren wir Weiteres über den von 1839 bis 1841 erbauten Brückkanal. Auf ihm überqueren wir in luftiger Höhe die Schwarzach und folgen nun dem Kanal zunächst in Richtung Süden. Welches Ufer wir nehmen, ist egal, da spätestens alle 400 Meter eine Schleuse mit Brücke eine bequeme Überquerung ermöglicht. Die Wege an beiden Seiten verlaufen auf den ehemaligen »Treidelpfaden«. Dies waren die Pfade, auf denen die Zugpferde die Frachtkähne zogen, bevor die Schiffsmotoren diese Aufgabe übernahmen. Für die Strecke von Bamberg nach Kelheim benötigte ein Treidelzug etwa 47 Stunden reine Fahrzeit. Auf den Sandsteinen des Brückkanals wie auch auf denen der Schleusenkammern sind flache, rundliche Flecken von meist hellgrauer Farbe zu sehen. Es sind dies Flechten, eigenartige Gebilde, die aus einem Pilz und Algen bestehen, die in enger Symbiose leben und zu einem neuen Organismus verschmolzen sind.

Im Wasser fallen zunächst hellgrüne, watteartige Gebilde auf, die von verschiedenen fädigen Grünalgen gebildet werden (u.a. *Hydrodictyon*). Besonders üppig hängen die Algenbärte an den Stengeln des Ährigen Tausendblattes (*Myriophyllum spicatum*), einer zarten Unterwasserpflanze, die nur ihre zarten, rötlichen Blüten über die Wasseroberfläche erhebt. Es hat fein zerteilte, weiche Blättchen, die zu fünft oder sechst quirlartig den Stengel umgeben. Eine weitere im Kanal häufige Unterwasserpflanze ist das Spiegelnde Laichkraut (*Potamogeton lucens*), das stark netznervige, relativ große Blätter von 10 bis 20 cm Länge hat. Andere Laichkräuter besitzen neben den Unterwasserblättern noch auf der Wasseroberfläche aufliegende Schwimmblätter, so das insgesamt häufige Schwimmende Laichkraut (*P. natans*), für das das Wasser im Alten Kanal in den meisten Abschnitten aber zu nährstoffreich ist. Mit großen, stumpf herzförmigen Schwimmblättern ausgestattet ist die Gelbe Teichrose (*Nuphar lutea*), die außerdem noch eine am Grund aufsitzende Rosette von Unterwasserblät-

tern hat, die besonders im Winter sehr auffällig ist und an Salatköpfe erinnert. Diese Rosette ist bei der Weißen Seerose (*Nymphaea alba*) viel unscheinbarer. Sie ist im Kanal nur in der Nähe von Häusern zu finden und muß wohl als »angesalbt«, d.h. vom Menschen in die freie Landschaft gepflanzt, gelten. Bei den rosa oder gelblich gefärbten Exemplaren ist die Herkunft aus Gärtnereien ohnehin nicht zu verbergen. Die Ufer des Kanals sind auf großen Strecken mit Röhrichten und Hochstaudengesellschaften bewachsen, wie sie für die Ränder stehender Gewässer typisch sind (s. Wanderung 8). Sie bieten häufig einen bunten Anblick, der vor allem durch die dunkelrosa Blüten des Blutweiderich (*Lythrum salicaria*) und die gelben des Gemeinen Gilbweiderich (*Lysimachia vulgaris*) hervorgerufen wird. Häufig zu finden sind auch die gelbe Wasser-Schwertlilie (*Iris pseudacorus*) und verschiedene weißblühende Arten wie die Doldenblütler Sumpf-Haarstrang (*Peucedanum palustre*) und Wald-Engelwurz (*Angelica sylvestris*) sowie das Mädesüß (*Filipendula ulmaria*). Sehr auffällig ist auch der Riesen- oder Teich-Ampfer (*Rumex hydrolapathum*) mit bis zu einem Meter langen Blättern, deren Spreite am Grunde allmählich in den Blattstiel verschmälert ist, also nicht herzförmig, wie bei vielen anderen Ampferarten.

14

Nach gut zwei Kilometern Weges auf dem alten Treidelpfad verlassen wir nun nach der achten Schleuse (Nr. 52) den Alten Kanal und wenden uns auf einer breiten Forststraße nach links in den Wald. Nach wenigen Metern zweigt wieder links vor der Birkenreihe ein schmaler Abkürzungsweg ab, auf dem man nach knapp einem Kilometer durch heideartige Bestände und über eine Brücke über die Schwarzach zurück zum Ausgangspunkt am Restaurant »Portugal« gelangt. Der Hauptweg führt durch ausgedehnte Kiefernforsten langsam bergab nach Schwarzenbruck. Einige kontinentale Arten wie die schmalblättrige Nadelholz-Mistel (*Viscum laxum*) und die seltenen Pyrolaceen Kleines und Grünblühendes Wintergrün sowie Birngrün (*Pyrola minor, P. chlorantha, Orthilia secunda*) weisen darauf hin, daß die Waldkiefer (*Pinus sylvestris*), deren Verbreitungsschwerpunkt ebenfalls weiter im Osten liegt, im Gebiet auch natürliche Vorkommen besitzt. Dies gilt mit Sicherheit in den Flechten-Kiefernwäldern (Cladonio-Pinetum), die nicht weit weg von hier im südlichen Reichswald um Dürrenhembach und Harrlach herum noch schöne Bestände bilden. Auf den

Der Riesen- oder Teich-Ampfer (*Rumex hydrolapathum*) kann zwei Meter Höhe erreichen.

mächtigen Binnendünen ist unter den lokalen Klimabedingungen keine andere Baumart lebensfähig, und selbst die sehr genügsame Kiefer kann nur schwachwüchsige Exemplare hervorbringen. Der ausgesprochen nährstoffarme Sandboden dieser Wälder ist mit einem dichten Teppich verschiedener Flechten aus der Gattung *Cladonia* sowie einigen Moosen, insbesondere *Dicranum spurium*, bedeckt. Die allermeisten der umliegenden »Wälder«, die auf deutlich nährstoffreicheren Keuper- und Terrassensanden stocken, müssen aber als Kiefernforste bezeichnet werden. Als potentielle natürliche Vegetation ist hier der artenarme Preiselbeer-Kiefern-Eichenwald anzusehen. Den fast ausschließlich von der Waldkiefer gebildeten Beständen sind als weitere Gehölze Stieleiche (*Quercus robur*), Hängebirke (*Betula pendula*) und Eberesche (*Sorbus aucuparia*) beigemischt. Während sie früher fast überall nur als Jungpflanzen zu finden waren, die bald der Durchforstung zum Opfer fielen, bemüht man sich heute vielerorts, sie zur Erzielung naturnaher Bestände zu fördern. Häufige und für die Kiefern-Eichenwälder des Gebiets sehr bezeichnende Arten mit hohen Deckungswerten sind neben der Preiselbeere (*Vaccinium vitis-idaea*) die Heidelbeere (*V. myrtillus*), in Franken »Schwarzbeere« genannt, die Besenheide (*Calluna vulgaris*), die Drahtschmiele (*Avenella flexuosa*) und der Wiesen-Wachtelweizen (*Melampyrum pratense*) sowie einige Moose wie das Rotstengelmoos (*Pleurozium schreberi*), das Schlafmoos (*Hypnum cupressiforme*), das Doppelzahnmoos (*Dicranum scoparium*) und das Weißmoos (*Leucobryum glaucum*). Daß für diese Moose gebräuchliche deutsche Namen existieren, zeigt, daß es sich um häufige Arten handeln muß.
Weite Flächen der Kiefern-Eichenwälder sind von einem kräftigen, horstwüchsigen Gras bedeckt. Es ist das Pfeifengras (*Molinia caerulea*), und nach ihm werden solche Bestände Pfeifengras-Kiefern-Eichenwald (Vaccinio-Quercetum molinietosum) genannt. Entscheidend für das Auftreten dieser Untereinheit (Subassoziation) ist das Vorhandensein wechselfeuchter Böden, wie sie in reichem Maße als Gleye und Pseudogleye vorliegen. Entsprechend dem kleinräumigen Wechsel des Bodens durch eingelagerte Tonlinsen oder in Abhängigkeit von der Entfernung vom Grundwasser gibt es häufig ungewöhnlich scharfe Grenzen zwischen den beiden Subassoziationen des Preiselbeer-Kiefern-Eichenwaldes, die wegen der starken Dominanz des Pfeifengrases auf den ersten Blick zu erkennen sind. Dies gilt ganz besonders für den Herbst und Winter, wenn die fahlgelben

abgetrockneten *Molinia*-Horste weithin den Aspekt bestimmen. Die Böden in dieser Subassoziation mit ihrem starken Wechsel zwischen Winternässe und Sommertrockenheit bereiten den meisten Pflanzen große Schwierigkeiten hinsichtlich der mechanischen Beanspruchung der Wurzeln und ihrer Sauerstoffversorgung, insbesondere wenn es sich um reine Tonböden handelt und wenn es zu einer starken sommerlichen Austrocknung kommt. Durch solche Bedingungen werden bestimmte Spezialisten unter den Pflanzen gefördert, die sogenannten »Wechselfeuchtigkeitszeiger«. Von ihnen sind neben dem Pfeifengras vor allem Blutwurz (*Potentilla erecta*), Faulbaum (*Frangula alnus*) und Adlerfarn (*Pteridium aquilinum*) häufig anzutreffen. An noch feuchteren Stellen findet auch die Fichte (*Picea abies*) günstige Lebensmöglichkeiten und wird deshalb gerne aufgeforstet. Nachdem wir ein Forsthaus mit großem Garten passiert haben, finden sich zu beiden Seiten der Straße dichte Bestände von in Franken nicht heimischen Bäumen und Sträuchern, die auf Anpflanzungen zurückgehen. Häufig sind die Spätblühende Traubenkirsche (*Prunus serotina*) aus Nordamerika und die von den Ufern der Alpenflüsse stammende Grauerle (*Alnus incana*). Die Forststraße senkt sich nun stärker bergab, und an einer großen amerikanischen Roteiche (*Quercus rubra*) vorbei gelangen wir in den Ortsbereich von Schwarzenbruck. Wir haben nun wieder die Schwarzach erreicht, und nach Überqueren einer weiteren Brücke befinden wir uns erneut auf dem mit blauem Kreuz markierten »Wanderweg Schwarzachtal«. Nach kurzem Anstieg biegt er an der ersten Seitenstraße nach links ab, um sich nach einer Bäckerei wieder zum Fluß hinab zu senken. Vor der Abzweigung von der Hauptstraße besteht auch die Möglichkeit zu einem Abstecher zum nahe gelegenen Schloß von Schwarzenbruck, das sich rechter Hand befindet. Am Schwarzachufer entlang führt der Weg nun zwischen einem eintönigen Fichtenforst und einer brachfallenden Wiese mit großen Brennesselbeständen und Himbeergestrüpp über die nächste Brücke zu einer Sportanlage. Sie wurde unglücklicherweise genau in das sogenannte »Gsteinach-Moor« hineingebaut, so daß große Teile dieses sumpfigen, z.T. von einem Bruchwald bestandenen Gebietes zerstört worden sind. Was nach dem Sportplatzbau noch übrigblieb, wurde unter dem Namen »Schwarzenbrucker Moor« als Naturschutzgebiet ausgewiesen. Das nur über einen Stichweg am Nordende zugängliche Moor liegt in einer ehemaligen Flußschlinge der Schwarzach wie in einem auf drei Seiten mit Steilwänden umgebenen Kessel

und ist am besten als Waldsumpf mit kleinen Tümpeln und Großseggenbeständen zu bezeichnen. Die wohl größte botanische Kostbarkeit ist die Schlangenwurz oder Calla (*Calla palustris*), eine Art, die in kühleren Gebieten zu Hause ist und hier als eine Art Vorposten im relativ warmen Mittelfränkischen Becken anzusehen ist. Zusammen mit einigen anderen mehr nordischen Arten wie Langährige Segge (*Carex elongata*) und Sumpf-Haarstrang (*Peucedanum palustre*) zeigt sie die lokalklimatischen Bedingungen im Gsteinach-Moor an, die in Richtung kühl-feucht weisen. Hier sind auch zwei weitere Springkrautarten zu finden, von denen das Echte Springkraut (*Impatiens noli-tangere*) die nassen Stellen bevorzugt, das Kleinblütige (*I. parviflora*) dagegen trockenere und etwas höher gelegene, die schon mehr den Charakter von Schlagflurstandorten haben.
Wer sich den Abstecher ins Gsteinach-Moor sparen will – Springkräuter sind auch an anderen Stellen zu finden –, gelangt von den Sportanlagen in wenigen Minuten in südwestlicher Richtung über eine weitere Brücke über die Schwarzach erst bergauf zur Teerstraße und dann bergab zum Parkplatz am Restaurant »Portugal«, dem Ausgangspunkt unserer Wanderung.

Länge der Wanderung: etwa 7 km
Einkehrmöglichkeiten: Restaurant »Portugal«, Brückkanal, AB-Rasthof Feucht
Verkehrsverbindungen: Bundesbahn: Nürnberg – Schwarzenbruck; PKW: B8 Nürnberg – Regensburg bis Schwarzenbruck/Gsteinach.
Der Einstieg in die Wanderung kann auch vom Autobahnrasthof Feucht an der A9 erfolgen: Von Norden in Richtung München: Ausfahrt »Rasthaus Feucht« an der Tankstelle vorbei: »A9 Berlin«, nach Unterquerung der Autobahn: »Rasthaus« (nicht mehr »A9 Berlin«!), »P«, dort parken. Nach Süden weiter auf Weg zum Kanal. Von Süden in Richtung Berlin/ Würzburg: Ausfahrt »Rasthaus Feucht«, »P« und weiter wie oben

TOUR 15

Hochmoore und Felsenlabyrinthe im Fichtelgebirge

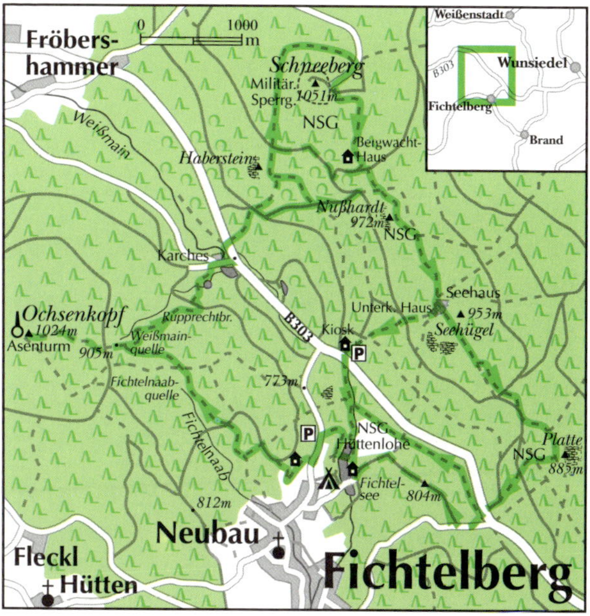

Im Fichtelgebirge im Nordosten Bayerns begegnet uns ein ganz anderer Landschaftstyp als bei den übrigen botanischen Wanderungen in Franken. Es ist Teil des bayrisch-böhmischen Urgebirgszuges, der im wesentlichen aus Granit besteht und um vieles älter ist als die übrigen Gebirge Bayerns. Es erheben sich hier die höchsten Gipfel Frankens, die im Schneeberg (1051 m) und im Ochsenkopf (1024 m) über Tausend Meter erreichen. Bedingt durch die Höhe kommt es zu ergiebigen Steigungsregen, so daß in den Gipfellagen die durchschnittlichen Jahresniederschläge bei über 1300 mm liegen, das ist weit über das Doppelte als in den Trockengebieten um Schweinfurt und in der Windsheimer Bucht (Wanderung 5 und 6). Dieser Wasserreichtum hat die Bildung einer Vielzahl von Quellen und Bächen zur

15

Folge, die sich in vier größeren Flüssen sammeln und in alle Himmelsrichtungen den Meeren zustreben: nach Westen der Main mit seinem Quellfluß Weißer Main, nach Norden die Sächsische Saale, nach Osten die Eger und nach Süden die Naab als Fichtelnaab. Durch das Fichtelgebirge verläuft also die europäische Hauptwasserscheide zwischen Nordsee und Schwarzem Meer. Die hohen Niederschläge hatten, verbunden mit niedrigen Temperaturen von unter 6°C, die Bildung von zahlreichen Hochmooren zur Folge. Die meisten von ihnen wurden aber schon lange abgetorft und entwässert, so daß nur noch Reste vorhanden sind. Trotzdem lohnt sich ein Besuch, da wir hier Pflanzen zu Gesicht bekommen, die bei keiner der anderen Wanderungen mit Ausnahme der in der Rhön gefunden werden können. Fast alle der seltenen Arten werden als Eiszeitrelikte betrachtet. Der Einfluß des Menschen auf die Vegetation im Fichtelgebirge ist weit höher, als es die an vielen Stellen »unberührt« aussehende Landschaft vermuten läßt. Die weiten Fichten-»Wälder« gehen nämlich ganz überwiegend auf Aufforstungen zurück, nachdem die ursprünglichen Buchen-Tannen-Fichten-Wälder dem immensen Energiebedarf der seit dem Spätmittelalter betriebenen Glashütten zum Opfer fielen. Auch die Verhüttung von Eisen, Zinn und anderer Metalle trug zum Raubbau an den Wäldern bei. Erst in den letzten zwanzig Jahren bemüht man sich verstärkt, wieder zu einem naturnäheren Mischwald zu kommen. Die Flora des Fichtelgebirges war allerdings auch schon von Natur aus verhältnismäßig artenarm, gehört das Gebiet doch zum Herzynischen Florenbezirk. Hierunter versteht man die silikatischen Urgebirge vom Harz aus nach Süden bis zum Böhmerwald und nach Osten bis zu den Sudeten. Das nährstoffarme, immer in gleicher Weise verwitternde Ausgangsgestein und das kühl-feuchte Klima lassen keine große Standort- und damit auch Artenvielfalt zu. Außerdem waren die herzynischen Gebirge in der Eiszeit weitgehend vegetationsfrei. Da die Zeit von etwa 10 000 Jahren für die von Süden erfolgende Wiederbesiedlung einen vergleichsweise kurzen Zeitraum darstellt, ist sie bis heute noch nicht abgeschlossen. Der Name des Fichtelgebirges soll übrigens nicht von den zahlreichen Fichten, sondern von den »Wichteln« kommen, die im Bergesinneren nach Gold suchten.

Als Ausgangspunkt unserer Wanderung bietet sich der große Parkplatz beim Kiosk an der Fichtelgebirgsstraße (B 303) etwa 5 km östlich von Bischofsgrün an. Gegenüber einer grünen Tafel, die auf die hier in etwa 770 m Meereshöhe

Waldmoor mit Spirke (*Pinus rotundata*) und Scheidigem Wollgras (*Eriophorum vaginatum*) in der Seelohe am Fichtelgebirgssee

verlaufende Europäische Hauptwasserscheide hinweist, beginnt der Wanderweg zum Fichtelsee und in das Naturschutzgebiet »Fichtelseemoor«. Gleich zu Beginn sehen wir rechts des Weges einen Fichtenforst, wie er viele Quadratkilometer im weiten Umkreis des Fichtelgebirges bedeckt. Die Kraut-Gras-Schicht besteht im wesentlichen aus einem dichten Teppich der Drahtschmiele (*Avenella flexuosa*). Dazwischen sind größere Herden von Heidelbeeren (*Vaccinium myrtillus*) eingestreut. Das Wasser des Baches auf der linken Seite ist durch Huminstoffe braun gefärbt. Es stammt aus der Hüttenlohe, einem weitgehend mit Fichten bestandenen, nur noch an wenigen Stellen intakten Hochmoor. Am Ufer wächst der Rauhhaarige Kälberkropf (*Chaerophyllum hirsutum*), der an seinen bewimperten weißen Blütenblättern (Lupe!) leicht zu erkennen ist. Zwischen Torfmoosen und Heidelbeersträuchern können wir die Wappenblume des Fichtelgebirgsvereins, den Siebenstern (*Trientalis europaea*) entdecken. Bei diesem nordischen Primelgewächs sind eigenartigerweise alle Blütenglieder in der Sieben- statt der sonst üblichen Fünfzahl vertreten. Die weißen Blütensterne stehen an langen Stielen, die aus einer am Ende des Sprosses sitzenden Blattrosette entspringen, eine ebenfalls sehr ungewöhnliche Anordnung. Im Weitergehen sieht man vor allem auf der rechten Seite Bestände des Scheidigen Wollgrases (*Eriophorum vaginatum*), einer wichtigen Charakterart der Spirken-Hochmoore (Pino-Sphagnetum). Es besitzt nur eine einzige Blütenähre und bildet dichte Horste mit dünnen, borstigen Blättern. Der leuchtend weiße Wollschopf wächst erst nach der Blüte zur vollen Größe heran und trägt zur Verbreitung der Samen bei. Wir befinden uns jetzt in der Seelohe, dem wohl am besten erhaltenen Hochmoorrest des Fichtelgebirges. Bei der näheren Betrachtung des Moores fällt auf, daß die Oberfläche weitgehend baumfrei und mehr oder weniger vollständig von dichten Moospolstern bedeckt ist. Es sind vor allem Vertreter der Gattung *Sphagnum*, der Torfmoose, deren Arten im Gelände nur schwierig anzusprechen sind. Die verschiedenen Farben von unterschiedlichen Grüntönen über gelblich und bräunlich bis zu weinrot, die u.a. wie bei vielen Blütenpflanzen durch den roten Farbstoff Anthocyan hervorgerufen werden, geben nur einen ersten Anhaltspunkt für die Artbestimmung. Die starke Wasseraufnahme- und Speicherfähigkeit der Torfmoose sowie ihr fortdauerndes Wachstum sind entscheidend für den Aufbau des Hochmoores und die Standortbedingungen. Infolge des Sauerstoffabschlusses in den tieferen Schichten bei niedrigen Temperaturen findet fast kein Abbau der abgestorbenen Moospflänzchen statt, so daß es zu einer Anhäufung organischen Materials und schließlich zu einer Vertorfung kommt. Der wie ein Schwamm wirkende Moorkörper wächst langsam in die Höhe – daher der Name Hochmoor – und bildet seinen eigenen Moorwasserspiegel, der vom Grundwasserspiegel der Umgebung und vom Oberflächenwasser unabhängig ist und allein von den direkten Niederschlägen gespeist wird. Da das Regenwasser schon immer leicht sauer war und die Torfmoose als Ionenaustauscher für Kationen wirken, herrscht ein sehr niedriger pH-Wert, der, verbunden mit dem geringen Nährstoffangebot, das überwiegend durch Flugstaub gedeckt wird, das Hochmoor zu einem Extremstandort für höhere Pflanzen werden läßt. Die meisten ernähren sich daher zusätzlich über die Symbiose mit Mykorrhiza-Pilzen oder durch Carnivorie, wie der Rundblättrige Sonnentau (*Drosera rotundifolia*). Gegenwärtig droht den Hochmooren auch von oben Gefahr, denn durch den Stickstoffeintrag über verschmutzte Luft tritt ein Dünge-Effekt auf, der auch anderen Pflanzen Wachstumsmöglichkeiten gibt, so daß die sehr lichtliebenden, langsam-

wüchsigen und konkurrenzschwachen Hochmoorarten überwachsen und verdrängt werden können. Die Langsamwüchsigkeit der Hochmoorpflanzen hat auch zur Folge, daß Schäden, wie sie etwa durch Trampelpfade entstehen, erst im Verlaufe vieler Monate oder sogar Jahre behoben werden können. Es versteht sich daher von selbst, daß das strikte Wegegebot unbedingt eingehalten werden muß.
Bei genauerem Hinschauen wird man erkennen, daß die Mooroberfläche nicht glatt ist, sondern kleine Erhöhungen, die sogenannten Bulte, und feuchtere, z. T. wassergefüllte Vertiefungen, die Schlenken, aufweist. Sie tragen eine weitgehend verschiedene Vegetation, die pflanzensoziologisch gesehen in ganz unterschiedlichen Einheiten angesiedelt werden, so daß man von einem »Hochmoorkomplex« spricht. Die Bulte werden von verschiedenen Torfmoosen aufgebaut. Auf ihnen liegen im Herbst die großen, roten Beeren der Moosbeere (*Oxycoccus vulgaris*), die mit haarfeinen Stielen mit dem fädigen Sproß des weit kriechenden Zwergstrauches verbunden sind. Die zierlichen, rosafarbenen Blüten, die ähnlich wie bei einem Alpenveilchen nach oben geschlagen sind, erscheinen im Frühsommer. Ebenfalls rosa blüht die Rosmarin-Heide (*Andromeda polifolia*), die schmal-lanzettliche, am Rand nach unten umgerollte Blätter besitzt. Sie ist im Fichtelgebirge sehr zurückgegangen. Noch seltener ist die schwarzfrüchtige Krähenbeere (*Empetrum nigrum*). Dagegen ist ein weiterer Zwerg-

Die Rosmarin-Heide (*Andromeda polifolia*) gilt als Eiszeitrelikt und besiedelt Torfmoospolster in Hochmooren.

strauch, die Rauschbeere (*Vaccinium uliginosum*), die sich schon durch die Farbe ihrer blaugrünen Blätter von der frischgrünen Heidelbeere (*V. myrtillus*) unterscheidet, noch häufig anzutreffen. Wenn beide nebeneinander wachsen, ist der Farbunterschied auf den ersten Blick zu sehen. Leider haben ihre blauen Beeren, die im Inneren grünlich-weiß sind, einen ziemlich faden Geschmack. Bis zum Jahre 1935 gab es in der Seelohe einen weiteren sehr charakteristischen Strauch der Spirken-Hochmoore, den mit großen, weißen Blüten versehenen Sumpfporst (*Ledum palustre*). Er fiel der Torfgewinnung zum Opfer. Alle genannten Arten auf den Bulten zeichnen sich durch den Besitz einer Wurzelsymbiose mit Pilzen (Mykorrhiza) aus und gehören bis auf die Krähenbeere zur Familie der Heidekrautgewächse. Auf trockeneren Bulten kommen zwei weitere dazu, nämlich die immergrüne Preiselbeere (*Vaccinium vitis-idaea*) und die Besenheide (*Calluna vulgaris*). Sie zeigen Abbaustadien des Hochmoores an, das sogenannte »Reisermoor«, das langsam von Bäumen, insbesondere von der Fichte (*Picea abies*), der Waldkiefer (*Pinus sylvestris*) und der Moorbirke (*Betula pubescens*) sowie der Hängebirke (*B. pendula*) erobert wird. In intakten Hochmooren ist kein Baumwuchs möglich, da die wassergesättigte Torf- und Moosschicht den Baumwurzeln keinen Halt geben kann und der Sauerstoffgehalt zu gering ist. Wenn der Wasserhaushalt gestört wurde oder in kontinentaleren Gebieten mit vergleichsweise geringen Sommerniederschlägen können die obersten Schichten so trocken werden, daß genügend Sauerstoff in den Wurzelraum gelangen kann. In solchen Mooren siedelt vor allem die Spirke oder Moorkiefer (*Pinus rotundata*), eine aufrechtwüchsige nahe Verwandte der Latsche (*P. mugo*), die sich durch ihre graue statt rötlichgelbe Rinde von der Waldkiefer (*P. sylvestris*) unterscheidet. Sie charakterisiert zusammen mit dem Scheidigen Wollgras (*Eriophorum vaginatum*) die Spirken-Hochmoore, zu denen große Teile der Seelohe gerechnet werden können. An weiteren Hochmoorarten können noch der Moor-Wachtelweizen (*Melampyrum pratense* ssp. *paludosum*), das Moos *Polytrichum strictum* und die äußerst seltene Wenigblütige Segge (*Carex pauciflora*) gefunden werden. In der Nähe der Bäche ist kleinflächig ein Birkenbruch ausgebildet. Die Moorbirke (*Betula pubescens*) bildet hier im Verein mit Grau- und Öhrchen-Weide (*Salix cinerea, S. aurita*) lichte Gebüsche, in deren Bereich auch der Siebenstern (*Trientalis europaea*) vermehrt anzutreffen ist. Bei manchen Birkenexemplaren ist nicht eindeutig zu sagen, ob es sich um Moor-

birken oder Hängebirken (*B. pendula*) handelt, da sie leicht bastardieren. Bei der Moorbirke, die in der Unterart *carpatica* vorkommt, sind die jungen Zweige dicht behaart, bei der Hängebirke mit länglichen, weißen Erhebungen, den Lentizellen, bedeckt. Bastarde können beide Merkmale gleichzeitig aufweisen. Im Birkenbruch wie auch in den Randbereichen des Spirkenmoores wächst in großen Mengen ein kräftiges Horstgras, das Pfeifengras (*Molinia caerulea*). Erst spät im Jahr schiebt es seine knotenlosen Halme, die 1,5 m Höhe erreichen können.
Kurz vor Erreichen des Fichtelsees geht links ein Seitenweg zum Jean-Paul-Brunnen ab. Das klare, bräunliche Wasser riecht leicht nach Schwefelwasserstoff. Die benachbarte Wiese ist als Borstgrasrasen (Polygalacto-Nardetum) anzusprechen. Die hier vorkommenden Arten sind allesamt Anzeiger saurer und nährstoffarmer Böden. Bestandbildend sind vor allem das Borstgras (*Nardus stricta*) und das Rotstraußgras (*Agrostis capillaris*). Dazwischen erscheinen Gemeine Hainbinse (*Luzula campestris*), Gemeines Kreuzblümchen (*Polygala vulgaris*), Hunds-Veilchen (*Viola canina*), Harzer Labkraut (*Galium harcynicum*), das Kanten-Hartheu (*Hypericum maculatum*), die Blutwurz (*Potentilla erecta*) und, meist an versteckten Stellen, die großblütige Arnika (*Arnica montana*). Im weiteren Verlauf des Weges gelangen wir bald an eine Dreiergabelung. Der mittlere Weg ist ein kurzer Stichweg, der einen ersten Blick über den vor über 200 Jahren künstlich aufgestauten Fichtelsee erlaubt. Wir umrunden ihn links herum, wo zunächst ein breiter Bohlenweg durch ein weiteres Spirkenmoor führt. Am Ende der Bohlen führen Pfade zum Seeufer, das in weiten Bereichen verlandet ist und alle Übergänge von einer Schnabelseggen-Gesellschaft über verschiedene Zwischenmoorstadien zum *Sphagnum*- und Spirken-Hochmoor zeigt. Als Zwischen- oder Übergangsmoore werden Moore bezeichnet, die in ihren Standorteigenschaften zwischen den vom Mineralboden und Grund- bzw. Oberflächenwasser beeinflußten Flachmooren und den regenwasserabhängigen (ombrogenen) Hochmooren liegen. Fast immer sind sie auch räumlich unmittelbar benachbart oder bilden mosaikartige Vegetationskomplexe, die pflanzensoziologisch nicht einfach zu erfassen sind. Wichtige im Fichtelseemoor vorhandene Zwischenmoorarten sind Braun-, Grau-, Igel- und Hirse-Segge (*Carex nigra = C. fusca, C. canescens, C. echinata, C. panicea*), Schmalblättriges Wollgras (*Eriophorum angustifolium*), Fadenbinse (*Juncus filiformis*), Sumpf-Blutauge (*Potentilla palustris*) und Sumpf-

Veilchen (*Viola palustris*). Früher gab es auch noch *Scheuchzeria palustris, Carex limosa, Carex dioica* und *Rhynchospora alba*, die alle durch Torfabbau und Entwässerungsmaßnahmen vernichtet wurden. Die Schlenkengesellschaften (Rhynchosporion albae) sind daher in den Hochmoorkomplexen des Fichtelgebirges nicht gut ausgebildet und arm an Charakterarten. Die Schnabelseggen-Gesellschaft (Caricetum rostratae) ist Teil der Verlandungsreihe in oligotrophen (nährstoffarmen) Gewässern. Im Gegensatz zur Verlandungsreihe in nährstoffreichen (eutrophen) Gewässern, wie wir sie im fränkischen Weihergebiet (Wanderung 3) kennenlernen können, handelt es sich hier um artenarme Gesellschaften. Die Schnabelsegge (*Carex rostrata*), die meist ausgedehnte Bestände im flachen Wasser bildet, ist an der grau- bis blaugrünen Farbe ihrer schmalen, steifen Blätter und vor allem am runden, nicht dreikantigen Stengel leicht zu erkennen.
Der Weg führt nun bald über einen Damm zwischen dem nördlichen und südlichen, zu Touristikzwecken genutzten Teil des Fichtelsees. Leider wird durch das Entenfüttern auch die Wasserqualität des von Natur aus ausgesprochen nährstoffarmen (dystrophen) Nordteils, der im Naturschutzgebiet liegt, beeinträchtigt. Von der Brücke aus haben wir einen schönen Blick auf einen dichten Bestand des Schmalblättrigen Wollgrases (*Eriophorum angustifolium*), der sich als schneeweißer Streifen zwischen das Hellgrün des Moores, das Dunkelgrün der Fichten und das Blau des Himmels und des Sees schiebt. Auf der anderen Seite des Fichtelsees angekommen, wenden wir uns nach rechts und folgen der Ziffer »2« an den Stämmen. Der Weg führt nun vom See weg und steigt zur Straßenverbindung von der Fichtelgebirgsstraße zur Ortschaft Neubau an. Ihr folgen wir nach links am Campingplatz vorbei bis zum Ortsanfang von Neubau. Direkt am Ortsschild mündet eine Straße von rechts ein (»Schützenstraße«). Sie ist auf der gegenüberliegenden Seite etwas versteckt mit einem schwarzen »Q« auf gelbem Grund markiert und ist Teil des »Quellenweges«, dem wir nun für längere Zeit zu den Quellen der Fichtelnaab und des Weißen Mains folgen werden. Nach wenigen Metern gelangen wir an ein Gasthaus, das wir rechts liegen lassen. Der Quellenweg biegt nach etwa 70 m nach rechts oben ab. Wir sollten aber zunächst geradeaus weitergehen, da wir beim Austritt aus dem Wald unmittelbar nebeneinander drei verschiedene Typen von Wiesen mit unterschiedlicher Artenkombination sehen können: links eine artenreiche Goldhaferwiese, rechts eine überdüngte Wiesenfuchs-

schwanz-Fettwiese und geradeaus eine Bärwurz-Rotschwingel-Wiese. Den Normaltypus einer Mähwiese im Bergland stellt die Goldhaferwiese dar. Sie wird mäßig stark gedüngt und ein- bis zweimal im Jahr gemäht. Der in tieferen Lagen vorherrschende Glatthafer (*Arrhenatherum elatius*) wird durch den Goldhafer (*Trisetum flavescens*) ersetzt. Charakteristische Arten sind weiterhin Vogel-Wicke (*Vicia cracca*), Wiesen-Knöterich (*Polygonum bistorta*), Berg-Frauenmantel (*Alchemilla monticola*) und Gras-Sternmiere (*Stellaria graminea*), an anderen Lokalitäten auch Verschiedenblättrige Kratzdistel (*Cirsium helenioides = C. heterophyllum*), Wald-Storchschnabel (*Geranium sylvaticum*), Schwarzer Teufelsabbiß (*Phyteuma nigrum*). Viele weitere Wiesenarten wie Rot-Klee (*Trifolium pratense*), Wiesen-Flockenblume (*Centaurea jacea*), Rauher Löwenzahn (*Leontodon hispidus*), Wiesen-Margerite (*Leucanthemum ircutianum*), Scharfer Hahnenfuß (*Ranunculus acris*) und Wiesen-Platterbse (*Lathyrus pratensis*) sowie mindestens zehn verschiedene Gräser vervollständigen das bunte Bild einer artenreichen Bergwiese. Ganz anders stellt sich uns die überdüngte Wiese dar: Wenige sehr üppige Pflanzen, die bei Massenauftritt als Überdüngungszeiger fungieren, beherrschen die Szene. Zu ihnen gehören vor allem Wiesen-Kerbel (*Anthriscus sylvestris*), Stumpfblättriger und Sauer-Ampfer (*Rumex obtusifolius, R. acetosa*), Wiesen-Löwenzahn (*Taraxacum officinale*) und Wiesen-Fuchsschwanz (*Alopecurus pratensis*). Die Bärwurz-Rotschwingel-Wiese kommt dagegen ganz ohne Düngung aus bzw. darf nicht gedüngt werden, wenn sie als solche bestehen bleiben soll. Die geringe Biomasseproduktion erlaubt nur einen Schnitt pro Jahr. Neben einigen der auch in der Goldhaferwiese vorkommenden Arten sind hier vor allem Magerkeitszeiger beteiligt, etwa der Rot-Schwingel (*Festuca rubra*) sowie Gemeine Hainbinse (*Luzula campestris*), Kanten-Hartheu (*Hypericum maculatum*), Arnika (*Arnica montana*) und Harzer Labkraut (*Galium harcynicum*). Hinzu treten Rundblättrige Glockenblume (*Campanula rotundifolia*), Gemeines Ruchgras (*Anthoxanthum odoratum*), Kleiner Klappertopf (*Rhinanthus minor*) und einige andere, vor allem aber die Bärwurz (*Meum athamanticum*), ein würzig duftendes, weißblütiges Doldengewächs mit sehr fein zerteilten Stengelblättern und kümmelähnlichen Früchten. Wegen der zunehmenden Düngung – insbesondere wenn Gülle verwendet wird – ist die Bärwurz sehr selten geworden.

Wir setzen unsere Wanderung auf dem quer zur bisherigen

Felsenlabyrinthe aus Granit wie hier am Nußhardt krönen viele Gipfel des Fichtelgebirges.

Richtung nach rechts oben führenden Wiesenweg fort. Er verschwindet bald im Wald, und nach Überwindung einiger Höhenmeter stoßen wir wieder auf den von rechts kommenden Quellenweg, dem wir nun weiter folgen. Einige kräftige Rotbuchen (*Fagus sylvatica*) zeigen an, daß wir uns im Buchenwaldgebiet befinden und daß der hohe Fichtenanteil im wesentlichen durch Aufforstungen begründet wurde. Weit besser als an der so gut wie immer forstlich beeinflußten Baumschicht lassen sich die Vegetationsverhältnisse bzw. die potentielle natürliche Vegetation an der Bodenschicht erkennen. Hier sind vor allem die Buchenwaldarten Hasenlattich (*Prenanthes purpurea*), Wurmfarn (*Dryopteris filix-mas*) und Eichenfarn (*Gymnocarpium dryopteris*) sowie der starke Buchenjungwuchs und die Beteiligung des Bergahorns (*Acer pseudoplatanus*) von Bedeutung. Nach der Überquerung eines Baches und einem steilen Anstieg gelangen wir an eine Kreuzung, die von großen Felsen umgeben ist. Hier läßt sich die grobkristalline Struktur des Granits mit seinen drei Hauptkomponenten Feldspat, Quarz und Glimmer – »die drei vergess' ich nimmer« – studieren. Kurz danach führt ein kurzer Stichweg zur Quelle der Fichtelnaab. Tische und Bänke laden zur Rast ein und falls es regnet steht eine Schutzhütte zur Verfügung. Nachdem wir eine Abzweigung zum Parkplatz am Kiosk an der B 303, unserem Ausgangspunkt, passiert haben, nähern wir uns, vorbei an vielen abgestorbenen Bäumen und über vom Regen freigespülte Wurzeln, einem großen Felsenkomplex, dem Weißmainfels. Er bildet ein regelrechtes Labyrinth mit Wegen und Durchlässen, wie es für viele der Gipfel im Fichtelgebirge typisch ist. Über mehrere Treppen kann man bequem die Spitze des Felsens erklimmen. Hier wachsen hauptsächlich Preiselbeeren (*Vaccinium vitis-idaea*) und Ebereschen (*Sorbus aucuparia*), deren rote Beeren dem kleinen Baum mit seinen eschenähnlich gefiederten Blättern auch den Namen Vogelbeere eingebracht haben. Es bietet sich ein herrlicher Rundblick auf die umliegenden Gipfel des Fichtelgebirges. Genau im Westen liegt die breite Kuppe des Ochsenkopfs mit seinem schlanken Fernsehturm. Von Nordosten zieht sich der Hauptkamm des Hohen Fichtelgebirges vom Schneeberg über Nußhardt, Seehügel und Platte nach Südosten. Wieder am Fuß des Weißmainfelsens angelangt, müssen wir einige Meter zurückgehen und den Weg nach rechts Richtung Ochsenkopf einschlagen. Etwa 500 m weiter steht wieder eine Regenschutzhütte, und wir befinden uns nun unweit der Quelle des Weißen Mains, die wir nach Überquerung des Fahrweges Karches – Ochsenkopf erreichen.

Direkt an der mit Granitquadern im Jahre 1827 gefaßten Quelle wächst der Buchenfarn (*Phegopteris connectilis*), ein kleinerer Farn mit stark nach abwärts geschlagenen untersten Blattfiedern. In der Nachbarschaft sind ihm weitere Farne zugesellt, so der Breitblättrige Dornfarn (*Dryopteris dilatata*) und der zarte Frauenfarn (*Athyrium filix-femina*) mit seinen kommaförmigen Sporenhäufchen (Sori) auf der Blattunterseite. Im weiteren Umkreis der Quelle haben sich zwischen den Fichten einige Laubbäume angesiedelt, hauptsächlich Rotbuchen (*Fagus sylvatica*) und Bergahorn (*Acer pseudoplatanus*), aber auch einige Grau- und Öhrchen-Weiden (*Salix cinerea, S. aurita*) und Ebereschen (*Sorbus aucuparia*). Der Boden ist weithin mit zwei Säurezeigern bedeckt, die mit vergleichsweise wenig Licht auskommen: mit dem im zeitigen Frühjahr blühenden Sauerklee (*Oxalis europaea*) und dem Schattenblümchen (*Maianthemum bifolium*), einem Liliengewächs, das zwei- statt dreizählige Blüten hat. Auch der rotblühende Hasenlattich (*Prenanthes purpurea*) ist wieder vertreten.

Von der Quelle des Weißen Mains kann man den viel besuchten Ochsenkopf in einer knappen halben Stunde ersteigen. Da man auf dem gleichen Weg zurückgehen muß und mit dem Gipfel des Schneeberges ein noch höherer Punkt direkt auf unserer Route liegt, sollten wir uns die Zeit sparen und uns nach einer Rast mit einem Schluck aus der Quelle des längsten Flusses Frankens auf den Abstieg zum Forsthaus Karches machen. Zwischen dem feuchten Waldweg und dem Bach auf der rechten Seite wachsen zwei unscheinbare Pflänzchen mit weißen Blüten: das Wald-Schaumkraut (*Cardamine flexuosa*) mit seinem hin und her gebogenen Stengel und die Quell-Sternmiere (*Stellaria alsine*), ein zartes Nelkengewächs, das leicht mit der breitblättrigeren Dreinervigen Nabelmiere (*Moehringia trinervia*) verwechselt werden kann. An viel Siebenstern (*Trientalis europaea*) und dem mit Lebermoosen bedeckten Rupprechtsbrunnen vorbei bewegen wir uns nun auf Goethes Spuren auf weißblau markiertem Weg bergabwärts. Nach der Überwindung eines Steilhangs queren wir das schon etwas breitere Maintal, in dem neben vielen Buchen und Fichten auch einige der selten gewordenen Weißtannen (*Abies alba*) stehen. Kurz darauf liegt vor uns der als Flößerteich angelegte Karchesweiher und das Forsthaus Karches an der Fichtelgebirgsstraße. Am Privatparkplatz gehen wir nach Norden bis ganz an sein linkes Ende zuerst zu einer Tafel mit Wanderwegen, dann zu einer, die zum »Lehrpfad oberes Maintal« gehört, überqueren zuerst auf der Forststraße den Main und dann an der Bushaltestelle die Bundesstraße. Dem Wegweiser »Haberstein« und »Seehaus« folgend gehen wir zunächst auf dem Quellenweg ein Stück bergauf bis zur querverlaufenden Forststraße. Hier verlassen wir den Quellenweg und wenden uns am Wegweiser, der mit blauem Punkt auf weißem Grund den Höhenweg »H« zum Nußhardt und Seehaus ankündigt, nach rechts. Da der Schneeberg bis vor kurzem nicht zugänglich war, ist das Wegenetz stellenweise noch nicht so gut ausgeschildert. Falls man die Übersicht verloren haben sollte, kann man sich aber in jedem Fall an einigen Fixpunkten wieder neu orientieren, so daß man sich nicht verlaufen wird.

Von der hangparallel verlaufenden Forststraße biegt nach etwa 400 Metern der markierte Weg nach links ab. Nach weiteren 400 Metern wenden wir uns wieder nach links und folgen auf der Schotterstraße dem Wegweiser zum Haberstein. Der ganze Aufstieg vom Forsthaus Karches führt überwiegend durch Buchen-Fichten-Mischwälder, die einen gewissen Eindruck von den hier ursprünglich beheimateten artenarmen Buchenwäldern (Asperulo-Fagetum) geben. Noch deutlicher ist der Buchenwaldcharakter trotz der zahlreichen Fichten zu erkennen, wenn man am Wegweiser, der den Quellenweg und den Weg in Richtung Hochweg unweit vom Forsthaus Karches trennt, auf dem Pfad direkt nach oben geht. In der Kraut-Gras-Schicht ist mit dem Harz-Greiskraut (*Senecio harcynicus*), der Wald-Segge (*Carex sylvatica*), Mauerlattich (*Mycelis muralis*), Hain-Gilbweiderich (*Lysimachia nemorum*) und Gemeinem Wurmfarn (*Dryopteris filix-mas*) eine ganze Reihe von Buchenwaldbegleitern anzutreffen. Nach kurzem, steilem Anstieg stößt der Pfad auf die Schotterstraße, auf der wir nach links weitergehen, wenn wir nicht schon sowieso auf ihr den Steilanstieg umgangen haben. Bald kommen wir an ein Naturschutzgebietsschild, von dem aus man links vorne einige Felsen sieht. Ein schmaler Weg führt durch ebenes, aber durch viele umgestürzte Fichten etwas schwieriges Gelände zum Haberstein. Die höchsten Felsen überragen ein Meer aus gewaltigen Granitblöcken, in dem kaum eine höhere Pflanze Lebensmöglichkeiten findet. Umso reicher ist aber die Welt der Kryptogamen, vor allem der Flechten, aber auch vieler Moose entwickelt. Neben der auffälligen schwefelgelben Landkartenflechte (*Rhizocarpon geographicum*) wächst hier eine Vielzahl von schwarzen Nabel- und verschiedenfarbigen Krustenflechten unmittelbar auf der blanken Gesteinsoberfläche. Zur Schotterstraße zurückgekehrt, folgen wir ihr bis zu einer Gabelung. Nach rechts führt der Wanderweg direkt zum Nußhardt, den wir auf unserer Route über den Schneeberggipfel später auch erreichen werden. Wir bleiben auf der Schotterstraße und wandern bei mäßiger Steigung nun durch ausgedehnte Fichtenbestände. Der Boden wird auf weite Strecken von einem Gras mit bogig überhängenden, etwas glänzenden Blättern bedeckt. Es ist das Wollige Reitgras (*Calamagrostis villosa*), ein Fichtenbegleiter, der schon von Anfang an häufig im Verlauf unserer Wanderung zu sehen war. Hier in den Hochlagen, wo wir uns langsam der Tausendmetermarke nähern, ist dieses sehr konkurrenzstarke, kaum andere Pflanzen neben sich duldende Gras wirklich zu Hause, während es in tiefer liegenden Gebieten ursprünglich vor allem mit den Fichtenkulturen verschleppt wurde. Die bisher im wesentlichen in nördlicher Richtung verlaufende Straße biegt nun langsam nach Osten um, und nach einiger Zeit haben wir an einem Stein mit Bank die Tausendmeterhöhenlinie tatsächlich erreicht. Infolge des Waldsterbens können wir von hier eine großartige Aussicht hinüber zum

Großen Waldstein, wo die Sächsische Saale entspringt, und über das Innere Fichtelgebirge zum Großen Kornberg genießen. Am nicht weit entfernten Schneebergbrunnen führt die Straße nach rechts hoch direkt zum Gipfelbereich des Schneeberges. Der eigentliche Gipfel ist immer noch militärisches Gelände und vorerst nicht zugänglich. Am Drahtzaun wenden wir uns nach links und gehen ein Stück weiter, bis die nächste Straße wieder nach unten führt. Nach wenigen Metern verschwindet rechts ein Weg im Wald, dem wir folgen. Er mündet nach etwa 300 m auf einen Querweg, den mit »H« markierten Höhenweg, auf dem wir nach rechts abbiegen. Bald senkt er sich stärker bergab und gibt den Blick über eine durch Waldsterben und Folgeschäden entstandene Lichtung in Richtung Süden auf den Fichtelsee frei. Bei guter Sicht ist direkt darüber die runde Kuppe des Rauhen Kulms zu erkennen. Nach Wiedereintritt in den Wald gelangen wir an der Bergwachthütte vorbei auf den vom Haberstein heranführenden Weg, unseren Abkürzungsweg, wenn wir die Tour über den Schneeberggipfel ausgelassen hätten. Dem Schild »Nußhardt« folgend, gehen wir zunächst nach links, um nach etwa 100 m nach rechts abzubiegen. Am Nußhardt finden wir eine besonders wildromantische Landschaft mit malerisch verdrehten abgestorbenen Baumgestalten, hochaufgetürmten Felskanzeln und labyrinthartigen Felsgängen und prächtiger Aussicht. Der Weg führt 20 Meter vor der Bank zunächst durch dichtere Fichtenbestände und dann durch parkartige Landschaft mehr oder weniger eben weiter in Richtung Seehaus. Dort angelangt, können wir ein durch Wegebau und die damit verbundene Entwässerung weitgehend zerstörtes Übergangsmoor mit Scheidigem Wollgras (*Eriophorum vaginatum*) und anderen charakteristischen Arten sehen. Goethe, der am 1.7.1785 hier weilte, hätte sicher die passenden Worte zu dieser z. T. erst in jüngster Zeit erfolgten Naturzerstörung gefunden. Die Fortsetzung unserer Wanderung läßt sich von hier unterschiedlich gestalten. Die schönere, aber auch weitere Route führt auf dem Höhenweg über die Platte mit ihrem besonders eindrucksvollen Blockmeer. Wer weniger Zeit hat oder schon müde ist, darf den um ein Vielfaches kürzeren, direkten Weg zum Kiosk auf dem Parkplatz nehmen. Zur Platte führt der Höhenweg »H« um den 953 m hohen Seehügel herum durch auf weiten Bereichen mit Totholz durchsetzte Fichtenwälder. Auf ihrem Gipfel befindet sich nach Richtung Osten eine ausgedehnte Blockschutthalde. Der Blick öffnet sich vor allem nach Südosten zum Doppelgipfel der Kösseine, zur Luisenburg und zum südlich sich anschließenden Steinwald. Vom Gipfel führt ein kurzer, steiler Weg Richtung Fichtelberg zur Bundesstraße, die man überquert, um dann gleich rechts parallel zu ihr weiterzugehen. Man kann hier aber auch geradeaus bis zur Straße nach Fichtelberg durchstoßen und dann nach etwa 100 m am Parkplatz dem Schild »Fichtelsee« in den Wald hinein folgen, von wo man zum Ausgangspunkt am Kiosk gelangt. Der schnurgerade Weg parallel zur Bundesstraße führt zunächst durch ziemlich eintönigen Fichtenforst mit viel Wolligem Reitgras (*Calamagrostis villosa*) in der Krautschicht. Nach einem Knick nach halblinks ändert sich aber das Bild ein wenig, und es wird offener und feuchter. Zwischen die Fichten sind jetzt öfters Spirken (*Pinus rotundata*) und Waldkiefern (*P. sylvestris*) eingesprengt, die langsam die Oberhand gewinnen. Wir haben ein Spirken-Waldmoor (Vaccinio uliginosi-Pinetum rotundatae) vor uns, die nächst trockenere Stufe nach dem Spirken-Hochmoor (Pino rotundatae-Sphagnetum), das wir am Anfang der Exkursion in der Seelohe kennengelernt haben. Hier in der Hüttenlohe haben wir die letzte Chance, noch einige der Moorpflanzen zu entdecken, die uns vorher vielleicht entgangen sind, denn bald gelangen wir auf den Weg vom Fichtelsee zum Parkplatz am Kiosk, und somit schließt sich der Kreis unserer großen Fichtelgebirgswanderung.

Länge der Wanderung: etwa 14 km über Seehaus, etwa 18 km über Seehaus und Platte
Einkehrmöglichkeiten: Kiosk am Parkplatz unterhalb Seehaus, Neubau, Karches, Seehaus
Verkehrsverbindungen: Buslinie Bayreuth – Bischofsgrün – Marktredwitz
PKW: A9 Nürnberg – Berlin, Ausfahrt Bad Berneck, B 303 Richtung Marktredwitz

Literatur

a) Allgemeine Literatur

Bayerischer Klimaforschungsverbund BayFORKLIM (1996): Klimaatlas Bayern

Beierkuhnlein, Carl, Joachim Milbradt & Winfried Türk (1991): Vegetationsskizze von Oberfranken. – Bayreuther Bodenkundliche Berichte 17: 41-65

Gauckler, Konrad (1938): Steppenheide und Steppenheidewald der fränkischen Alb in soziologischer, ökologischer und geographischer Betrachtung. – Ber. Bayer. Bot. Ges. 23: 5-134

Gerndt, Siegmar (1976): Unsere bayerische Landschaft. Ein Naturführer. – Bayerische Landeskunde II, 3. Aufl., 349 S., Prestel, München

Hauser, Karin (1988): Pflanzengesellschaften der mehrschürigen Wiesen (*Molinio-Arrhenatheretea*) Nordbayerns. – Diss. Bot. 128, 156 S., Berlin, Stuttgart

Hohenester, Adalbert (1978): Die potentielle natürliche Vegetation im östlichen Mittelfranken (Region 7), Erläuterungen zur Vegetationskarte 1 : 200 000. – Mitt. Fränk. Geogr. Ges. 23/24: 5-74

dto. (1989): Zur Flora und Vegetation der Fränkischen Alb. – Schriften Zentralinst. Fränk. Landeskde. Allg. Regionalforsch. Univ. Erlangen-Nürnberg 28: 77-93

Krach, J. Ernst & W. Nezadal (1995): Liste der Gefäßpflanzen Mittelfrankens mit Angaben zur Häufigkeit und Gefährdung in den Naturräumen (» Rote Liste Mittelfranken«). – Naturschutz und Landschaftspflege 1995, 135 S., Regierung von Mittelfranken, Ansbach

Künne, Horst (1969): Laubwaldgesellschaften der Frankenalb. – 190 S., Diss. Bot. 2, Lehre

Müller-Hohenstein, Klaus (1971): Die natürlichen Grundlagen der Landschaften Nordostbayerns. – In: Heller, H. (Hrsg.) Exkursionen in Franken und Oberpfalz. S. 1 – 20, Erlangen

Nezadal, Werner (1985): Exkursionsführer. Floristisch-soziologische Arbeitsgemeinschaft, Jahrestagung in Erlangen 1985. – 54 S., Erlangen

Schönfelder, Peter & Andreas Bresinsky (Hrsg.) (1990): Verbreitungsatlas der Farn- und Blütenpflanzen Bayerns. - 752 S., Ulmer, Stuttgart
Sperber, Hans (1979): Geologisch-botanische Streifzüge durch Nordostbayern. – 311 S., Hof
Walter, Erich (1988): Wildpflanzen in der Fränkischen Schweiz und im Veldensteiner Forst. – 252 S., Hof

b) Literatur zu den einzelnen Wanderrouten

TOUR 1 (Rhön)
Knapp, Rüdiger (1977): Die Pflanzenwelt der Rhön unter besonderer Berücksichtigung der Naturpark-Gebiete. – Fulda, 136 S.

TOUR 2 (Spessart)
Lödl, J., H.Mayer & A. Pitterle (1977): Das Eichen-Naturschutzgebiet Rohrberg im Hochspessart. – Forstwiss. Cbl. 96(5): 294 – 312
Schönmann, Hans (1990): Naturführer Main-Spessart. – 106 S., Lohr

TOUR 3 (Gambach)
Kaiser, Ernst (1950): Die Steppenheiden des Mainfränkischen Wellenkalkes zwischen Würzburg und dem Spessart. – Ber. Bayer. Bot. Ges. 28: 125-179
Volk, Otto Heinrich (1937): Über einige Trockenrasengesellschaften des Würzburger Wellenkalkgebietes. – Botan. Centralbl. 57(b): 577-598

TOUR 4 (Mainschleife)
Hohenester, Adalbert (1967): Silbergrasfluren in Bayern. – Mitt. flor.-soz. AG NF 11/12: 11-21

TOUR 5 (Sulzheim/Grettstadt)
Gauckler, Konrad (1957): Die Gipshügel in Franken, ihr Pflanzenkleid und ihre Tierwelt. – Abh. Naturhist. Ges. Nürnberg 29(1): 1-92
Kaiser,Ernst (1958): Das Grettstadter Reliktengebiet bei Schweinfurt, Tempe Grettstadtiensia. – Ber. Bayer. Bot. Ges. 32: 25-43

TOUR 6 (Steigerwald)
Welss, Walter (1985): Waldgesellschaften im nördlichen Steigerwald. – Dissertationes Botanicae 83, 174 S., Cramer, Vaduz

Zeidler, Hans (1983): Boden und Klima auf kleinem Raum. – Tuexenia 3: 455-461, Göttingen

TOUR 7 (Windsheimer Bucht)
Bank, Peter & Johann Frisch (1994): Naturschutzfachliche Bedeutung und Probleme wechselfeuchter Eichenmischwälder und verwandter Vegetationstypen in den Mittel- und Niederwäldern des Vorderen Steigerwaldes. – Hoppea, Denkschr. Regensb. Bot. Ges. 55, Hohenester-Festschrift: 63-99
Frisch, Johann, Andrea Lux & Florian A. Bemmerlein-Lux (1994): Ein Beitrag zum Verständnis der Vegetationsdynamik im Ausschlagswald der Eschenau bei Bad Windsheim. – Hoppea, Denkschr. Regensb. Bot. Ges. 55, Hohenester-Festschrift: 101-114
Künneth, Werner (Red.) (1982): Das Ökosystem Wald in Westmittelfranken am Beispiel des Kehrenberges. – Mitt. Staatsforstverw. Bayerns 42: 142 S.

TOUR 8 (Weihergebiet)
Franke, Thomas (1987): Pflanzengesellschaften der Fränkischen Teichlandschaft. – Ber. Naturf. Ges. Bamberg 61(2): 1-192

TOUR 9 (Staffelberg)
Bauer, Theodor (1923): Der Staffelberg – seine Rolle in vorgeschichtlicher und geschichtlicher Zeit, sein geologischer Aufbau und seine Flora. – 115 S., Fürth
Grebe, Reinhard & Peter Titze (1980): Landschaft und Siedlungsentwicklung in Staffelstein. – Staffelstein, die Adam-Riese-Stadt. Schriftenreihe über Geschichte und Landschaft unserer Stadt. 28 S.
Merkel, Johannes (1994): Zur Schutzwürdigkeit des Naturschutzgebietes »Staffelberg«. – in: G.Dippold (Hrsg.): Der Staffelberg 2: 131-143

TOUR 10 (Friesener Warte)
Suck, Barbara & Reiner Suck (1983): Pflanzengesellschaften des Friesener Albtraufs. – 57. Bericht Naturforsch. Ges. Bamberg (1982), Beiheft, 102 S., Bamberg

TOUR 11 (Walberla)
Brackel, Wolfgang von (1990): Pflege- und Entwicklungsplan NSG Ehrenbürg. – 4 Teile, Institut für Vegetationskunde und Landschaftsökologie (IVL), Röttenbach

Brackel, Wolfgang von & Robert Zintl (1983): Die Pflanzengesellschaften der Ehrenbürg bei Forchheim. – Hoppea, Denkschr. Regensb. Bot. Ges. 41: 205-288
Gauckler, Konrad (1958): Pflanzenkleid und Tierleben der Ehrenbürg. – Erlanger Bausteine z. fränk. Heimatforschung 5(1-2): 7-11

TOUR 12 (Hesselberg)

Gruber, Christian (1896): Der Hesselberg im Frankenjura und seine südlichen Vorhöhen. – Forschungen zur deutschen Landeskunde 9(6): 373-452, Stuttgart
Lederle-Jelinek, Gabi (1990): Kalkflachmoore und Kalkmagerrasen am Hesselberg (Kartenblatt 6929, Wassertrüdingen). – 86 S.; Diplomarb., unveröff., Erlangen

TOUR 13 (Pfaffenhofen)

Hemp, Andreas (1995): Die Dolomitkiefernwälder der Nördlichen Frankenalb – Entstehung, synsystematische Stellung und Bedeutung für den Naturschutz. – Bayreuther Forum Ökologie 22, 189 S., Bayreuth
Hohenester, Adalbert (1960): Grasheiden und Föhrenwälder auf Diluvial- und Dolomitsanden im nördlichen Bayern. – Ber. Bayer. Bot. Ges. 33: 30-85

TOUR 14 (Schwarzachschlucht)

Boser, Vera (1984): Vegetationskundliche Studien am Ludwig-Donau-Main-Kanal zwischen Nürnberg und Dietfurt.- Hoppea, Denkschr. Regensb. Bot. Ges. 55, Hohenester-Festschrift: 319-353
Brunner, Gerhard (1992): Die »Potentielle Natürliche Vegetation« des Sebalder Reichswaldes.- Erlanger Baust. Fränk. Heimatforsch. 40: 341-392

TOUR 15 (Fichtelgebirge)

Vollrath, Heinrich (1957): Die Pflanzenwelt des Fichtelgebirges und benachbarter Landschaften in geobotanischer Schau.- Ber. Naturwiss. Ges. Bayreuth 9
Wirth, Klaus & Konrad Jäger (1995): Wege zur Natur: Botanische und geologische Wanderungen zwischen Fichtelgebirge und Bayerischer Wald. – Amberg, 112 S.

In der Reihe »Botanische Wanderungen« ist bereits erschienen:

Hansjörg Küster
Baden-Württemberg
ISBN 3-332-00539-1

Wolfgang Fischer / Joachim Pötsch
Berlin und Brandenburg
ISBN 3-332-00540-5

Ingrid Dunger / Peter Gutte /
Susanne Kosmale / Holm Riebe / Rolf Weber
Sachsen
ISBN 3-332-00551-0

Werner Westhus / Hans-Joachim Zündorf
Thüringen
ISBN 3-332-00556-1

Dirk Bönsel / Petra Schmidt / Christel Wedra
Hessen
ISBN 3-332-00558-8

Urania Verlagsgesellschaft mbH
Ein Verlag der Dornier Verlagsgruppe